Reichsstraße 1

Meiner Wegbegleiterin Christiane zugeeignet

Inhalt

Die Erste Straße im neuen Europa   9
Eine Einleitung

Roms Heerweg, Karls Pfalz und das Braunkohlenloch   20
Von Aachen bis zur Ruhr

Der alte Hellweg macht Geschichte   41
Zwischen Rhein und Weser

Hektik und Fast food auf dem Ruhrschnellweg   46
Duisburg – Dortmund – Unna

Händler, Bürger, Bauern und die Kirche   56
Werl – Soest – Paderborn

Von seltsamen Steinen, wundertätigem Wasser und einem Rattenfänger   90
Bad Meinberg – Blomberg – Hameln

Heinrich der Löwe, Kunstraub im Welfenland und das Schicksal einer jüdischen Gemeinde   108
Von Hildesheim bis Braunschweig

Freie Fahrt durch »Zonenrand« und »Sperrgebiet«   145
Von Königslutter bis in die Magdeburger Börde

Im Grenzraum zwischen Sachsen und Slawen   165
Magdeburg

Wo Lilienthal das Fliegen übte   186
Im Havelland

Der Alte Fritz, die Hauptstadt und das Oderbruch   198
Von Potsdam bis zur polnischen Grenze

Küstrin, Frau Reiter und die Kinder des Schultheißen   233
Zwischen Oder und Nogat

Der heilige Wojtěch (Adalbert von Prag) und der Orden im Pruzzenland   266
Marienburg (Malbork)

Die überflüssige Autobahn durch das alte Ostpreußen   280
Von Elbing (Elblag) bis zur russischen Grenze

Die Stadt, die sich ihrer Geschichte wieder erinnern darf   306
Königsberg (Kaliningrad)

Ausgewählte Literatur   322

Register   326

Die Erste Straße im neuen Europa
Eine Einleitung

Als 1934 die »Reichsstraße 1« ihren Namen erhielt, war ihr Anspruch bedeutungsvoller als die Wirklichkeit. Sie verband den Westen des Reichs über fast 1400 Kilometer mit seinem äußersten Nordosten, fast »von der Maas bis an die Memel«. Doch nur dem Anspruch nach tat sie dies grenzenlos. Seit 1920 durchschnitt der Polnische Korridor West- und Ostpreußen mit schmerzlichen und künstlichen Grenzen. Der heute Reisende überquert zwar auf dieser »Reichsstraße« zwei Staatsgrenzen. Doch im »neuen europäischen Haus« sind diese Grenzen eher wie offene Brücken. Sie machen die Straße tatsächlich zu einer Nr. 1 in Europa. Bei der »Eins« der Gegenwart decken sich Anspruch und Wirklichkeit. Seit jüngstem. An wohl keiner anderen Straße läßt sich so gut der Sieg über den Zweiten Weltkrieg und den Kalten Krieg nachweisen. Am Verlauf der Eins versöhnen sich Belgier, Deutsche, Polen und Russen. Die blutenden Grenzen vor Marienborn, vor Küstrin und hinter Braunsberg sind gefallen oder trennen nicht mehr.

Eine in dieser Art verbindende Straße ist die Eins in ihrer Geschichte nie gewesen. Im Mittelalter war sie keineswegs eine allgemein akzeptierte nachweisbare Verbindung, eine künstliche Brücke über die Flüsse von West nach Ost: von der Wurm zum Rurtal, über Rhein, Ruhr, Weser, Leine, Elbe, Spree, Havel, Oder, Weichsel, Nogat, Passarge, zum Pregel und dem Grenzfluß Lepone. Nur die Richtung stand fest. Unvorstellbare Weiten lagen zwischen Aachen und dem Ordensland, die nur weit fahrende Händler zu durchqueren wußten, Pilger, Ritter aus den anliegenden Ländern, die dem Orden dienen wollten, Söldner auf der Suche nach einem neuen Brotherrn oder »Fahrensleut gmeiner Art«. Seit dem 13. Jahrhundert lagen ungezählte Fürstentümer und Herrschaften auf dem Weg von der freien Reichsstadt Aachen bis zum Ordensstaat, freilich mit leicht überwindbaren Grenzen.

Seit Anfang des 17. Jahrhunderts hatte Brandenburg-Preußen den größten Anteil an der Straße. Doch die Grenzen blieben. Der Wiener Kongreß 1815 bestätigte an der späteren Eins das Fürstentum Lippe, Hannover und Braunschweig. 1866 wurde Hannover von Preußen annektiert. Doch die beiden anderen Fürstentümer lebten nach 1871 als Länder im Deutschen Reich fort; der Freistaat Braunschweig über 1934 hinaus. Die spätere »Reichsstraße 1« passierte in ihrer Geschichte und Gegenwart nicht nur mehrere Grenzen. Auch die Streckenführung war nie genau festgelegt. Die Herrscher in Berlin wählten aus politischen oder ökonomischen Erwägungen wechselnde Wege für die Post von Berlin nach Kleve. Zwar wurde gegen Ende des 18. Jahrhunderts der Bau von Kunststraßen begonnen; die Angelegenheit wurde nun wissenschaftlich betrieben und lag in den Händen von Ingenieuren. Doch 1816 waren erst 524 Meilen geschafft; vornehmlich im Rheinland und Westfalen, weniger im preußischen Kernland.

So wie Daniel Chodowiecki 1773 seine »Künstlerfahrt« von Berlin nach Danzig zeichnete, dürften die Straßen auch noch fünfzig Jahre später ausgesehen haben. Zur Schonung des Wagens pflegte der Kaufmann neben seinem Gespann einherzugehen. Der Spötter (und Naturwissenschaftler) Johann Georg Lichtenberg bemerkte nach einer Reise durch Süddeutschland, wo die Fürsten von Thurn und Taxis das Postprivileg hielten: »Sie streichen die Postwagen rot an als die Farbe des Schmerzes und der Marter, bedecken sie mit Wachslinnen, nicht wie man glaubt, um die Reisenden gegen Sonne und Regen zu schützen, sondern aus derselben Ursache, warum man denen, die gehenkt werden sollen, eine Mütze über das Gesicht zieht: damit nämlich die Umstehenden die gräßlichen Gesichter nicht sehen, die jene schneiden«, die auf den Straßen reisten.

Selbst zwischen den aufeinander bezogenen Zentren Potsdam und Berlin dauerte die Fahrt drei Stunden; zwischen Berlin und

Königsberg eine Woche. Das war eine kurze Zeit. Zwischen Spree und Pregel versperrte nicht eine Grenze mit Zoll und Personenkontrolle den Weg. Zwischen Dresden und Magdeburg mußte der Reisende 1803 noch 16 Zollstationen passieren. 300 Fürsten teilten sich das Deutsche Reich. 1819 bemerkte der Vorkämpfer für die Zollunion Friedrich List: »Achtunddreißig Zoll- und Mautlinien in Deutschland lähmen den Verkehr im Inneren, und bringen ungefähr dieselbe Wirkung hervor, wie wenn jedes Glied des menschlichen Körpers unterbunden wird, damit das Blut ja nicht in ein anderes überfließe.« Obwohl also vergleichweise leichte Reiseverhältnisse entlang der Eins geboten waren, zumal am Hellweg der Kunstbau früh begann, galt die spätere Reichsstraße nie als Hauptschlagader für Verkehr und Wirtschaft.

Viel wichtiger war die »hohe Straße«, die die wetteifernden Messestädte Frankfurt und Leipzig verband. Bis zur Reichsgründung 1871 führte die Eins keineswegs durch die ersten Handelszentren Deutschlands: weder durch Frankfurt, Leipzig, Bremen oder Lübeck, noch durch Nürnberg oder Breslau. Die alten politischen Zentren des Reiches tangierte sie auch nicht: weder Mainz, Köln, München noch Danzig. Auf den Landkarten der vorausgegangenen Jahrhunderte sind andere Trassen breiter markiert. Schon im Mittelalter waren die Bernsteinstraßen von Ost- und Nordsee zur Donau und über die Alpen uralt. Später führte von Passau nach Böhmen die »Goldene Steige«. Von Breslau über Leipzig nach Halle zog die »Hochstraße«. Der »Hellweg«, auf dem die Erze des Harzes und das Salz vom Lippstadter Raum ins Rheinland gebracht wurden, war freilich recht ehrwürdig. Karl der Große stellte die via regis unter königlichen Schutz. Die Königsstraße ging in der Eins auf und blieb zum Teil als Ruhrschnellweg vorrangig.

Schon um 1000 sprach man in Westfalen im Zusammenhang mit dem Hellweg von der Magdeburger Straße. Diese Elbestadt war wichtige Handelsstadt im östlichen Grenzland, quasi Schleuse nach Osten. In Magdeburg wird jetzt die Ausfallstraße nach Westen wieder Kölner Straße genannt. Wenige Jahre ihrer Geschichte war sie einem Wilhelm Pieck geweiht. Für die längsten Abschnitte zwischen

Aachen, Essen, zwischen Magdeburg und Berlin gab es mehrere Wege. So hat die Reichsregierung in Berlin Ende März 1934 die Eins mehr oder weniger erfunden, als sie das Straßenwesen neu ordnete. Die Straße genügte allerdings den ideologischen Ansprüchen des Nationalsozialismus. Sie führte durch die »Reichshauptstadt« und durchmaß die volle Breite des Reiches. Zudem verband die Eins über Berlin das kaiserliche Aachen mit dem preußisch-königlichen Königsberg. Der Reichsadler schwebte quasi mit seinem Körper über Berlin, und seine Schwingen berührten hie Königsberg und dort Aachen.

Weihnachten 765 taucht Aachen erstmals in einer Chronik auf. König Pippin hielt sich in dem auf römischen Fundamenten errichteten Gut Aquis villa auf. Ende des Jahrhunderts wurde Aachen die Lieblingspfalz Karls des Großen, des Vaters von Frankreich und des Deutschen Reiches. Dreißig Könige bestiegen hier von Otto I. (936) bis Ferdinand I. (1531) den Thron. Doch schon Karls Sohn, Ludwig der Fromme, nahm in Aachen nur noch ab und zu Quartier. In der nächsten Generation begann die getrennte französische Geschichte. Später wurde Aachen Grenzstadt zu Belgien. Karls Grab geriet an den Rand des Deutschen Reiches. Die Römer hatten von hier planmäßig eine Militärstraße gebaut, die an den Straßenkreuzungen bewacht wurde und zur Lagerstadt Neuss am Rhein führte. Schon unter Karl dem Großen war Neuss Handels- und Münzstadt. Erst 1372 wurde der Rheinzoll für den Kölner Erzbischof von Neuss nach Zons verlegt. Doch da gab es schon den Vorläufer der Eins.

Gewiß existierte schon im frühen Mittelalter ein Weg vom linken Rheinufer, von Kaiserswerth oder dem späteren Düsseldorf nach Essen zum Hellweg; nach 810 der Pilgerpfad zur Abtei des hl. Liudger in Werden. Die sumpfige Talaue an der Ruhr wurde mit Bohlen befahrbar gemacht. Diese Bohlwege über Moor oder Schlamm sind der erste germanische Beitrag zum Wegebau. Zuweilen blieben diese Bohlen im Moor erhalten. Tiefe Rillen zeigen die Spur der Wagen, auf denen die Händler mit ihren Waren mühevoll zu den Märkten und Häfen reisten. Man suchte die kürzeste, sicherste und am besten zu befahrende Strecke. Früh lockte allerdings auch ein

Umweg, wenn an Wegzoll gespart werden konnte. Seit der Wende zum 13. Jahrhundert verhinderte dies der Straßenzwang. Wer »eigene« Pfade zog, bezahlte Strafe. Wer auf dem »rechten Weg« blieb, zahlte Gebühren. Die Obrigkeit nahm Geld; doch gepflegt wurden die Straßen nicht.

Vorgeschichtlich ist auch die auf einem Höhenzug von der Ruhrmündung nach Osten führende Trasse. Kaiser Karl markierte dann die vielarmige Trasse des Hellwegs durch Königshöfe wie die in Essen, Dortmund, Soest und Paderborn. Die jeweils kürzeste Verbindung zwischen den Königshöfen wurde zum klassischen Hellweg und war doch zunächst nicht mehr als ein viel genutzter Feldweg für Heer und Handel. Auf ihm zog Papst Leo III. nach Paderborn, um dort Kaiser Karl um Schutz zu bitten. Die meisten Städte an dieser Straße weisen in karolingische oder gar merowingische Zeit zurück. Der Flecken Essen war schon im 2. Jahrhundert besiedelt. Der Name Soest zum Beispiel taucht zwar erst 836 auf. Doch als St. Petri im 8. Jahrhundert entstand, war »Sosat« ein wichtiger Handelsplatz an der Kreuzung von Hellweg und »Hohem Weg«.

In Paderborn gabelte sich der Hellweg und führte mit dem Fernziel Magdeburg in Hameln und Höxter über die Weser. War der klassische Hellweg bis zur Pader Königsweg und erstrangige Reichsstraße, so fragt sich, ob im weiteren die südlichere oder nördlichere Straße nach Magdeburg vorrangig war; zumal ein Weg vom Weserübergang in Minden über Hannover oder Pattensen nach Hildesheim ebenfalls Hellweg genannt wurde, »Hellweg vor dem Santforde«. Höxter, 822 erstmals erwähnt, und die Reichsabtei Corvey hatten über Jahrhunderte eine so starke Ausstrahlung, daß um ihre Weserfurt im Dreißigjährigen Krieg besonders blutige Kämpfe entbrannten. Hameln war minderen Ranges. Doch der Hellweg über die Rattenfängerstadt führte direkt ins karolingische Hildesheim, das ein eigenes Fürstbistum wurde. Schon 815 verlegte Ludwig der Fromme das Sachsenbistum von Elze, dem Wunschort seines Vaters, an die Innerste. Auch hier bestand schon wie in Duisburg vor der Kirchengründung ein Wik der Händler.

Zwischen Hildesheim und Magdeburg wird das Bild der Straßen

noch diffuser. Nächste Stationen könnten Wolfenbüttel oder Goslar sein. Gewiß lag auch Braunschweig an einem der Hauptwege; doch Brunesguik wird erst im neuen Jahrtausend (1031) als Handelswik und Sitz der Brunonen genannt. Wie sonst an Rhein oder Ruhr gründete die Bedeutung der frühen Siedlung darauf – und das traf selbst für kleine Flußläufe wie Innerste und Oker zu –, daß die Waren vornehmlich über Wasser transportiert wurden. In Neuss, Duisburg, in Hameln, Hildesheim und Braunschweig gab es »Häfen« und somit Umschlagplätze, von denen aus die Waren dann weiter über Land gekarrt wurden. Landwege waren meist beschwerlicher und sind daher jünger als Wasserwege.

Braunschweig überragte andere Grafensitze erst dann, als der Welfenherzog Heinrich der Löwe die Burg Dankwarderode zu seiner Residenz machte. 1166 ließ er als Symbol seiner königsgleichen Herrschaft den Löwen aufstellen. Ein Jahrzehnt später scheiterte der machtbewußte Herrscher am Mißtrauen des staufischen Vetters, Friedrich Barbarossa, verlor seine Lehen und wurde 1179 geächtet. Sein Reich, das riesige sächsisch-thüringisch-westfälische Erbe, zerfiel in weltliche und geistliche Fürstentümer. Heinrichs Sturz trug entscheidend zum Entstehen des zentraleuropäischen Fleckenteppichs bei, der erst im 19. Jahrhundert einheitlicher wurde. Auf ihm konnte es kaum durchgehende Reichsstraßen geben. Kaiser Maximilian I. stellte zwar an der Wende zum 16. Jahrhundert ein letztesmal den Unterschied zwischen Königsstraßen und Territorialwegen heraus, doch er bewirkte damit wenig. Immerhin beauftragte er den in Kurierdiensten erfahrenen Franz von Taxis aus Bergamo mit dem Aufbau einer Anstalt zur Beförderung von Nachrichten, Personen und Gütern. »Post« wurde ein neues Wort in deutschem Mund.

Die Post »arbeitete« zunächst nur zwischen Brüssel und Innsbruck, später bis Wien und Rom. Norddeutschland und Preußen berührte sie nicht. Das hatte vor allem politische Gründe. Das Wegepatent mußte durch die jeweiligen Landesherren bewilligt werden. Die Städte am Rhein – zum Beispiel – lehnten Maximilians Vorschlag ab, auch am Fluß entlang eine Post einzurichten. Sie fürchteten um ihr eigenes beschränktes aber souveränes Botenwesen. In der zweiten Hälfte des 18. Jahrhunderts besaß wohl Bayern das dichteste Straßennetz. Darauf folgte Sachsen. Preußen blieb zurück. Noch Friedrich der Große soll gemeint haben, je schlechter die Wege seien, desto länger müßten die Leute in seinem Lande bleiben und dort ihr Geld ausgeben. Zölle und miserable Reisewege hemmten also die – durch die Erschließung des Ostens und einen allenthalben intensiveren Handel – immer beweglicher werdende Gesellschaft. Was da aber Straße genannt wurde, blieb in der Regel ein Gebilde aus Lehm, Sand oder Stein, Reisigbündel und Bohlen. Mühsam mußte man »über Stock und Stein reiten«.

Sucht man nach Gründen, warum gerade der Weg von Aachen nach Königsberg zur Ersten Straße im Reich werden sollte, dann wäre Lothar III. zu nennen. In Königslutter an der Eins, gut zwanzig Kilometer östlich von Braunschweig, ruht seit 1137 der Supplinburger Kaiser in seiner Stiftskirche. Im Gegensatz zu den eher nach Süden orientierten Saliern trieb er wieder ottonische »Ostpolitik« über die Elbe bis zur Oder und machte sie unumkehrbar. Dabei erweiterte er nicht sein eigenes Reich, sondern setzte Askanier und Wettiner als Fürsten ein. So trug auch Lothar – wie sein Enkel Heinrich der Löwe wider Willen – zur Bildung souveräner Territorialstaaten bei und zur Schwächung der kaiserlichen Zentralgewalt.

Schon 805 hatte Kaiser Karl Magdeburg als Grenzort für den Handel mit den Slawen ausersehen. Es war ein günstiger Platz. Hier boten sich eine Furt über die Elbe und ein Hafen an. Der Kaiser baute eine Pfalz zum Schutz und gab ihr besondere Rechte. Otto verwandelte Magdeburg in ein Zentrum des Reiches. Er schätzte die Elbesiedlung schon vor Regierungsantritt so, daß er sie 929 seiner Braut schenkte. Otto baute die Pfalz karolingischer Beamter zu einer Residenz aus, die sich ihrem Anspruche nach an Aachen orientierte. 973 wurden seine Gebeine im Dom beigesetzt. Für das Reich endete bis zur Staatenbildung unter den Staufern, die via regis in Magdeburg. Als Kaiser Otto III. im Jahr 1000 nach Gnesen zog, nutzte er kaum die Trasse der weiteren Eins nach Osten.

Er zog auch nicht durch Brandenburg, das zwar Großvater

Otto I. 948 zum Bischofssitz gemacht hatte, um die Erinnerung an einen slawisch-heidnischen Fürstensitz auszulöschen und das als sicher galt, weil schon König Heinrich I. 928 die Burginsel erobert hatte. Der Ort war allerdings im Slawenaufstand 983 wieder verlorengegangen und konnte erst durch Albrecht den Bär 1157 zurückerobert werden. Dieser erste Markgraf von Brandenburg erhob den Ort zur Hauptstadt und gab seinem Staat dessen Namen. Im 14. Jahrhundert ist die Straße von Magdeburg, Genthin über Brandenburg nach Berlin eine der wichtigsten im Kolonialland jenseits der Elbe. Eine Karte von 1501 markiert dann eine südlichere Straße, die von Magdeburg über Ziesar nach Brandenburg führt.

Nachdem sich die brandenburgischen Kurfürsten 1470 Berlin zur ständigen Residenz erwählt hatten, entwickelte sich langsam ein neues Netz von Straßen mit Zentrum am Zusammenlauf von Spree und Havel. Schon ein Jahrhundert früher war 1373 Karl IV. als erster und einziger Kaiser des Römischen Reiches in Berlin eingeritten. Doch für ihn blieb die spätere »Reichshauptstadt« tiefe Provinz. In Tangermünde an der Elbe baute er seine Residenz. 1280 wurden die Handelswiks Berlin und Cölln an der Spree in der sächsischen Fürstenchronik erstmals erwähnt. Gegen Aachen, Neuss, Soest, Hildesheim, Braunschweig, Magdeburg und Brandenburg ist Berlin also eine »sehr junge« Stadt, mehr als ein halbes Jahrtausend von Aachens erster Blüte entfernt.

Der Haupthandelsweg von Berlin nach Osten überquerte in Frankfurt die Oder und führte weiter nach Posen und Warschau. Immerhin ist 1338 der Oderübergang bei Küstrin als Zollstelle verbürgt. 1436 kam es deshalb mit Frankfurt zu einem Streit. Die Übergänge machten sich offenbar Konkurrenz. In Müncheberg bog von der Straße Berlin–Frankfurt diejenige nach Küstrin ab. Im Schatten der wichtigeren hansischen Ostseestraße von Lübeck, Rostock, Stettin nach Danzig entwickelte sich die spätere Eins durch Neumark und Westpreußen nach Dirschau und zur Marienburg. Sie war weniger Handelsstraße als Heerweg. Als der von den Pruzzen bedrängte Herzog von Masowien den Hochmeister Hermann von Salza und seine Ritterbrüder 1226 an die Weichsel rief, sicherte er ihnen auch den Zugang durch Polen über die Neiße in Guben, nach Crossen, Posen, Gnesen bis Thorn. Seit dem späten 14. Jahrhundert mußte der Nachschub auf neuen Wegen ins Land. Polen war Feindesland geworden. Die Erwerbung der Neumark durch den Orden 1402 diente der Sicherung der Etappenstraße zur Marienburg und nach Königsberg. Die Straße zog sich an Polens Grenze entlang. Oft versuchte ein polnischer Starost – zum Beispiel in Deutsch Krone – die Nachschubader abzuklemmen. So entstand die Eins von Küstrin über Landsberg nach Friedeberg, heute Strzelce Krajeńskie. Hier zweigte der Weg nach Köslin im Norden und zur Ostseestraße ab, während der andere – die Eins – auf Konitz (Chojnice) und den Weichselübergang bei Dirschau (Tczew) zulief. Dabei besaß Konitz eine besondere Anziehungskraft, denn seit 1384 befanden sich hier Reliquien vom Kreuz Christi.

Doch diese frühe Eins war nur eine von mindestens zwei weiteren Straßen. Genannt sei nur die »via marchonis« der Brandenburger Fürsten, eine stellenweise bis zu 40 Metern breite unbefestigte Schneise durch die Wälder. »Heidereiter« und dienstpflichtige Landleute hatten wohl seit dem 15. Jahrhundert für eine befahrbare Trasse zu sorgen. Noch Anfang des 20. Jahrhunderts ließen sich Stücke dieser Alt-Wege finden. Danach lief der Markgrafenweg wohl von Küstrin über Soldin, Arnswalde, Märkisch Friedland nach Neustettin und stieß entweder bei Landeck (Ledyczek) oder bei Schlochau (Czluchow) auf die spätere Eins. Diese überlebte die Jahrhunderte. Der Verlauf der via marchonis aber läßt sich heute kaum noch nachweisen.

Der kurze Weg von Schlochau nach Konitz ist mehrfach verbürgt. Er ist ein Herzstück für die Geschichte der Eins. So kehrte auf ihm 1412 Herzog Heinrich der Reiche von Bayern von seiner Preußenfahrt zurück. 1449 wies der Hochmeister den Vogt der Neumark an, den Kurfürsten und Markgrafen von Brandenburg bis Schlochau zu begleiten. Hinter Konitz führten zwei Wege zur Marienburg. Die spätere Eins traf gut 90 Kilometer nordöstlich in Dirschau (Tczew) an der Weichselniederung auf die Ostseestraße der Hanse aus Danzig. Eine Fähre, zunächst von der Vierdener Fischerszunft gepachtet, brachte die Reisenden über die Weichsel. 1451 wurde ein Bürger mit dem Transfer betraut. Alle Straßen erreichten dann gemeinsam – vor Elbing auf der anderen Seite der Niederung – das Hochschloß des Ordens, wo seit 1343 eine Brücke über die Nogat führte.

Die Marienburg war kurz nach 1300 vollendet worden. Sie war schon staatliches Zentrum, als von Berlin und Cölln kaum jemand sprach. Von hier aus führte ein Netz von Straßen zu den Burgen. Sie lagen Tagesritte voneinander entfernt. Eine dieser Routen entspricht der späteren Eins. Sie führt nach Elbing und erreicht in Frauenburg das Frische Haff und geht über Braunsberg und Brandenburg nach Königsberg. Die Ordensburg von Elbing weist auf die dreißiger Jahre des 13. Jahrhunderts zurück. In der Gründungsphase waren Danzig, Elbing, Braunsberg und Königsberg rivalisierende Städte. Während sich Danzig schnell, zum Teil mit Gewalt, durchsetzte, wuchs Königsberg langsam. 1255 als Ordensburg gegründet und mit besonderen Aufgaben versehen, erhob der Hochmeister es nach seiner Vertreibung aus der Marienburg 1457 zur Hauptstadt des Ordens. Bald wurde es als Hafenstadt genauso wichtig wie Danzig. Dabei blieb es auch im weltlich regierten Preußen. Als die Hohenzollern 1701 zu Königen in Preußen erhoben wurden, war Königsberg wie Aachen Krönungsort.

Zugleich entwickelte sich die spätere Eins von Berlin nach Königsberg zur zentralen Poststraße. Doch sie verdrängte nie die Ostseestraße, die von Berlin nach Stettin (Szczecin) führte. Noch in den Karten des beginnenden 18. Jahrhunderts ist die Straße von Stettin nach Köslin, Stolp und Danzig doppelt so dick markiert wie der Heerweg des Ordens oder die Straße der Markgrafen. Mit dem Kunstbau der Straße wird der Handel zwar umgelenkt, doch die Orte an der Küste bewahren ihren Rang. So ist auch im heutigen Polen die alte Eins weniger wichtig als die Trasse längs der Küste. Dort ist die Besiedlung dichter. Es gibt mehr Industrie. Der Fremdenverkehr tut ein übriges.

Hinter Königsberg führten zur Ordenszeit drei Handelswege weiter nach Litauen: einer entlang der Küste; einer über Insterburg, Ragnit und am Nordufer der Memel nach Kowno und Tilsit; der dritte Weg führte über Lyck, Augustow und Grodno. Hochmeister Dietrich von Altenburg, er starb 1341, soll sie angelegt haben. Die zweite Trasse wurde später über Wehlau bis Insterburg zur »Reichsstraße 1«. Sie strebte weiter westwärts über Gumbinnen, Ebenrode nach Eydtkuhnen – seit 1938 Eydtkau, heute Tschernyszkewskoje –, wo sie an der Lepone die litauische Grenze erreichte. Auch heute stößt sie hier wieder auf eine Grenze. Doch mit der Straße verbindet sich die Hoffnung, daß sie eine der friedlichen Brücken zwischen den Staaten bleiben kann.

Die Eins endete hier: eine im großen und ganzen nicht weiter beachtliche Straße. Doch sie hat Geschichte, und ihre verbindende Zukunft hat erst begonnen. Schon seit einigen hundert Kilometern, seit Kostrzyn, lassen sich die Wegweiser kaum noch entziffern. Zunächst waren die Aufschriften polnisch, und in der Sowjetunion tragen sie nur kyrillische Schriftzeichen. Der nur Deutschkundige muß sich anders orientieren. So war es schon im Mittelalter. Wegzeiger finden sich nördlich der Alpen erst seit dem 16. Jahrhundert. Eine frühe »wegzeigende Säule mit einer eisernen Hand« wurde zum Beispiel 1578 bei Reichensachsen in der Nähe von Eschwege aufgestellt. Vorher suchte man seinen Weg von Siedlung zu Siedlung. Und so soll auch die wiederentdeckte Eins – in diesem Buch – von Ort zu Ort erkundet werden. Dabei stehen nicht die großen, vielfach beschriebenen Städte im Mittelpunkt, wie die Ruhrstädte oder Berlin. Ihnen wurden schon Bücher gewidmet. Die kleineren und unbekannteren Orte sind gleichfalls Perlen an einer Straße durch Zeiten und Länder.

Roms Heerweg, Karls Pfalz und das Braunkohlenloch
Von Aachen bis zur Ruhr

So großzügig und schnurgerade wie die Römer haben wohl erst wieder die Franzosen unter Napoleon und die Preußen ihre Straßen angelegt: allein an ihrem Zweck orientiert, wenn möglich – schnurgerade und wetterfest. In so ein Straßennetz wurde im Jahr 90 n. Chr. Aachen eingebettet, als die in Neuss stationierte VI. Legion und Soldaten aus Xanten den Auftrag erhielten, an der heißen Quelle der Kelten ein Militärbad anzulegen. Dazu bauten sie zwei Ausfallstraßen. Die eine verlief nordwestlich über Heerlen zur römischen Haupttheeresstraße Köln–Jülich–Maastricht–Tongeren. Die andere führte über Haaren, Hoengen und Aldenhoven nach Jülich. Sie ist der Anfang der Reichsstraße 1.

Vor den Römern hatten die Kelten an der heißesten Kochsalzquelle Mitteleuropas gebadet und gebetet. Altar- und Weihesteine erinnern bis heute an den heiligen Bezirk. Der römische Name Aquisgranum verweist auf den keltischen Heil- und Wassergott Granus, der an den 38 Quellen zwischen Dom und Burtscheid verehrt wurde, aus denen zum Teil 72 Grad heißes Wasser sprudelte. Nach den Kelten und Römern wurden die Heilquellen von Karl dem Großen wiederentdeckt, dessen Biograph Einhard berichtet, der Herrscher habe das Bad im heißen Wasser geliebt. An der Stelle eines ursprünglich römischen Fiskalgutes baute sich Karl 794/795 die Villa von Vater Pippin zur Residenz aus. In den neunziger Jahren soll Karl die »Pfalzkapelle« nach »eigener Disposition« durch Baumeister Odo erbaut haben lassen, ein Achteck, das von einem sechzehneckigen Umgang eingerahmt wird. Der Bau erinnert an das Grabmal des Theoderich in Ravenna aus dem 6. Jahrhundert. Tatsächlich wollte Karl an das von Ostgermanen übernommene Römische Reich anknüpfen; er wollte aber auch das römische Denken in christlich-byzantinischer Prägung tradieren. Der Kaiser beschränkte sich nicht auf architektonische Symbole; er ließ antike Säulen aus Ravenna und Rom über die Alpen holen.

Aachen sollte die Tradition von Rom und Byzanz vereinen. Das war zunächst nur ein Anspruch. Nach dem Konzil von Nizäa (787), das die lateinische Kirche nicht beteiligt, doch gesamtchristliche Geltung gefordert hatte, setzte Karl diesen Anspruch 788 im Krieg gegen die oströmische Kaiserin Irene und ihren Sohn Konstantin auch durch. Die Forderung völkerrechtlicher Ebenbürtigkeit mit dem Kaiser von Ostrom wurde überhöht durch Karls Begehren, als Gesandter Gottes das »imperium christianum« zu beherrschen. So steht im Kaiserdom von Aachen selbstbewußt die Königsloge gegenüber vom Altar. Die lateinische Christenheit verehrte den Erneuerer des Römischen Reiches und Herrn des Gottesstaates. König »dank Gottes« (Dei Gratia) hieß es in seiner Devotionsformel.

Karl der Große wollte aber nicht nur den römischen Staat und die christliche Weltgemeinde versöhnen; er wahrte auch die Tradition der west- und ostgermanischen Stämme, die das untergehende Rom besiegt hatten. Als Zeichen dafür ließ er das Reiterstandbild des Theoderich von Ravenna nach Aachen bringen. Karl wollte Nachfolger dieses »germanischen Vorgängers in der Herrschaft über Rom« sein.

Aachen hat längst sein Gesicht gewandelt und ist eine moderne Stadt geworden; doch Kaiser Karl wird nicht nur regelmäßig bei der Verleihung des Karlspreises an verdiente Europäer wieder lebendig. Sein Wirken prägt das Zentrum der Stadt zwischen Elisenbrunnen und Dom bis heute. Karl Friedrich Schinkel, der Baumeister des Klassizismus, der in Berlin wirkte, hat sich nicht ohne Grund auch an des »Reiches Quelle« mit dem 1825–1827 entstandenen Säulenpavillon ein Denkmal gesetzt. Das zitronengelbe Gebäude gegenüber der Bushaltestelle lädt bis heute zum Verweilen ein. Welche »hohen Gäste« neben Pippin, Albrecht Dürer und Königin Elisabeth das warme schweflige Wasser tranken, verewigt eine steinerne

Aachen. Hühnermarkt, Blick auf die Rückseite des Rathauses.

Gästeliste. Die Ungenannten kommen bis heute, packen ein Glas aus und trinken vom Quell. Ein junges Punkerpärchen schlotzt direkt vom Hahn.

Durch den kleinen Park hinter dem Brunnen ist es bis zum Münsterplatz ein kurzer Weg. Touristen überall. Die winklig-hügelige Altstadt ist auf sie eingestellt. Karls Pfalz und die Kapelle waren durch einen Torgang miteinander verbunden, der noch in geringen Teilen steht. Ein Turm des Rathauses besteht noch aus Mauerresten der karolingischen Pfalz. Im Dom schieben sich die Besucher, verharren vor dem goldenen Schrein. Es scheint so, als habe jeder das Gefühl, Zeuge eines Jahrtausends zu sein. Schließlich verstummt jeder Besucher vor Karls Thron auf der Empore gegenüber dem Chor. So einfach kann sich die Herrschaft über den – um das Jahr 800 bekannten – »halben Weltkreis« darstellen: ein karger Steinsessel aus hellen antiken Marmorplatten. Unter dem Sitz wurden Reliquien aufbewahrt. Über sechs gleich große Stufen steigt man zum Thron hinauf. Diese Schritte der Inthronisierung beendeten jahrhundertelang die Zeremonie der Königskrönung.

Das sind nur wenige Relikte aus Karls Zeit. Die Herrscher nach ihm haben sie gepflegt, umbaut und »bereichert«. Die ursprünglich einfache Schönheit ging dabei manchmal verloren. Aachen war bis zum 10. Jahrhundert zwar ein beliebter, doch nicht der erste Aufenthaltsort deutscher Könige. Vielmehr weilten sie an den »Brennpunkten der Politik«, oft in Italien. Oder sie stärkten durch das Wohnen im Stammland ihre Hausmacht. So taten es jene Sachsenkaiser, die nicht nur wegen der Silbervorkommen den Harz, Werla und später Goslar vorzogen. Allerdings begann mit Otto I. am 7. August 936 auch die Tradition der Königskrönungen in Aachen.

Wohl um den Sachsen Otto an die fränkische Tradition zu binden, hatten die Großen des Reiches seine Krönung in Aachen beschlossen. Im Säulenvorhof des Münsters setzten die weltlichen Fürsten Otto – in einem fränkischen Gewand – auf einen Thron, reichten ihm die Hand und gelobten Treue. In der Kirche warteten die Bischöfe und das »Volk« auf den »Einzug des neuen Königs«. Erzbischof Hildebert von Mainz nahm Otto und führte ihn in die Kirchenmitte: »Hier bringe ich euch den von Gott erkorenen, vom Herrn Heinrich früher designierten und nun von allen Fürsten gemachten Otto. Wenn euch diese Wahl gefällt, so hebt die Rechte zum Himmel hoch.« So tat es das Volk und brach in Heilrufe aus. Dann gab der Erzbischof Otto hinter dem Altar die Insignien des Reiches. Er wurde gesalbt und von den Erzbischöfen von Mainz und Köln gekrönt. Schließlich führten sie ihn zum Thron Karls des Großen, berichtet Widukind von Corvey.

Mit Otto, dessen Herz für das noch am Rande des Reiches liegende Magdeburg schlug, begann die Tradition der Aachener Krönungen, die 1356 sogar in der Goldenen Bulle reichsrechtlich festgelegt wurde. Unter dem Staufer Friedrich Barbarossa wurde die Verehrung Karls noch einmal gesteigert. Um seinen Machtanspruch zu stärken und seine Politik gegenüber der gespaltenen Kirche, ließ Friedrich Weihnachten 1165 die Gebeine Karls heben und ihn durch

Papst Paschalis heiligsprechen. Das war eine Demonstration gegen das mit dem Gegenpapst Alexander III. verbündete Frankreich. Aachen wurde zum »caput regnis Theutonici«, zum Haupt des Deutschen Reiches, und seine Einwohner wurden Freie. Sie erhielten Markt- und Münzprivilegien. Die Stadt wuchs zum Pilgerort, wo man beim Leibe Karls beten konnte, am Kleide Mariens, den Windeln und dem Lendentuch Jesu. Aachen bestätigte sich auch als niederrheinisches Handelszentrum; doch weiterhin lag der Platz, wie für Ludwig den Bayern, – er wurde am 25. November 1314 in Aachen gekrönt, – »up ein ende vam rige«.

Dabei blieb's. Ein halbes Jahrtausend später wurde der Ort zum westlichen Eckpunkt der Straße nach Königsberg, die ein Jahr nach der Machtergreifung der Nationalsozialisten zur ersten Straße des Reiches erklärt wurde. Das Reichsgesetzblatt, Teil 1, vom 27. März 1934 gibt die »einstweilige Neuregelung des Straßennetzes und der Straßenverwaltung« vom Vortag bekannt. In Verbindung mit der »Verordnung zur Durchführung des Gesetzes...«, die am 7. Dezember jenes Jahres erging, wurden in Aachen die Vaalser- und Jülicher-Straße zur Reichsstraße 1. Beide berühren sich nicht, sondern gehen vom Altstadtring nach West und Ost ab. Die »Verwaltung der Reichsstraßen« oblag nach Paragraph 4 des Gesetzes dem »Generalinspektor des deutschen Straßenwesens«, der laut Paragraph 1 zu entscheiden hatte, »welche Straßen den Bestimmungen des Gesetzes unterliegen und welche Straßen die Eigenschaft von Reichsstraßen und von Landstraßen I. und II. Ordnung haben«.

Haaren, Broichweiden, Höngen, Aldenhoven, Jülich, Mersch, Titz, Jackerath, Elfgen und Hemmerden lagen einst an dieser Straße, die bei Neuss den Rhein erreichte. Die Anwohner würden dieser Ehre heute nicht mehr froh. Mit zunehmender Besiedelung und wachsendem Verkehr übernahmen in den siebziger Jahren die Autobahnen A 44 und nach dem Kreuz Holz die A 46 die Funktion der Eins. Die Ehrwürdige hatte ausgedient, wurde Orts- und Landstraße. Nur von Aachen zur belgischen Grenze findet sich noch das Schild der Eins. Und noch ein Stück nach Westen: Das alte Reichsgut Haaren, wo die Straße aus dem »Aachener Kessel« steigt, ruft aber kaum mehr Erinnerungen an einen Platz zur Fuhrwerk-Reparatur wach, an Schmiede oder Gasthof. Einst war es erste oder letzte Etappe nach oder vor dem Aufenthalt in Aachen. 1531 nahm hier Ferdinand I. Quartier, obwohl der Krönungsort nicht einmal fünf Kilometer weit entfernt und fast erreicht war. Das frühere Zisterzienserinnen-Kloster in St. Jöris, der Broicher Hof im Straßendorf Broichweiden, einmal Zollstelle des »Aachener Reiches«, entziehen sich dem Blick des eilig Reisenden. Durch die engen Straßendörfer vor Aachen quält sich mühsam der Verkehr.

Um 1140, als der Hof Hongelo in einer Schenkungsurkunde des Limburger Herzogs erstmals genannt wurde, deutete nichts auf den Steinkohlenbergbau hin, der die Landschaft hier später prägte. Und auch heute setzen sich zumindest im Herbst die Rübenbauern durch, die mit ihren vollen Fuhren die alte Straße benutzen, ähnlich wie auf der Eins bei Soest oder in der Magdeburger Börde. Die dörflichen Strukturen blieben erhalten, trotz Einkaufszentren und Kleinindustrie. Die längste Zeit seiner Geschichte gehörte Höngen zur Grafschaft Jülich. Hinter Alsdorf ahnt man an einer Kreuzung auf einem Schild noch einmal den Hinweis auf die Eins. Auf der Ahornallee zwischen Mais und Rüben geht es weiter nach Schleiden. Der ehemals kaiserliche Reichsbesitz Aldenhoven litt wie die meisten Orte hier stets unter seiner »Straßenlage«: Wenn es Krieg gab, war die Entwicklung vorgezeichnet; dann fand er auch hier statt. Ende des 14. Jahrhunderts stürmten Truppen aus Brabant die Stadt. 1621 belagerten spanische Soldaten drei Monate lang Aldenhoven. Im Dreißigjährigen Krieg wechselten sich kaiserliche, französische, hessische und schwedische Söldner beim Plündern ab. Frankreichs Revolutionsheer ließ sich zwar in einer ersten Schlacht im März 1793 zurückwerfen; ein Jahr später aber siegten die Franzosen. Aldenhoven wurde zum Kanton Linnich geschlagen. Meilensteine mit dem napoleonischen Adler erinnern an jene Zeit. Die Verehrung eines Marienbildes in einem Lindenbaum brachte zwar nach 1654 Kapuziner-Mönche aus Jülich und Pilger nach Aldenhoven; doch Frieden kam nicht. Heute verbirgt sich das Gnadenbild neben Raiffeisenbank und Bäckerei Kösch hinter einem braunen Gitter.

Auch bei Jülich umgeht die Autobahn ehrwürdige Geschichte. »2000 Jahre – 750 Jahre Stadt« erinnert ein Stein von 1988 am Eingang von Jülich am Ufer der Rur. Das Sehenswerte stammt allerdings meist aus der Zeit nach 1547, dem Jahr eines großen Brandes. In Jülich traf die römische Stichstraße von den heißen Bädern Aachens auf die Ost-West-Militärstraße zwischen Maastricht und Köln. Schon vor der Jahrtausendwende regierten hier Grafen einen Gau. 1336 wird er Markgrafschaft, damit Reichsfürsten-, zwanzig Jahre später Herzogtum. Nachdem Jülich im Hochmittelalter in den Krieg zwischen dem Erzbischof von Köln und dem Kaiser geriet, wurde es im Jülich-Kleveschen Erbfolgestreit von 1609 bis 1614 Zankapfel der protestantischen Oranier und katholischen Spanier. So sah der Niederrhein den ersten kriegerischen Aufmarsch der feindlichen Konfessionen.

Schon vor dem Dreißigjährigen Krieg fielen im Frieden von Xanten die Herzogtümer Jülich und Berg aus der Erbmasse des Herzogs von Kleve an den katholischen Pfalzgrafen, während der zum Calvinismus übergetretene Brandenburger Kleve, Mark und Ravensberg erhielt. Damit entstand 1614 der Kern »Rheinpreußens«. Die Beamten, die regelmäßig Regierungspost von Kleve nach Berlin zu bringen hatten, benutzten die spätere Eins. Erst nach der napoleonischen Besetzung wurde 1813 auch Jülich preußisch. Diese lange Geschichte läßt sich in der modernen Industriestadt kaum nachvollziehen. Ein paar Bruchsteinmauern am Rathausplatz erinnern an das römische Kastell. Der Westturm von St. Maria gemahnt an das 12. Jahrhundert; das machtvolle Rurtor (porta rurae oder Hexentor) verweist auf die Stadtbefestigung des 14. Jahrhunderts. Nur Zubringer und Anwohner dürfen im Wagen durch das Tor auf die rot gepflasterte Fußgängerzone. Dieselben Geschäfte, Arztpraxen, Rechtsanwälte wie überall. Das Schloß im Stil der Hochrenaissance mit vier Flügeln und einem Binnenhof, das früheste und wichtigste seiner Art am Niederrhein, geriet im Weltkrieg in Mitleidenschaft. Hinter der Zitadelle liegt das Malteser-Krankenhaus. Im November 1944 flogen die Alliierten einen schweren Bombenangriff; dann lag die Stadt für Wochen im Frontgebiet. Am 23. Februar

1945 beendeten die Amerikaner den letzten Krieg, unter dem Jülich in seiner langen Geschichte litt.

Kaum fünf Kilometer nördlich von Jülich erreichte die alte Eins die nächste Ortschaft – Mersch. Schon im Hochmittelalter lagen am Niederrhein die Orte dicht nebeneinander. Das traf für die Bistümer Hildesheim und Magdeburg nicht zu. Brandenburg wurde erst besiedelt. Die Geschichte von Mersch reicht ins 11. Jahrhundert zurück. Die »alte Reichsstraße« führt durch ein Straßendorf mit Backsteinbauten und Scheunentoren. Überall werden Kartoffeln angeboten. Man preist sie gar auf Messingschildern an: Sie sind wohl ganzjährig erntefrisch. Auf der Merscher Höhe zeigen Sendetürme der Deutschen Welle, wie eng die Welt zusammenwuchs. Titz, seit 1651 freie Stadt, gehörte zunächst Köln, dann im 13. Jahrhundert den Grafen von Jülich. Es erhielt eine Festung, die zuerst 1610 und dann wieder 1622 von Holländern und Spaniern so heftig beschossen wurde, daß man kaum mehr etwas davon sehen kann. Bald hinter Titz kreuzt die alte Straße die neue Autobahn und erreicht Jackerath, heute ein Ortsteil von Titz.

Felder für Rüben und Mais, ein paar Weiden für Kühe und Pferde unter schwerem Himmel. Nirgends scheinen die Wolken so gequollen, die Regenbögen so hoch und licht. Alleen durchkreuzen das flache Land. Nirgends verhält der Wind. Die Landschaft ist schwermütig, als trage sie mit Mühe die Last der Geschichte. So erscheinen auch die Menschen; verhalten und abwartend; oft dunkel, fröhlich nur, wenn ein Anlaß dazu gegeben ist. Plötzlich endet die Straße. Garzweiler heißt der letzte Ort. Manche Häuser sind verlassen. Die Bauern sind hier ohne Land. Dunkelhäutige Kinder spielen vor den Türen. Zum Kloster soll hier ein Weg führen. Wird hier noch gebetet? Fast noch im Ort bricht die Straße ab; das Abbaugebiet für Braunkohle fraß sie auf. Auf Umwegen über neue Strecken läßt sich schwer der Anschluß finden.

Elsen, seit 1937 Vorort von Grevenbroich, ist die nächste Station. Seit 1263 gehörten die hiesigen Ländereien der Kommende des Deutschen Ordens in Gierath. Sie wurden mit mehr als 660 Hektar bald so groß, daß sie als einziges reichsunmittelbares Territorium der Ordensballei Koblenz unterstanden. St. Stephan erinnert an diese Tradition, eine teils mittelalterliche Backsteinkirche mit karg barocker Ausstattung auf festlichem Weiß. Mauern und das Zehnthaus berichten von den Rittern, die nach 1230 ihre Kraft auf die Region am östlichen Ende der Straße konzentrierten. Fortan übten sie sich weniger in Gebet und Krankenpflege. Sie fochten mit dem Schwert. Als Elsen 1263 durch Kauf Eigentum des Ordens wurde, war Elbing schon gegründet, hatte der Preußenaufstand von 1262 gerade die Siedlung Königsberg bis auf die Burg zerstört; und in Danzig traf der Orden auf eine schon etwa 300 Jahre alte Siedlung um eine Burg und die Kirche St. Katharina.

Schwer zuzuordnen sind die verschiedenen Teile des ausgedehnten Stadtgebiets von Grevenbroich. Schon Elsen gehört dazu, aber auch Fürth und das 1963 eingemeindete Elfgen, das 1053 als Elveke in den Urkunden erscheint. Am ältesten ist wohl die Siedlung am Erftübergang, schon 962 genannt. 1148 wird als Eigentümer ein Burchard von Bruke genannt, der wohl den Namen Broich erklären könnte. Doch sicher ist erst, daß in der zweiten Jahrhunderthälfte die maasländischen Grafen von Kessel in den Besitz des Ortes kamen. So mag es zu »des Greven Broich« gekommen sein. Das »oppidum« war kurkölnsches Lehen, fiel aber nach dem Aussterben der Familie Kessel 1307 per Schiedsspruch an Jülich. Seit 1425 tagte im Schloß häufiger der Jülicher »Landtag«.

Grevenbroich ist das letzte kleinstädtische Zentrum vor dem Rhein- und Ruhrgebiet. Die ersten Schlote kündigen das Industrierevier an. Die historischen Zentren werden als kleine Oasen in einer hektischen Umwelt liebevoll gepflegt. St. Peter und Paul stehen im Zentrum von Ort und Fußgängerzone. Die Kirchen und Rathäuser prägen diese Zonen. Die Geschäfte ähneln einander zwischen Aachen und Helmstedt. Doch nicht nur das: Überall darf sich hier die Natur nur noch in Kübeln und Wannen wie in Särgen ausbreiten. Mutter Erde ist sorgsam mit Steinen gegen Sonne, Wind und Menschen abgedichtet. Auf etwa 300 Seelen war das alte Grevenbroich zu Ende des 18. Jahrhunderts zurückgegangen. Die Kriege waren daran schuld. Erst mit der Industrialisierung begann die Blüte von

Grevenbroich. Dietrich Ulhorn brachte Maschinen zur Textilfabrikation in die Stadt und prägte sie wie Gottfried Brügelmann den Ort Ratingen – ein Stück straßenaufwärts – mit seiner Spinnindustrie. Im Ersten Weltkrieg kamen Verarbeitungsbetriebe für Aluminium nach Grevenbroich; später der Braunkohlenabbau. Zur Stadt gehört noch, abseits der Eins, ein Ort mit dem auffälligen Namen Bedburdyck. Die Burg Bedbur trägt seit 1567 den Namenszusatz »-dyck« nach der Eigentümer-Familie, zum Unterschied zu Bedbur-Reifferscheid, dem heutigen Bedburg im Landkreis Bergheim.

Ehe man Neuss am Rhein erreicht, kehrt in den Orten an der alten Eins noch einmal beschauliche Ruhe ein. Der Verkehr fließt hinter Grevenbroich auf der Autobahn dahin, die der alten Trasse der Eins folgt. Die Reichsstraße selbst scheint verschwunden zu sein. Einst passierte sie Hemmerden. Dieser Name erinnert an den Hamarithi-Wald aus der Lebensbeschreibung des hl. Liudger im 9. Jahrhundert. Heute prägt allerdings nicht mehr der Wald den Unterlauf der Erft. Doch erholsam ruhig ist es hier noch immer. Felder und Wiesen überall. Friedlich zieht die Erft dem Rhein entgegen. Ein Stück lang läuft die alte Eins genau daneben. Aber auch ausgedehnte Wohngebiete, ja Zersiedlung, prägen dieses Gebiet vor Neuss. Hemmerden gehörte zur Reichsherrschaft Dyck. Der Hof Zweifaltern bewahrt die Erinnerung an die Schlagbäume am »Dreiländereck« zwischen Dyck, der Deutschordensherrschaft Elsen und dem kurkölnschen Wevelinghoven.

Das Herz von Neuss schlägt in St. Quirin. Die spätromanische Kirche aus dem beginnenden 13. Jahrhundert ersetzte eine karolingische, die anstelle einer Totenkapelle neben einem römisch-frühchristlichen Gräberfeld errichtet worden war. Anbauten an den Seitenschiffjochen, ein hoher achteckiger Turm, drei halbrunde Apsiden und an ihren Schnittpunkten vier schlanke Türme: Der Prunk überwältigt. Doch im hoheitsvollen Kirchenschiff, zumal in der fünfschiffigen Krypta aus der Zeit von 1050 kehrt stille Andacht ein. St. Quirin weist in die Anfänge der Stadt zurück, die wohl als vorrömische Siedlung begann. Etwa 25 v. Chr. legten die Römer das erste Lager am Rheinübergang an, um ihre Macht über den Fluß hin aus-

Hafenanlagen in Neuss.
Rechts: Das Obertor in Neuss.

zuweiten. Wenig erfolgreich. Im Jahr 16 v. Chr. schlugen die rechtsrheinischen Sugambrer den römischen Feldherrn Lullius bei Xanten so vernichtend, daß Kaiser Augustus seinem Stiefsohn Drusus befahl, den Rhein von Mainz bis Xanten mit 50 Kastellen zu sichern. Eines dieser Lager wurde Novaesium, das heutige Neuss.

Über vier Jahrhunderte legten die Römer am Straßenkreuz der Strata rheni, jetzt Bundesstraße 9, der Zülpicher Straße nach Trier und der Eins längs der Erft, fünf befestigte Lager an, die durch unabhängige zivile Siedlungen am Obertor, um St. Quirin und in Reuschenberg ergänzt wurden. In manchen Lagern – eines aus Stein wurde ziemlich vollständig ausgegraben – konnten mehrere Legionen leben, jeweils mehrere tausend Mann. 1923 wurde der Oklatiusstein gefunden. Der zweigeteilte Grabobelisk zeigt oben den Fahnenträger Oklatius mit Standarte und Dienstbuch. Unten bringt ein Bursche Pferd und Waffe zu seinem Dienstherrn. Das Pferd trägt ein langes geschmücktes Satteltuch. Oklatius muß ein vornehmer und

reicher Kavallerist gewesen sein; zumindest wollte ihn so sein Bruder erinnert wissen, der den Stein stiftete. Trotz aller Bemühungen: der Rhein blieb im wesentlichen ein Grenzfluß. 378 wurde noch einmal vergeblich von Neuss aus versucht, Germanien zu erobern.

Fünfhundert Jahre später war Nuissa unter Pippin III. zu einem wichtigen Rheinübergang geworden. Es erstarkte als königliche Zollstätte und gab diese Aufgabe erst 1372 an Zons ab. Im 11. Jahrhundert gelangten die Erzbischöfe von Köln in seinen Besitz und förderten von da an die städtische Entwicklung, wiewohl es Erzbischof Adolf im staufisch-welfischen Thronstreit mit einer eigensinnigen Stadt zu tun hatte. Der Staufer Philipp besiegte die Stadt 1205. Zuvor war schon auf der Erhebung »monticulum«, der heute »Büchel« genannten Geschäftsstraße, ein »domus episcopalis« entstanden. Unweit davon wuchs nach 1209 St. Quirin, eine der ältesten Kirchen des Erzbistums. Das erste erhaltene Stadtsiegel von 1245 zeigt dies Gotteshaus.

Zu Ende jenes Jahrhunderts beherrschte für einige Zeit ein cleverer Betrüger die leichtgläubigen Bürger von Neuss. Tile Kolup, ein alter Mann von würdiger Gestalt, nutzte die geheime Hoffnung vieler Menschen, daß die Nachricht vom Tod Kaiser Friedrichs II. falsch sei, daß der berühmte und bewunderte Herrscher gar nicht 1250 in Italien gestorben sei, sondern noch lebe. Tile übernahm die Rolle des Kaisers. Wo er sich blicken ließ, jubelte man ihm zu. Sogar Köln lag ihm zu Füßen. Als sein Zauber dort verging, wandte er sich 1285 nach Neuss. Die Bürger wähnten sich auserwählt und öffneten ihre Stadt »dem Kaiser«. Tile kam, kleidete sich in königlicher Pracht, setzte sich eine Krone auf und sprach Recht über ferne Herren und Bürger der Stadt. Schließlich berief er sogar für Frankfurt einen allgemeinen Reichstag ein, um sich zum Kaiser küren zu lassen. Diese Herausforderung ließ dann allerdings König Rudolf von Habsburg nicht unwidersprochen. Er schickte Soldaten. Tile floh. Manch einer gab ihm noch Unterschlupf. Dann wurde er gefangengenommen. Noch auf der Folter gab er sich als Kaiser Friedrich aus, – bis er widerrief. Er starb 1290 den Feuertod. Manche sagen, der Scheiterhaufen habe in der Stadt seines größten Triumphes gebrannt. Die Neusser Stadtgeschichte schweigt verschämt darüber. Im 15. Jahrhundert stattete Kaiser Friedrich III. die Stadt mit Rechten aus, die Neuss fast in den Rang einer Freien Reichsstadt erhoben.

Der Dreißigjährige Krieg schadete Neuss weit weniger als die französische Besetzung nach 1671. Plünderungen und Besetzungen im Siebenjährigen Krieg ruinierten den Handelsplatz, der erst mit der Industrialisierung wieder – wie viele Städte der Region – neue Kräfte schöpfte. 1835 wurde der Rhein-Erft-Hafen ausgebaut. Die Stadt verbreitete sich; Mauern und Festungswerke wurden abgetragen; neben anderen Resten blieb das Obertor von 1250 bestehen. Die erste Eisenbahn verband 1853 Neuss mit Aachen. 1885 lebten 20 000 Bürger in Neuss; 1912 waren es doppelt so viele; heute sind es mehr als 150 000. Der Hafen und die Industrie verschafften dem im Krieg schwer mitgenommenen Ort einen schnellen Wiederaufschwung.

Die alte Straße freilich, die Neuss durch das Rheintor verließ und über Heerdt und Lörick zum Fluß und dann rechtsrheinisch als »Neusser Weg« via Kaiserswerth zum Ruhrtal und dem Hellweg führte, ist nicht in die Eins übergegangen. Die Reichsstraße von 1934 lebt zwar hinter Neuss als B 1 wieder auf und überquert südlich von Hamm, das seit 1394 zu Düsseldorf gehört, den Fluß. Sie passiert auch am östlichen Rheinufer die Düsseldorfer Altstadt, geht jedoch heute bei Rath in eine weitere Autobahn, die A 52, über. Zwischen Ratingen-Breitscheid und Mülheim-Saarn zeigt sich noch einmal das Schild der Bundesstraße 1. Dann verbirgt der Ruhrschnellweg die Geschichte des alten Hellwegs. Allein, was sonst in moderner Zeit nicht häufig ist: im alten Kern von Düsseldorf bleibt die Eins der überkommenen Trasse an der Rheinpromenade treu, führt an dem vorbei, was von der Residenz der Grafen von Berg übrig blieb: ein schiefer Turm, der zu einem Wahrzeichen der Stadt wurde.

Im Verhältnis zu Aachen und Neuss ist Düsseldorf eine junge Stadt. Das erklärt sich aus ihrer rechtsrheinischen Lage. Die Römer lagerten hier nicht. Die Franken bevorzugten günstigere Plätze wie das durch den Rhein geschützte und lange Zeit besiedelte Duisburg oder Ratingen an einem uralten Straßenkreuz. Auch als Flußübergang bot sich das 1135 erstmals erwähnte Fischerdorf an Düssel und Rhein nicht an. Erst seit 1315 verkehrte zwischen Neuss und Düsseldorf im Auftrage des Neusser Clarissenklosters eine Fähre; das geschah etwa dort, wo 1950/1951 eine Straßenbrücke entstand, die als erste feste Verbindung der links- und rechtsrheinischen Eins verstanden werden kann. Davor hatte es weiter nördlich zwischen Oberkassel und Düsseldorf eine Schiffsbrücke gegeben, die erst 1898 von einer Bogenbrücke abgelöst wurde.

Düsseldorf wurde gezielt von den Grafen von Berg gefördert. Es sollte ein politisches und wirtschaftliches Gegengewicht zu Köln, Neuss und Zons, den linksrheinisch-kurkölnisch geprägten Städten bilden. So wurde »Dusseldorp« nach dem blutigen Sieg gegen die Erzbischöfe in der Schlacht von Worringen 1288 zur Stadt erhoben. Seit 1373 Zollstätte, blieb der Ort aber weiter von minderem Rang; vor allem gegenüber Köln, das sich längst vom Erzbischof gelöst hatte und eine eigenständige Politik betrieb. Unter Herzog Georg Wilhelm nahm Düsseldorf Ende des 14. Jahrhunderts einen ersten Aufschwung. Feste Residenz wurde der Ort allerdings erst 1521, als Jülich, Kleve und Berg sowie Mark und Ravensberg unter der Herrschaft des Herzogs von Kleve vereinigt wurden. Wilhelm der Reiche (1539–1592) gab der Stadt ein neues Gesicht. Vom damals vergrößerten Schloß blieb aber nur der Turm, vom prachtvoll erweiterten Rathaus nur die spätgotische Fassade zum Marktplatz hin übrig. 1614 zerfiel die Einheit wieder im Jülich-Kleveschen Erbfolgestreit. Der Vertrag von Xanten schlug Jülich und Berg den katholischen Pfälzern zu. Düsseldorf blieb ein Jahrhundert deren Residenz.

Jedes Düsseldorfer Schulkind wird in einer der ersten Klassen zu »Jan Wellem« geführt, dem bronzenen Reiterstandbild, das sich Kurfürst Johann Wilhelm II. schon zu Lebzeiten von dem flämischen Bildhauer Grupello gießen ließ. Es steht seit seiner Einweihung 1711 auf dem Marktplatz. Johann Wilhelm (1658–1716), an der Düssel geboren, so erfahren die Kinder, war ein Düsseldorfer »Jong«. Stolz kann man auf ihn sein. Ob er in seinem Schloß auch Rad schlagen durfte, wie das die Jungen auf den Straßen taten und

Das Rathaus in Düsseldorf.

heute noch tun? Die Lehrerin erzählt von einem Fürsten mit Herz für seine Bürger; sie erwähnt auch den kunstverständigen Herrscher, der mit der Gemäldegalerie und vielen Rubens-Werken den Grundstock für die Kunstakademie legte, diesem trutzigen Gebäude an der Oberkasseler Rheinbrücke. Doch am »Schreibtisch des Ruhrgebiets« läßt sich den Kindern – trotz spätbarockem Jägerhof und Schloß Benrath – schlecht Geschichte lehren. Düsseldorf guckt nach vorn. Die Väter arbeiten meist in der modernsten Industrie, in computerstrotzenden Büros. D'dorf steht für das erste Bürohochhaus in Deutschland, das Wilhelm-Marx-Haus (1924), oder das Drei-Scheiben-Hochhaus, Stolz der sechziger Jahre. Die Industriellen-Familien Haniel, Henkel, Lueg, Mannesmann und Poensgen geben der Stadt wohl mehr als die Herzöge, – zumal Jan Wellems Bruder nach dessen Tod 1716 die Residenz in die pfälzische Heimat nach Mannheim verlegte. Das hätte übrigens schon Johann Wilhelm tun können; schließlich hatte bereits der Vater 1685 die pfälzische Kurwürde geerbt. Doch Jan Wellem, so sagt die Lehrerin, »war einer von uns«. Die Schüler gucken ungläubig, denn der Kurfürst auf dem Sockel schaut grimmig.

Unter Napoleon wurde Düsseldorf noch einmal die Hauptstadt eines Großherzogtums Berg. Joachim Murat, der Marschall des Kaisers, regierte als Großherzog von 1806 bis 1808 am Rhein. Den Franzosen verdankt die Stadt den Hofgarten, das Ratinger Tor, Prunkstraßen wie die Königsallee. Doch davon wissen wohl die gelackten Porschefahrer und ihre Begleiterinnen wenig, die an der »Kö«, meist verboten im zweiten Glied, parken, am besten in Blickkontakt zu einem Straßencafe, um gesehen zu werden. Die Stadt der Unternehmensverwaltungen, der »Schreibtisch des Ruhrgebiets«, ist auch Stadt der Snobs. D'dorf ist Modestadt und Messestadt und Kulturmetropole. Seit 1762 lockte die Kunstakademie. Durch die Brüder Jacobi – der eine Philosoph und Kant-Gegner, der andere Lyriker – wurden Düsseldorf und ihr Haus, – der »Malkasten« – an der Wende zum 19. Jahrhundert Treffpunkt der literarischen Elite: Wieland, Humboldt, Herder und Goethe gehörten zu diesem Freundeskreis. Mendelssohn Bartholdy, Schumann und Brahms belebten das

Düsseldorf. Schloß Jägerhof am Nordrand des Hofgartens.

Musikleben der Stadt, in dem schon 1818 ein »Festival« gegründet wurde: das Niederrheinische Musikfest. In der Bolkerstraße 53 kam am 13. Dezember 1797 Heinrich Heine zur Welt.

Während Frankfurt Goethes Geburtshaus zu einem Musentempel machte und fast jeder Staatsgast in Bonn Beethovens Geburtsstätte zu sehen bekommt, kennzeichnet es das gespaltene Verhältnis zu Deutschlands scharfzüngigem Kritiker, daß sich hier bisher »Heine's Bierakademie« befand, eine Kneipe wie viele andere auch, die bis zur Stunde der Müllabfuhr geöffnet ist und mit einem Spruch aus der »Harzreise« auf fremdes Bier aufmerksam macht.

Doch das soll sich bald ändern. Im Herbst 1990 beschloß der Stadtrat, das Haus für 4,4 Millionen Mark zu kaufen, um daraus ein würdiges Heine-Haus zu machen. Dabei kann mit den Räumen frei verfahren werden; das »Original« steht nicht mehr. Im Vorderhaus betrieb der Vater einen Tuchhandel, im Gartenhaus spielte »Harry«

mit seinen drei Geschwistern. Heinrich Heine liebte seine Heimatstadt, sie sei »sehr schön, und wenn man in der Ferne an sie denkt und zufällig dort geboren ist, wird einem wunderlich zumute. Ich bin dort geboren, und es ist mir, als müßte ich gleich nach Hause gehen. Und wenn ich sage, nach Hause gehen, so meine ich die Bolkerstraße...« Vielleicht sieht er jetzt aus fernen Himmeln eine frühe Ahnung in Erfüllung gehen. Es sei ihm »sehr merkwürdig«, wenn eines Tages »die grünverschleierten, vornehmen Engländerinnen sich die Stube zeigen lassen, worin ich das Licht der Welt erblickte, und den Hühnerwinkel, worin mich mein Vater gewöhnlich einsperrte, wenn ich Trauben genascht«. Die Mode hat sich gewandelt, doch vielleicht reisen neben Amerikanern und Japanern auch noch »vornehme Engländerinnen« nach Düsseldorf. Ihnen wird gewiß auch das Schauspielhaus gezeigt werden, in dem bis 1954 Gustaf Gründgens Regie führte und einen »Faust« inszenierte, der auf Platten gepreßt wurde. Danach lenkte Karlheinz Stroux erfolgreich die Geschicke des Hauses.

1815 war Düsseldorf wieder Provinz geworden; nur Sitz des preußischen Regierungspräsidenten. Seit 1946 ist Düsseldorf zwar Landeshauptstadt von Nordrhein-Westfalen. Doch der Ministerpräsident gilt auch nicht viel mehr als sein preußischer Vorgänger. Dumpf riecht das Rheinwasser bis zur Uferpromenade herauf. Der Verkehr brandet stinkend über die alte Reichsstraße neben dem Fluß. Gemächlich ziehen Lastschiffe auf dem Rhein vorbei. Immerhin soll gleich hinter dem Rathausufer in Bötger-, Wibbel- und Flingerstraße die »längste Theke der Welt« für Stimmung sorgen. »Nichts für Kinder«, sagt die Lehrerin.

Nach Rathaus-, Schloß- und Hofgartenufer wird die Eins zur Cecilienallee, führt an Kunstmuseum, den »Rheinterrassen«, dann an Bezirksregierung und Oberlandesgericht vorbei, von dem der preußische Adler herabsieht. Sie wird als Kennedy-Damm schon zur vierspurigen Bahn; zweigt nach Osten ab und teilt sich kurze Zeit mit B 7 und B 8 die Heinrich-Ehrhardt-Straße, bis sie wieder eine nördliche Richtung nimmt. Bald wird sie zur A 52, die nach Essen führt. Die ehrwürdige Eins, heute Landstraße, schlängelt sich

Düsseldorf. Rheinufer mit Schloßturm und Lambertuskirche.

durch Düsseldorf-Mörsenbroich und Oberrath weiter, streift den Düsseldorfer Stadtwald, kreuzt die A 44 und erreicht Ratingen, das als Kreuzungspunkt zweier uralter Straßen viel älter ist als Düsseldorf: der eisenzeitliche Mauspfad traf hier auf den (von West nach Ost) führenden noch älteren »Hilinkiweg« (Heiligenweg) von Kaiserswerth nach Velbert und weiter zur Lippe.

Zwischen 799 und 849 wurde Ratingen erstmals erwähnt. Die Kirche gilt als Gründung des Kölner Domstiftes. Dorthin floß schon vor 1165 »der Zehnte«. 1276 erhob Graf Adolf von Berg Ratingen – noch vor Düsseldorf – zur Stadt. Er versah den Ort mit Mauern und Türmen, um ihn gegen den nunmehr feindlichen Erzbischof Siegfried von Westerburg zu schützen, dessen Besitzungen in Kaiserswerth und dann in Essen-Werden zu einer Bedrohung für das dazwischen liegende Ratingen zu werden drohten. Der Dreißigjährige Krieg unterbrach das Wachstum der blühenden Stadt. 1645 hatte

Ratingen neun Zehntel seiner Bürger verloren und war nur noch im Besitz »drei ganzer ungerissener Häuser«. Zuvor waren es mehr als 300 gewesen. Erst im 18. Jahrhundert brachte die Textilindustrie neue Blüte, nachdem 1784 Gottfried Brügelmann die erste mechanische Baumwollspinnerei nach englischem Vorbild auf dem Kontinent in Betrieb genommen hatte. Die Eins umgeht heute das alte Zentrum und passiert als Wallstraße einen Teil der alten Stadtbefestigung. Als Mülheimer Straße führt sie zu einem neuen Ziel im Norden; vorbei am Blauen See.

Die Reichsstraße Eins wandte sich zunächst kurz vor Breitscheid in Richtung Kettwig zur Ruhr und über Bredeney nach Essen. Nachdem aber die Mendener Brücke bei Mülheim-Saarn fertig war, wurde die direkte Nord-Süd-Verbindung von Breitscheid an der Burg Linnep vorbei nach Mülheim zur R 1. Und so verläuft heute auch die B 1. Sie zieht sich durch grüne Wohngegenden und wird für einige Kilometer zu einer Chaussee für hungrige Reisende; gute und weniger erquickliche Restaurants reihen sich dort aneinander. Schon um 1050 wird der Hof Linepe erstmals erwähnt. Ein Wernherus de Linepe taucht 1093 als Zeuge in einer Urkunde für das Kloster Werden auf. Von dort ist es nur noch ein kurzer Weg bis zum Kloster Saarn, das 1214 von der Zisterzienserabtei Kamp gegründet wurde. Die Gebäude verstecken sich hinter hohen Bäumen. Schon liegt die Ruhr vor uns. Der im Wald geborgene Fluß scheint für den Urlaub wie geschaffen zu sein. Dahinter zieht sich die Eins in Schleifen auf die Mülheimer Höhe. Noch einmal ein Blick ins Ruhrtal zurück: Irgendwo muß die Abtei Werden liegen, irgendwo Ratingen und dahinter Düsseldorf. Nicht ein Hinweis mehr auf die alte Eins. Schon geht die Chaussee in den Ruhrschnellweg über, den Erben der alten Reichsstraße und des ehrwürdigen Hellwegs.

Der alte Hellweg macht Geschichte
Zwischen Rhein und Weser

»Stellt euch vor«, heißt es in einem heimatkundlichen Lesebogen für Schüler Mitte der sechziger Jahre,« mit Bäumen und Sträuchern bewachsene Steilhänge begrenzen zum Teil rechts und links einen tief ausgefahrenen Weg. Der Lehmboden ist vom vielen Regen in einen glitschigen Morast verwandelt, und vier schwere Zugpferde mühen sich, einen großen Planwagen zu ziehen. Der Soester Kaufmann Kramer geht mit seinem Sohn nebenher. Noch viele Tagereisen stehen ihnen bevor. Kostbare Last hat sein Wagen geladen; mit Messing beschlagene Büchsen und Kupferkannen von Soester Handwerkern, Stahl und Roheisen aus dem Sauerland, in Tonnen verpackt, das bis nach England weiterverschickt werden soll. Nun bringt er es nach Köln. Dort lädt er Wein für die städtischen Weinhäuser ›Rumenei‹ zwischen Rathaus und Patroklikirche und den ›Goldenen Löwen‹ am Seel.«

Dies ist eine Schilderung vom Hellweg im späten Mittelalter; ihm stellt der Autor den »pausenlos rollenden« Verkehr der sechziger Jahre gegenüber. Doch das geschieht mit positivem Unterton. Dem »Fortschritt« haftet nichts von Bedrohung für Mensch und Umwelt an: »Schnell haben sie die engen Straßen von Soest verlassen. Vater atmet erleichtert auf, als sie auf der Bundesstraße 1 sind, die nach Werl führt. Inge macht große Augen: Zu schön ist es, die breite Straße entlangzubrausen. Blühende Obstbäume säumen sie an beiden Seiten, dahinter liegen Wiesen und Felder. Peter aber zählt die Autos, die ihnen entgegenkommen und die schweren Last- und Tankwagen, die vorbeidröhnen.« Die Idylle einer Chaussee Mitte der sechziger Jahre. So wie damals sieht die Reichsstraße nur noch in Teilen der ehemaligen DDR östlich Berlins aus und in Polen. In Westdeutschland sind Alleen rar geworden. Obstbäume galten als »Unfallschwerpunkte« und fielen den Verkehrsplanern zum Opfer, die offenbar wenig mehr im Sinn hatten, als die Welt »autogerecht« zu gestalten.

Der Anfang zu diesem Ende fiel wohl in die Zeit um 1820. Damals wurde der historische Handelsweg zwischen Duisburg und Paderborn auf großen Strecken erstmals befestigt. Die Postkutschen brauchten nun für zehn Kilometer »nur noch« eine Stunde Fahrzeit. Das Leben an der Straße brachte aber auch seit Jahrhunderten schon Nachteile mit sich: Epidemien, Raub und Kriege. Über den Hellweg zogen die Soester Bürger in der »Soester Fehde«, 1444 bis 1449, gegen den Erzbischof von Köln, ihren bisherigen Herrn. Söldner des Bischofs wiederum nahmen die Gegenrichtung und erstürmten die Wälle der Stadt. Doch Soest konnte sich wehren. Nur die Dörfer längs des Hellwegs waren den brandschatzenden Söldnern schutzlos ausgeliefert. Zweihundert Jahre später brachte der Dreißigjährige Krieg Soest und dem Umland neuerlich den Ruin. Im Siebenjährigen Krieg, den der preußische König, Friedrich der Große, von 1756 an um sein eigenes Haus und um Schlesien führte – und das nicht nur gegen Österreich und Rußland, sondern auch gegen die meisten Reichsfürsten und Frankreich – wurden wieder die Ernten auf den Feldern vernichtet. Die Menschen hungerten. Von einem Großbauern in der Region wird berichtet, er habe 1763 nur noch drei von zehn Pferden, nur noch vier von vierzig Kühen besessen. Schließlich hinterließen auch Napoleons Soldaten beim Durchzug ihre Spuren.

Die Geschichte des Hellwegs weist in früh-, vielleicht sogar vorgeschichtliche Zeit zurück. Seine Geographie bot sich von jeher als Ost-West-Trasse an. Der Weg ist hoch gelegen. Das machte den Boden fester und trockener. Händler und Pilger werden dort schon vor vielen Jahrhunderten gezogen sein, gewiß auch Soldaten, vielleicht schon in römischer Zeit. Doch der Hellweg wurde von den Römern nicht planiert und bebaut, wie die Historiker bis zur Jahrhundertwende wegen einer im »Römerfelde« bei Marten gefundenen Urne meinten. Die Römer bevorzugten einen Weg längs der Lippe, also im Tal. Da nur im Sommer gekämpft wurde, in der trockenen Jahreszeit, bot die Nähe zum Wasserlauf einen immer frischen Brunnen für Mensch und Tier. Die Wälder, die sich über der Ruhr und weiter nach Osten hinzogen, waren tief und unwegsam. Auch Karl der Große nutzte zunächst vornehmlich die Lippe-Niederung. Dann baute er den Ruhrweg aus. Schließlich aber genügte auch dieser zweite Abschnitt auf dem Weg zum großen fränkischen Hof- und Heerlager in Höxter an der Weser nicht mehr den Anforderungen. Karl ließ den Kammweg – niederdeutsch »hälev« – ausbauen, was der Straße mutmaßlich ihren Namen gab. Offenbar wurde der Weg im Winter 784/785 fertig. Zumindest schließen das die Historiker aus der Tatsache, daß Karl damals ein halbes Jahr lang auf der Gebirgsfeste Eresburg bei Marsberg, östlich von Brilon, Hof hielt. Solange habe man dort – auf der erst 772 eroberten Grenzburg der Sachsen im Südwesten ihres Herrschaftsgebiets – nur bei gesicherten Nachschubwegen ausharren können.

Der Hellweg war Königsstraße oder Reichsstraße (via regia), was in späterer Zeit eine Reihe von Gesetzmäßigkeiten zur Folge hatte. So war eine bestimmte Breite vorgeschrieben. Nach dem Sachsenspiegel aus dem ersten Drittel des 13. Jahrhunderts sollte ein Wagen dem anderen ausweichen können, und auf des Königs Straße sollte ein Ritter in der Lage sein, in voller Rüstung mit Gefolge zu reiten. Später hieß es, um Korn und Heu auf ihm zu fahren, müsse der Weg so breit sein, daß drei Pferde voraus und zwei Pferde mit Knechten danach unbeschädigt auf demselben gehen könnten. Die via regia durfte nicht gesperrt werden. Das Zupflügen wurde bestraft. Auch wenn Saat darauf stand, durfte das den Verkehr nicht aufhalten. Der Leibeigene, der sich einer Sperrung schuldig machte, konnte mit einer Prügelstrafe belegt werden. Der Freie mußte eine Art Bußgeld zahlen. Es gibt Bestimmungen aus dem Westfälischen, aus denen sich schließen läßt, daß auch der Hellweg im frühen Mittelalter noch nicht durch Steine befestigt worden war; allein in der Nähe von Städten mag das anders gewesen sein.

So beklagten die Benutzer den schlechten Wegezustand: Fuhrleute zerbrächen ihr Geschirr oder blieben mit ihren Wagen stecken. Oft müßten sie auf Beiwege ausweichen, berichten die Chronisten. Im Dreißigjährigen Krieg polterten die schweren Munitions- und Furagewagen über die Lehm- und Erdpiste, die in dieser Notzeit noch seltener als sonst ausgebessert wurde. Eigentlich war der Landesherr für den Unterhalt einer Reichsstraße zuständig. In der Regel setzte er dafür Wegemeister ein und ließ sich Wegegeld entrichten oder Zölle. Rechtsstreitigkeiten gab es schnell, wenn der Landesherr zwar weiter Geld kassierte, doch die Lehensleute längs der Straßen, die Gemeinden oder Gerichte aufforderte, die Straße in Ordnung zu halten, quasi als Dienst unter anderen Landfolgediensten. Was darunter zu verstehen war, läßt sich auch den Soester Stadtstatuten entnehmen, in denen dazu aufgefordert wird, hinderliche Weidenbäume abzuholzen und auf die Wege zu legen.

Die Reichsstraße stand jedermann offen. Sie bot den Schutz der Krone, auf ihr herrschte öffentlicher Frieden. Zunächst mag dies als ein Angebot geschätzt worden sein. Zwar mußte dafür per Maut und Zoll gezahlt werden, doch man war vor Raubüberfällen geschützt. Gelegentlich bot der Landesherr zur Gewährleistung der Sicherheit sogar ein bewaffnetes Geleit, das – zumindest theoretisch – durch den Zoll abgegolten war. Doch schon unter Kaiser Friedrich II. (1194–1250) kam der »Straßenzwang« auf. Niemand durfte vom rechten Weg abkommen, wie es 1232 noch hieß. Später ging das kaiserliche Straßenregal oft auf niedrigere Reichsstände über, die bald aus den Straßenlehen ein blühendes Geschäft machten. Der Straßenzwang band die Kaufleute an einengende Strecken. Dagegen konnten sich die Städte nur durch den Erwerb befreiender Privilegien wehren. Es kam zu komplizierten Rechtsstreitigkeiten. Einfach waren dagegen die Verfahren gegen Friedensstörer, die in Gerichtsorten wie Werl oder Soest verurteilt wurden. Gegen Wegelagerer und Räuber konnte sogar die Todesstrafe am Galgen verhängt werden. Längs der Straße waren zur Abschreckung Galgen und Räder aufgebaut. Doch auch damit ließ sich der Straßenraub nicht eindämmen. An ihm beteiligten sich Unfreie wie Rittersleute, die trotz aller Städte- und Herrschaftsbündnisse, die dieses gefährliche

Unwesen bekämpften, immer wieder einen Platz fanden, wo sie ungestört »vogelfrei« sein konnten.

In regelmäßigen Abständen hatte Karl der Große Königshöfe als Quartiere und Sicherungsplätze längs des Hellweges angelegt. Aus diesen Stationen wurden bisweilen Städte: von Duisburg über den – Philippsburg genannten – ehemaligen Essener Oberhof Ehrenzell bis Paderborn und weiter nach Höxter. Östlich von Essen folgten die Reichshöfe Steele, Freisenbruch, Stalleicken, Bochum, Dortmund, Brackel, Asseln, Wickede, Unna, Steinen, Werl, Ampen, Soest, Erwitte, Böckenförde und Geseke; schließlich Paderborn, wo der eigentliche Hellweg endete. 1380 nennt das Brügger Itinerar zwischen Dortmund und Paderborn die Orte Unna, Werl, Soest und Geseke. Der Brüsscler Atlas des Christian S'Grooten von 1573 fügt noch einige Ortschaften hinzu; es wird deutlich: Durch die Maßnahmen Karls des Großen war die Entwicklung dieses Straßenzuges eingeleitet worden.

Während die spätere Eins nach Paderborn in nordwestliche Richtung strebt, ließ Karl der Große seinen Weg durch den Urwald im Eggegebirge nach Südosten schlagen. Damit konnte er das Kerngebiet der Sachsen umfassen. Schon bei seinem ersten Eroberungszug hatte der König nördlich der Eresburg das sächsische Heiligtum des Kriegsgottes Ziu, die Irminsul, zerstört. Die Straße wurde bis zum letzten Königshof nach Höxter geführt, das von Karls drittem Sohn und Nachfolgekaiser, Ludwig dem Frommen, 823 zum neuen Kloster Corvey geschlagen wurde. Dieser Weg wurde später genauso Hellweg genannt wie die Trasse der Eins durch das Lipperland und das Reich der Welfen, die später teilweise auch preußischer Postweg war. Von Höxter führte die karolingische West-Ost-Verbindung über Bad Gandersheim, Wernigerode und Halberstadt nach Magdeburg. Dort trifft sich dieser Weg wieder mit der Reichsstraße 1 auf ihrem gemeinsamen Weg durch Sachsen-Anhalt nach Brandenburg und Berlin.

Hektik und Fast food auf dem Ruhrschnellweg
Duisburg – Dortmund – Unna

Der historische Hellweg beginnt in Duisburg, aber auch in Mülheim und Werden. Der erste Ort war vor allem als Versammlungsstätte von König und Hof politisch wichtig. Mülheim zog Nutzen aus seiner militärtaktisch günstigen Lage an einem Ruhrübergang, der den Handelsweg nach Köln und Aachen verkürzte. Werden aber könnte als geistliche Hauptstadt am westlichen Ende des Hellweges bezeichnet werden. In der Grabkammer von St. Salvator ruhen die Gebeine des hl. Liudger, der vor der Jahrtausendwende das kirchliche Leben längs der Straße bis ins ferne Helmstedt prägte. Anders als der mehrarmige Hellweg passierte die alte Reichsstraße nie Duisburg und Werden, wohl aber Mülheim.

Zumindest im Westen und Norden war die Pfalz von Duisburg durch Rhein und Ruhr vor dänisch-normannischen Plünderern geschützt. Die Reichsversammlungen deutscher Könige machten den Platz schon in fränkischer Zeit zur »regia villa«. Der Zusammenfluß beider Flüsse schuf einen idealen Umschlagplatz. Die Straßenkreuzung zwischen süd-nördlichen und west-östlichen Verbindungen war dagegen weniger wichtig. Auch im Binnenland war der Schiffsverkehr noch wichtiger als der Straßentransport. In Duisburg wandte sich der Weg, der von der alten Aachener Residenz und von der Bischofsstadt Köln nach Norden führte, erstmals nach Westen. Wie die Reichsstraße erreicht auch die B 1 Duisburg nicht, sondern mündet östlich vom Zentrum Mülheims in die A 430, den Ruhrschnellweg.

Die Reichsstraße 1 verlief sogar zunächst noch weiter südlich von Duisburg und Mülheim und wandte sich über Ratingen und den

Duisburg-Ruhrort: Brücke über den Vinckekanal.

Ruhrübergang von Kettwig in Richtung Bredeney nach Essen. Die Nationalsozialisten, die Initiatoren der Trassenführung, konnten sich dabei auf vorhistorische Straßen berufen: nämlich den »Mausweg«, der in Ratingen den uralten »Hilinkiweg« von Köln über Kaiserswerth nach Velbert kreuzte. Dieser Heiligenweg schnitt dann seinerseits hinter Werden bei Essen den Hellweg und führte weiter zur Lippe nach Norden. Der Erzbischof von Köln nutzte Ende des 13. Jahrhunderts diese Reichsstraße, wenn er nicht über das ihm treue Kaiserswerth sondern direkt zum Stift Essen reiste, zu dessen Vogt er sich hatte wählen lassen. Das feindliche Ratingen verwehrte sich allerdings durch Mauern und Türme.

Bis 1930 blieb Essen der erste Ort, in dem der Hellweg zugleich Reichsstraße war. Erst als die Mendener Ruhrbrücke hinter Mülheim-Saarn fertig war, änderte sich das, und Mülheim wurde an die Reichsstraße 1 angebunden. So war es schon in alter Zeit. Mülheim gehörte zum Hellweg. Hier wurde der Ruhrübergang zunächst von der am Westufer gelegenen Burg Broich markiert, die wohl 884 vom ostfränkischen Herzog Heinrich angelegt worden war, um den Hellweg an dieser Stelle gegen die Normannen zu schützen, die noch den Raum um Duisburg beherrschten. Im Kampf der Franken gegen die Sachsen erfüllte das spätere Königsgut Mülheim, der Alten- oder Maurenhof nahe der heutigen Petrikirche, die Funktion eines Brückenkopfs auf dem Ostufer der Ruhr. Mülheim war als Waren-Umschlagplatz von Bedeutung, weil größere Schiffe nur bis hierher gelangen konnten. Erst 1780 änderte sich das durch den Bau einer Schleuse.

Auch Werden gilt als Ort am Hellweg und bestätigt damit zum einen, daß alte Straßen, nicht anders als Flüsse, ihre Haupt- und Nebenarme haben; es erweist sich aber auch, daß die Bedeutung der Wege von ihren Benutzern abhängt und daß offenbar mehr Händler und Soldaten als Pilger unterwegs waren. Nach der Reformation geriet Werden nämlich ins Abseits. Sein hoher Rang ging auf den heiligen Liudger zurück. »An dieser Stelle will ich den Tag des Weltgerichts erwarten«, soll 796 dieser friesische Priester gesagt und damit den Platz der Abtei bestimmt haben. Seinem Wunsch folgend, wurde er 809 in der Ringkrypta beigesetzt. Ihn könnte man als den geistlichen Urvater der Reichsstraße ansehen. Die Missionsarbeit dieses ersten Bischofs von Münster reichte von Werden und Essen bis zum Magdeburger Bistum.

Heute beginnt der moderne Hellweg, die A 430, am Kreuz Duisburg-Kaiserberg. Die Bundesstraße 1 erreicht in Mülheim-Heißen den Schnellweg. Schallschluckende Wände beschränken den Blick auf die Besiedlung rechts und links. Die Straßenbahn verkehrt als U-Bahn zwischen den Spuren der Schnellstraße. Der Abzweig »Frohnhauser Weg« verweist auf eine alte Bauernschaft, die schon um die Jahrtausendwende zum Stift und Familienkloster des sächsischen Kaiserhauses gehörte. In den dreißiger Jahren führte die Reichsstraße quer durch Essen über die Bismarckstraße zum Bahnhof und dann über die Steeler Straße weiter nach Bochum. Heute gibt es den Abzweig »Essen-Steeler-Str.« Bestenfalls Abfahrten

Essen. Blick in die Burgstraße; rechts der Turm des Münsters.

erinnern heute längs der Straße an Geschichte. Der Ruhrschnellweg, in den zwanziger Jahren vom Siedlungsverband Ruhrkohlenbezirk konzipiert, wurde zwischen 1954 und 1963 in mehreren Etappen zwischen Essen und Dortmund als Autobahn gebaut. Wiewohl bald ein halbes Jahrhundert alt, ist dieser Teil der Reichsstraße bis heute der modernste geblieben.

Nichts erschließt sich von der bedeutenden Historie des Essener Stiftes und dem Ruhm Liudgers im eingemeindeten Werden auf der anderen Seite des Baldeney-Sees; nichts von der politischen Bedeutung und dem Reichtum. Der Ruhrschnellweg schleust die häßliche Wagenkarawane aufs Eiligste an den alten Zentren vorbei. Hier weisen nicht mehr die Kirchtürme den Weg, keine Plätze und Straßenkreuzungen. Die Abfahrten sind schmale Ösen, durch die man sich in den Metallstrom einzufädeln und dann vorwärts zu fahren hat, unaufhaltsam. Die Hansestadt Essen entwickelte sich nach der

Straße in Essen.

Glaubensspaltung bald in Gegnerschaft zum Stift, das katholisch blieb. 1802 fielen Abtei Werden und Stift Essen an Preußen, dessen Herrscher schon seit dem 17. Jahrhundert Vögte gewesen waren. Essen wurde eine unbedeutende Ackerbürgerstadt, deren Aufschwung erst durch die Entdeckung der Dampfmaschine begann, die der Schreiner Franz Dinnendahl nach Essen holte. Fast gleichzeitig gründete Friedrich Krupp in Altenessen – nördlich der R 1 – eine Fabrik für Gußstahl.

Aber auch die »Villa Hügel« von Sohn Alfred Krupp sieht man nicht von der Straße aus. Wohl aber erkennt man die industrielle Prägung der Stadt durch Zechen, andere Industrien, heute aber vor allem durch die Hinweise auf Dienstleistungsunternehmen: Versicherer, Banken, »man-power«. Wer nur schnell einmal abfahren möchte, landet vor Tankstellen, Discount-Läden und Imbiß-Stätten. Dahinter eine Wand gegen den lauten Verkehr. Die Menschen, die seit alters her am Ruhrschnellweg wohnen, haben heute nur den einen Vorteil davon: sie können schnell weg. Das mittelalterliche Dekanat des Kölner Bistums, Wattenscheid, empfiehlt sich durch zwei Abfahrten. Bochum hat ein paar mehr. Diese Stadt ist von alters her durch den Hellweg geprägt. Zugunsten der Bürger beschied Mitte des 14. Jahrhunderts Graf von der Mark Engelbert II., daß der Hellweg trotz der städtischen Befestigung durch die Stadt zu führen habe. Und dabei ist es geblieben, auch nachdem Bochum wie die anderen Orte hier, die außer Essen und Dortmund zur märkischen Grafschaft gehörten, zu Beginn des 17. Jahrhunderts als klevisch-märkisches Erbe an Brandenburg, beziehungsweise Preußen fielen.

Als eine »Barriere quer durch Bochum« empfand die »Bochumer Rundschau« im Mai 1957 den Bau des Ruhrschnellweges. Noch gäbe es 80 Kreuzungen über die Trasse des späteren Schnellwegs; bald würden es nur noch acht sein, »so daß die Verbindung von einzelnen Stadtteilen diesseits und jenseits des Ruhrschnellweges wegfallen werde«, schrieb das Blatt und folgerte: Der Ausbau bringt nur Nachteile für Bochum. Deshalb sei die Stadt nicht bereit, dafür auch noch Millionen hinzublättern. Neue Stadtstraßen müßten die Funktion des alten Ruhrweges übernehmen. Schließlich fielen durch den Bau von Brücken über den Schnellweg und neue Kreuzungen reichlich neue Kosten an.

Am 19. Oktober 1962 meldete dann die »Westdeutsche Allgemeine«: »Freie Fahrt auf dem Ruhrschnellweg! Um 15 Uhr fallen heute – zwei Wochen früher als ursprünglich vorgesehen – die Sperren für das letzte, fünf Kilometer lange Teilstück auf Bochumer Gebiet, zunächst für die südliche Fahrbahn Essen-Dortmund, anschließend für die Gegenrichtung. Mit der Fertigstellung dieses Bauabschnitts wird die Lücke in der 33 Kilometer langen Schnellstraßenverbindung zwischen Essen und Dortmund geschlossen.« Weiter unten heißt es dann: »Vierzig Mill. DM sind seit November 1960 für das letzte Teilstück verbaut worden. Eine riesige Arbeitsleistung ist vollbracht, um im Rekordtempo der wichtigen Schlagader des Ruhrgebiets ihre volle Leistungsfähigkeit zu geben. Besonderen

Das Bürohaus in Bochum; Eckansicht von der Ehrenfeldstraße.

Dank richtet der Landschaftsverband aber nicht nur an die Straßenbauer, sondern an alle Verkehrsteilnehmer, die lästige, zeitraubende Umleitungen in Kauf genommen haben.«

Gab es keine Demonstrationen, keine Bürgerinitiativen gegen den Bau? Fünf Jahre früher klagte der »Bochumer Anzeiger« noch über das Schicksal von etwa 100 Familien, die »verdrängt«, 120 Millionen Mark, die für neue Wohnungen gebraucht werden würden. Offenbar wurde die Notwendigkeit einer Stadtautobahn allgemein akzeptiert. Womöglich war die Streitbarkeit von Minderheiten auch noch nicht so ausgeprägt wie ein gutes Vierteljahrhundert später. Zwischen Hamme und Harpe hat Bochum heute vier Ausfahrten. Vom Leben der Stadt erfährt der Ruhrwegfahrer wenig. Einprägsam mag der Blick auf den Schlachthof bei Hamme sein. Ende der dreißiger Jahre gebaut, nach 1945 wiedererrichtet, wurde er durch den Ruhrschnellweg zu einem der bedeutendsten »Fleischproduzenten« der Region. Nach der Abfahrt zum Ruhrstadion, die an Schalke-

Dortmund. Blick in den Westenhellweg.

Tagen heillos verstopft ist, trifft die A 430 schon bald auf die Nord-Süd-Achse A 43, und hinter Kirchharpen nennt sich der Ruhrschnellweg wieder B 1. Kurz danach ebbt die halbindustrielle Bebauung längs der Trasse ab, die weiterhin mehrspurig verläuft.

Dortmund ist eine alte Stadt. Um 775 fiel die Sigiburg der Sachsen, die heutige Hohensyburg, in die Hände der anstürmenden Franken. Runde Steinscheiben, die man bei Ausgrabungen fand, belegen das. Karl der Große ließ innerhalb der Burg eine Kirche bauen, die Papst Leo III. 799 selbst geweiht haben soll. In der Dortmunder Altstadt belegen spätrömische Gold- und fränkische Silbermünzen die frühe Besiedlung: Königshof (beim heutigen Bahnhof), Klöster und eine Kaufmannssiedlung dicht am Kreuzungspunkt einer alten Ruhr-Lippe-Verbindung mit dem Hellweg, der noch heute – bis zum Marktplatz der Stadt – Westen- und dahinter Ostenhellweg genannt wird.

»Trutmundi« war um die Jahrtausendwende ein Zentrum der

sächsischen Könige, die hier Synoden und Reichstage abhielten. Kaiser Otto I. kam und ein Jahrhundert später Kaiser Barbarossa. Karl IV. kam und beschenkte die Stadt mit Privilegien. Dortmund war die einzige Reichsstadt in Westfalen mit einer Grafschaft als Lehen des Reiches. Nach der Französischen Revolution fiel die Stadt bald an das Großherzogtum Berg, schließlich, nach den Freiheitskriegen, an Preußen. Mit der politischen Macht, die Dortmund im Mittelalter besaß, verband sich die wirtschaftliche Kraft als Hansestadt. Obwohl im 13. Jahrhundert der Weg über die Ostsee noch attraktiver war als eine Landverbindung, mögen Dortmunder Kaufleute auch schon in etwa auf der Trasse der späteren Reichsstraße bis Memel gezogen sein. In Thorn standen im Kaufmannshof die nach dem Patron der Dortmunder Hauptkirche St. Reinold genannten Reinoldibänke, so auch im Danziger Artushof. Und da Dortmunder »Aussiedler« 1252 zu den Gründern von Memel gehörten, sollte diese ferne Stadt neben kaiserlichen Privilegien auch den Namen Neu-Dortmund erhalten.

Als vierspurige Allee erreicht die Eins das Stadtgebiet, führt durch reiche Wohngegenden, wo so manche Villa an Anwaltskanzleien oder Unternehmen übergegangen ist. Der Schnellweg liegt südlich des alten Zentrums der Stadt, etwa auf der Höhe der Westfalenhalle, wo sich der erste Hinweis findet auf ein fernes Ziel an der Reichsstraße: Paderborn. Die vierspurige Straße meidet auch das alte Zentrum von Unna. Zwischen altem Hellweg und Stadtzentrum sowie der neuen Straße lag einst der karolingische Königshof und die ursprünglich erzbischöfliche Kirche St. Clemens, wodurch der Ursprung von Unna als Urpfarrei der Kölner Diözese zu erkennen ist. Später fiel die Stadt an die Grafen von der Mark, mit drei Türmen nach Osten gesichert. Dort begann das weiterhin zum kölnischen Herzogtum gehörende Westfalen. 1673 verwüstete ein vom französischen Marschall Turenne gelegtes Feuer die Stadt; 1723 legte ein zweiter Brand die Reste in Schutt und Asche. Nach den Freiheitskriegen wurde die überkommene Hellwegtrasse umgepflügt und durch die Preußen einige hundert Meter weiter südlich eine neue Straße in Richtung Paderborn angelegt. Offenbar kehrte man mit dieser 1824 fertiggestellten Chaussee auf den Reiseweg der fränkischen und sächsischen Könige zurück. Die Bundesstraße 1 folgt östlich von Unna im wesentlichen dieser Straße, während die kurz vor Unna beginnende A 44 noch ein Stück südlicher verläuft, zunächst parallel zur Bundesstraße, dann bei Geseke in Richtung Kassel. Schon vor Unna, aber erst recht östlich davon, wird die Eins wieder Landstraße wie vor dem Ruhrgebiet; zwar dicht befahren, doch ländlich geprägt. Kirchtürme weisen wieder den Weg in die nächste Stadt. Die Hast fällt ab. Ein Café lädt zur »Rast am Hellweg« ein.

Händler, Bürger, Bauern und die Kirche
Werl – Soest – Paderborn

Schon vor Unna beginnt sich der westfälische Hellweg seinem Klischee zu nähern. Dahinter ist das Bild vollständig: eine wellige Ebene, satt und fruchtbar. Hier herrschen Kartoffeln und Schinken. Die Bauernhöfe, oft direkt neben dem Straßendamm, zeigen etwas von dem gediegenen Wohlstand. An ihnen ist nichts gedrungen oder behelfsmäßig. Sie sind vielfach aus Sandstein gebaut, der wegen seines hohen Glaukonit-Gehaltes grünlich schimmert. Dieser Baustoff stammt vom Fuß des Haarstrangs zwischen Lippe und Ruhr. Der Stein wurde dort im Mittelalter abgebaut. Die großen Kirchen von Soest sind aus eben diesem Material. Der Stein verleiht Schwere, ehernen Glanz und zeitlose Würde.

Quellen sagen, in Werl sei der Hellweg bis 1433 südlich am Zentrum vorbeigezogen. Das entspricht heute mutmaßlich der Autobahntrasse, während die B 1 durch den südlichen Teil der Stadt führt. Auch Werl ist Kreuzungspunkt von Straßen, war Kirchspiel und Herrensitz. In karolingischer Zeit war der Ort längst besiedelt. Seine überregionale Bedeutung erhielt er jedoch erst durch die Salzgewinnung, über die aus dem 10. Jahrhundert berichtet wird. Als »Erbsälzer« schlossen sich nach 1246 die »Salzbürger« zusammen und bildeten, bald wegen ihres kostbaren Handelsgutes vom Kaiser und Landesherrn privilegiert, eine patrizische, später sogar in den Adelsstand erhobene Gesellschaft. Zu diesen Familien zählt auch das Haus von Papen, in dessen städtischem Stammhaus, heute Stadtbücherei, 1879 der spätere Botschafter, Reichskanzler und Werler Ehrenbürger Franz von Papen zur Welt kam. Noch 1900 wurden in Werl 7,7 Millionen Kilogramm Salz gewonnen. Sogar ein

Solebad gab es hier seit 1889. 1914 begann diese Quelle zu versiegen. Drei Salinen stellten 1919 ihren Betrieb ein, und 1927 erlitt das Bad das gleiche Schicksal. Gleichwohl wuchs Werl von einem Ort mit 5885 Einwohnern im Jahr 1900 zu einer Stadt, die heute 30 000 Einwohner zählt. Es ist ein sogenanntes Mittelzentrum geworden mit einigen Eingemeindungen. Zudem leben hier viele Nato-Soldaten und ihre Familien.

Nach 1449, Soest hatte sich aus dem Erzbistum Köln lösen können, wuchs die Macht der Nachbarstadt Werl, die ein Eckposten der kurkölnschen Macht war. Der Gerichtsstuhl der geistlichen Herrschaft wurde von Soest nach Werl gebracht. 1661 übergab der Erzbischof den Kapuzinern eine Marienfigur aus der Soester Wiesenkirche, und Werl wurde Wallfahrtsort. Das Gnadenbild zieht jährlich etwa 200 000 Pilger in die Basilika, eine neuromanische, dreischiffige Hallenkirche aus dem Beginn des 20. Jahrhunderts. Früher stand das Bild in der barocken »Alten Wallfahrtskirche«. Nach der Legende hatte ein Ritter die Madonna mit dem Jesuskind aus dem Heiligen Land mitgebracht. Die Figur stammt aus dem späten 12. Jahrhundert. Die Herkunft aus einer gotländischen Werkstatt gilt allerdings als wahrscheinlicher. Wer aus der Kirche heraustritt und nach links am Amtsgericht vorbei von der Fußgängerzone auf die Steinerstraße geht, stößt nach einigen hundert Metern hinter der Johanniskirche wieder auf den Hellweg.

Zu Werl gehört auch Westönnen: als Dörfchen ziemlich unbedeutend, läge es nicht auch an der Reichsstraße. In der Gemarkung Scheidedorn erinnert man sich der Überlieferung nach an einen napoleonischen Offizier, der hier Abschied von einer Dorfschönen nehmen mußte. In Westönnen kam es im Mai 1945 zu Verhandlungen über die Übergabe der Region an die Amerikaner, und bis zum Ende der achtziger Jahre war dieses Gebiet Manöverraum der Natotruppen. 1989 ergaben sich daraus Probleme für Ortsvorsteher Sasse. Die Regionalzeitung »Patriot« berichtete über britische Panzer, die jene, gerade erst halbwegs fertig gewordene Kreisstraße nach Norden benutzten, an der Kirche, Schule, Bank und Friseur liegen. Sie richteten dabei einigen Schaden an. Als dies innerhalb

Werl. Blick auf Kapuzinerkirche und Wallfahrtskirche.
Links: Stadttor in Werl; Feldseite.

zweier Tage trotz des Protestes der Bürger ein zweites Mal geschah, blockierte Sasse die Straße mit seinem Traktor.

Der Bürgerprotest erregte Aufsehen. Kaum bemerkt aber blieb die Freundschaftsfeier am folgenden Tage, nachdem sich herausgestellt hatte, daß die deutsche Verwaltung es versäumt hatte, eine leicht zu findende Umgehung anzubieten und die Dorfstraße für die Panzer zu sperren. Britische Soldaten vom Royal Tank Regiment aus Hildesheim, sie hatten den Part »damage control« (Schadensregulierung) übernommen, reparierten einen Teil des Malheurs. Danach gab es im Wohnzimmer des Sasses Schinken, Kaffee und Bier. Der Sohn des Hauses hob zu einem Helikopter-Flug über Werl ab. Wer dabei von der Höhe auf die Siedlung hinabsieht, kann zur grünen Jahreszeit noch immer gut erkennen, wo einst der Hellweg von 1824 durch Westönnen lief, bevor 1910 eine Umleitung gebaut wurde. Die Färbung des Korns ist anders. Schon von Ostönnen aus sieht man Soest mit seinem Dom: »das Herzstück des Hellwegs«.

Soest erinnert mit seinen Straßennamen mehrfach an den alten Hellweg. Außer dem »Westenhellweg«, der von Werl kommt und Soest in Richtung Paderborn als »Ostenhellweg« verläßt, heißt eine kleine Parallelstraße in der City noch »Alter Hellweg«. Die Bundesstraße 1 erreicht den Stadtkern nicht mehr. Seit den zwanziger Jahren biegt sie vor dem Jakobitor vom »Westenhellweg« in den »Wisby-Ring« ein, den späteren »Lübecker-« und »Riga-Ring«, um dann, fern des Zentrums, auf den »Ostenhellweg« zu stoßen. Lübeck ist Soests Tochterstadt. Über Lübeck gelangte das frühdemokratische Soester Stadtrecht in den Osten und führte zu ungezählten Stadtgründungen nach lübischem Recht. Enge Kontakte hielt die Stadtrepublik über die Ostsee nach Riga und Wisby, was einmal mehr zeigt, daß zu Zeiten der Hanse die Güter von und für »Sosat« vorwiegend über die Ostsee verschifft wurden. Der Landweg war zweitrangig.

Soest ist die älteste Stadt Westfalens. Ob allerdings tatsächlich 624 der Merowingerkönig Dagobert, zu dessen Besitz Soest gehörte, zwei Höfe an den Bischof von Köln verschenkte, um dadurch die Kölner Herrschaft zu festigen, ist zweifelhaft. Gewiß aber war Soest schon im 7. Jahrhundert besiedelt. Eine Lebensbeschreibung des hl. Liudgers von 864 gibt genauer Auskunft über den Ort, in dem hundert Jahre später Erzbischof Bruno ein Kanonikerstift gründete, in das 964 die Gebeine des Soester Schutzheiligen Patroklus gebracht wurden. An dieser Stelle wuchs dann um 1200 die wohl eindrucksvollste Kirche am Hellweg: St. Patroklus. Der Märtyrer wurde Stadtpatron. Auch andere romanische Kirchen wie St. Petri oder St. Thomae sind Zeugen für die bedeutende Geschichte Soests.

Daß Soest schon in früher Zeit eine sehr bekannte Stadt war, bekannter, als es sich der eilige Reisende von heute vorzustellen vermag, bezeugt eine Notiz aus einer arabischen Kosmographie des al-Qazwini, der in Spanien lebte. Das Werk entstand im 13. Jahrhundert und griff seinerseits auf weitaus ältere Texte zurück. So heißt es dort unter den Bemerkungen eines im 11. Jahrhundert aus Spanien kommenden muslimischen Reisenden über Soest:

»Schuschit [Soest] ist ein Castell im Lande der Slaven. Dort giebt es eine salzige Quelle [wahrscheinlich die Salzquellen in Werl oder Sassendorf], während es sonst durchaus kein Salz in jener Gegend giebt. Wenn die Leute Salz brauchen, nehmen sie von dem Wasser dieser Quelle, füllen damit die Kessel, stellen sie in einen Ofen aus Steinen und machen darunter ein grosses Feuer an, so wird es dick und trübe. Dann lässt man es, bis es kalt wird, und es wird festes weisses Salz. Auf diese Weise wird das weisse Salz in allen Ländern der Slaven hergestellt.«

Seit Beginn des 13. Jahrhunderts kämpfte die Stadt um ihre Unabhängigkeit von Köln. Zunächst sollte die Hanse dabei helfen, von 1253 an der Westfälische Städtebund, dann König Wilhelm von Holland, unter dessen Schutz man sich demonstrativ stellte. Die vorbildliche Ratsverfassung von 1260 berücksichtigte den Landesherrn in Köln nicht. Soest erwarb einige der vor seinen Toren in der Börde gelegene Territorien. Als die Stadt dann 1444 anstelle von Köln den Herzog von Kleve als Landesherrn anerkannte, kam es bald zur Soester Fehde, die fünf Jahre später mit dem Sieg und der Unabhängigkeit Soests endete. Erst der Dreißigjährige Krieg sah Soldaten in der Stadt. Es waren die des Herzogs von Wolfenbüttel, »des tollen Christian«, die wohl die »Cöllner Straße« und den Hellweg heraufgezogen waren. 1666 huldigte die Stadt dem Kurfürsten von Brandenburg und wurde in den preußischen Staat eingegliedert; dort blieb sie auch nach 1816 als Kreisstadt der Provinz Westfalen. Für die preußische Post wurde Soest auf diese Weise relativ früh schon eine feste Station auf dem Weg von Berlin nach Kleve.

Soest und Paderborn, die nächste große Stadt an der Eins, scheinen um die Vollständigkeit des Klischees zu wetteifern, besonders fromm, politisch schwarz und alles in allem besonders beschränkt zu sein. Da mag Neid Vater dieser Vorurteile sein. Mit den ökonomischen und sozialen Problemen von »Mittelzentren« werden beide Städte allemal fertig. Sie bewahrten sich dabei aber auch ein Stück Unberührtheit. Nirgendwo sonst an der Eins scheint das Bild der »bürgerlichen Wohlerzogenheit« so sehr zuzutreffen wie in Soest

Das Jakobitor in Soest.
Rechts: Die Wiesenstraße in Soest; Blick auf Sankt Patroklus.

und Paderborn. Hier sind »Ratskeller« noch Orte des Vergnügens. Prasserei mußte importiert werden, so, seit dem Mittelalter, das »Philippsessen« in Erinnerung an den hochherzigen Kölner Erzbischof Philipp, der Soest im 12. Jahrhundert gut behandelt hatte. Der Kämmerer schien einst nur für dieses Mahl zu sparen, verspeisten doch die Honoratioren zum Beispiel 1357 knapp 14 Prozent der städtischen Jahreseinnahmen. Heute importieren vor allem Nato-Soldaten den Übermut – und hinterlassen Wehmut, wenn sie in diesen Monaten aus Soest abziehen.

Bei den modernen Philippsessen soll es geziemend zugehen. Vielleicht gibt es nicht einmal Pumpernickel, obwohl diese Art Brot in Soest zu Hause ist, befand doch ein Holländer schon 1596: »Da bin ich in Westfalen, in der Barbarei, bei den Breifressern. Ich bezweifle, daß ich mich überhaupt unter Menschen befinde. Alle hier sind Ferkel, Säue, Schweine, die etwas essen, so schwarz, so

sauer, daß es nur die eigene Erde sein kann.« Voltaire, auch einst zu Gast, störte sich nicht an diesem Schwarzbrot. Er belächelte, daß in den Bauernhäusern offenbar Mensch und Tier einträchtig beieinander lebten. Der Turm von Alt-St. Thomä steht schief. Das sei die Zipfelmütze für das schläfrige Soest, sagen manche. Doch zugleich ist die Stadt schnell bei der Hand, wenn es besondere Menschen in ihren Mauern zu ehren gilt. Düsseldorf brauchte zum Lobpreis von Heinrich Heine, zur Errichtung eines Museums in seinem Geburtshaus, Jahrhunderte. Zur Würdigung von Hugo Kükelhaus (1900 bis 1984), den, wie manche meinen, zeitgenössischen Heine von Soest, genügten den Stadtvätern sechs Jahre. Über die Stadtgrenzen hinaus ist er wenig bekanntgeworden, vielleicht weil er seiner Zeit ein Stück voraus war. Er war ein »Grüner«, als allenthalben noch kühle Neon-Modernität gepriesen wurde. Er wandte sich schon früh gegen das Zweckdenken und regte zur tieferen Sinneserfahrung an.

Rechts: Das Ponttor in Aachen.

Seite 66: Neuss, Stiftskirche St. Quirinus.

Seite 67: Düsseldorf, Schloßturm und St. Lambertus.

Seite 68: Die A 430, der Ruhrschnellweg, ein moderner Hellweg.

Seite 69: Ruhrgebiet: Industriemuseum Zeche Zollern II/IV in Bövinghausen.

Seite 70: Soest, Stadtteich und St. Maria zur Wiese (Wiesenkirche).

Seite 71: Der Dom von Paderborn.

Seite 72: Das Rathaus in Paderborn.

Kükelhaus stritt aus seiner selbstgebauten Bauernscheune heraus gegen die industrielle Deformation. Er baute Kinderspielzeug aus Holz, schrieb Fabeln mit dem Federkiel und korrespondierte mit Kulturkritikern wie Ernst Jünger oder Eduard Spranger. Dabei war er ein umgänglicher Zeitgenosse, menschenfreundlich und niemals ideologisch. Er setzte auf langsames Umdenken. »Jedes Individuum der Gattung müßte von heute auf morgen seine nach außen gerichteten Ansprüche drosseln. Das aber würde, weil es eine einseitig gerichtete Energie wäre, fruchtlos bleiben, wenn es nicht zugleich die nach innen auf die Verhaltensweise des Organismus gerichtete Hinwendung steigern würde.« 1988 erwarb die Stadt Soest den Nachlaß von Kükelhaus und richtete in seinem Wohnhaus eine Arbeitsstelle ein, die seine Ideen weitertragen soll.

Friedliches Soest, in dessen Osthofentor viele tausend Armbrustbolzen ungenutzt gestapelt blieben. Ungeduldig ist man hier nur mit denen, die weiter Söst sagen, auch wenn sie den Ort schon wieder verlassen. Dem WDR-Redakteur Werner Höfer wird zugeschrieben, er habe einer Mitarbeiterin gekündigt, nachdem sie hartnäckig immer wieder die Lektion verdrängte, daß es sich beim Vokal dieses Ortsnamens um ein westfälisches Dehnungs-e handelt. Soviel Zeit muß sein. Während die Pilger im »Pilgrimhaus« auf ihrem Weg nach Santiago de Compostela Station machen, zieht es den Autofahrer weiter nach Osten.

Über Bad Sassendorf, – schon im 12. Jahrhundert als Ort der Salzförderung erwähnt, die erst 1952 eingestellt werden mußte, während man das Solbad in öffentlicher Hand auch weiterhin betreiben konnte, – erreicht die Eins Erwitte im Landkreis Lippstadt, einst einzige Urpfarrei zwischen Soest und Paderborn mit einem Königshof, in dem sich zumindest König Heinrich I. im Jahr 935 aufhielt und Urkunden unterschrieb. Hier kreuzte und kreuzt der Hellweg den fast ebenso ehrwürdigen Lipperweg. Einst brachte das Einfluß und Macht. Heute nur noch Beschwer.

Über den Kampf gegen das Verkehrschaos von Erwitte schrieben Anfang der achtziger Jahre Schüler der städtischen Schulen eine Arbeit, wie sie mutmaßlich an anderen Stellen der Eins ebenso geschrieben werden könnte: in Helmstedt nach der Grenzöffnung, in Magdeburg oder Brandenburg und Potsdam. Das gut 6000 Einwohner zählende tausendjährige Städtchen mit der mittelalterlichen St. Laurentius-Basilika liegt am Kreuzungspunkt von Hell- und Lipperweg. Letzterer begann in Köln, zog sich über Arnsberg, Warstein, Anröchte und Lippstadt in den Teutoburger Wald nach Norddeutschland hin. In preußischer Zeit wurde der Hellweg zur Provinzialstraße 15; die Verbindung von Minden bis Koblenz, teilweise Lipperweg, zur Provinzialstraße 12. Ab 1816 begann man die Straßen zu befestigen. Erwitte erreichten die Bauarbeiten 1819. Anlieger traten Land ab und wurden entschädigt. Ein paar Häuser mußten abgerissen werden, ein Umbruch in Maßen.

Doch schon ein paar Jahre später klagten die ersten Bürger über den durch Erwitte laufenden Fernhandel von Holland nach Leipzig sowie von Lübeck nach Frankfurt. »Dazu kamen die Salztransporte aus Werl, Sassendorf, Westernkotten und Salzkotten in die nähere Umgebung. Die schweren, mit Kohlen und Eisen beladenen Ramsbecker Fuhrwerke der großen Werke Berghenthal in Warstein und Linnhoff in Lippstadt polterten über die Straßen, Wagen auf Wagen«, berichtet ein Chronist. Erwitte wurde zudem Poststation. Die »Course« von 1839 verzeichnen unter den Nummern 232 und 233 »Bahnpost«-Verbindungen nach Holzminden und Meschede. Das Leben war zwar laut, doch die Wirtschaft blühte. Gasthäuser wurden eröffnet. Erst die Eisenbahn schaffte Verkehrserleichterung. 1883 wurden die Strecken Hamm–Paderborn und Lippstadt–Warstein vollendet, zwei Streckenzüge, an denen sich, wie anderswo längs der R1, nachzeichnen läßt, daß sich vielfach die Eisenbahn an historische Verbindungen hielt und die Straße zu ersetzen begann.

Doch auf die Straßen kamen neue Belastungen zu. Die bisherigen Pferdefuhrwerke wurden durch Kraftwagen ersetzt. Die Transporte wurden schwerer. Der Westfälische Provinzial-Landtag beschäftigte sich damit im Jahr 1900 in einer Vorlage »betreffend die Herstellung von Kleinpflaster auf den Provinzialstraßen«. Namentlich in den industriellen Teilen der Provinz trügen die Fuhrwerke mittlerweile das Doppelte oder gar das Dreifache der früheren Lasten, hieß es darin. »In Folge dessen war es nothwendig, da Decken in weicherem Material, welche früher 6 Jahre und länger hielten, häufig schon nach 2 Jahren völlig abgenutzt waren, härteres aber teureres Material, besonders Basalt, zu den Schotterdecken zu verwenden, und häufig sogar Kopfsteinpflaster an Stelle der bisherigen Chaussierung anzubringen.« Erwitte war allerdings – anders als der Raum zwischen Duisburg und Dortmund – wirtschaftlich für einen raschen Umbau zu arm, so daß erst 1914 die Pflasterung den Ort erreichte; gerade rechtzeitig, bevor nach Ende des Ersten Weltkrieges die Zementindustrie Erwitte zu neuer Blüte verhalf.

Der Bürgerprotest gegen den Verkehr an den Kreuzungen beider Straßen nahm weiter zu. Am 11. Juni 1938 meldete die Lokalzeitung »Patriot« 9000 Fahrzeuge an einem Tag. Dabei handelte es sich um den Pfingstsamstag. Zwischen sieben Uhr morgens und acht Uhr abends waren ermittelt worden: 3401 Autos, 3426 Fahrräder, 1256 Motorräder, 516 Lastwagen, 47 Omnibusse, sowie 345 sonstige Fahrzeuge wie Kutsch- und Ackerwagen. Daß es nicht zu Unfällen gekommen sei, zeuge von einer erfreulichen Verkehrsdisziplin. Dennoch griff man wenig später ordnend ein und erklärte die im März 1939 umgetaufte Reichsstraße 55 – bisherige Provinzialstraße 12 – an ihrer Kreuzung mit dem Hellweg zur Stopstraße. Im übrigen habe die hohe Zahl von Radfahrern überrascht, bemerkte der »Patriot« weiter. Und schon damals folgte daraus, »wie notwendig die Errichtung der Radwege sei«.

Da die Frequenz im Alltagsverkehr deutlich über diesen 9000 Fahrzeugen – (einschließlich Fahrräder!) – am Pfingstsamstag gelegen haben dürfte, reichte die Provinzialstraßenverwaltung im Frühherbst 1938 den Plan einer Umgehungsstraße ein, den die Erwitter Ratsherren im Oktober berieten. Dabei wurde der Bau einer Reichsautobahn erwogen, der heutigen A 44, parallel zum Hellweg. Doch auch noch nach dem Krieg blieb es bei Plänen, während der Verkehr stetig anstieg. Die Zementindustrie sorgte für Lastwagenkolonnen an der Kreuzung der beiden Straßen, die nun zu den Bundesstraßen 1 und 55 geworden waren. Im August 1951 schrieb die Stadt an den

Kreis, es sei beabsichtigt, im Herbst den Sommerweg im Zuge der B 1 instandzusetzen. Doch das allein genüge nicht. »Die Fahrbahn der Bundesstraße 1 ist für die Begegnung von 2 Lastkraftwagen bedeutend zu eng. Hierauf ist es auch zurückzuführen, daß der Sommerweg dauernd von schweren Lastzügen befahren und beschädigt wird.« Nach den Bestimmungen müsse die Stadt für den Ausbau der Fahrbahn über 6,50 m Breite aufkommen. Doch abgesehen davon, daß es Erwitte an Mitteln fehle, stammten diese Regelungen aus einer Zeit, in der eine andere Verkehrsdichte geherrscht habe. Die Stadt bitte daher, »bei den zuständigen Stellen für eine baldmöglichste Verbreiterung der Bundesstraße 1 einzutreten«.

Im Mai 1953 begann die Entwicklung der Hellwegkreuzung. Dann folgte in Schüben 1956 und 1958, 1960 bis 1962 und dann noch einmal 1968 die Stück-für-Stück-Verbreiterung. Ampeln wurden geschaltet. Doch erst die Autobahn A 44 von Dortmund nach Kassel schaffte von Mitte der siebziger Jahre an eine merkbare Erleichterung. Das galt allerdings nur für die B 1. Die B 55 wurde dagegen zum Autobahnzubringer. Vor allem an der alten Kreuzung blieben Verkehr und Lärm unzumutbar. Der Stadtdirektor stellte 1981 auf einer Ratssitzung fest: »Dies starke Verkehrsaufkommen ist für alle Anwohner kaum noch zu ertragen. In einem Abstand von nur hundert Metern zur B 55 und B 1 sind es bereits 2250 Bürger. Hinzu kommen das Krankenhaus und die Schulen, die innerhalb dieses Abstandes liegen.« Der Bürgerunmut machte sich in verschiedenen Aktionen Luft.

Niemand, weder beim Bund in Bonn, noch in Düsseldorf, weder beim Kreis noch in Erwitte wird die Notwendigkeit einer Umgehung bestreiten. Doch neben den aus finanziellen Gründen erhobenen Einwänden gegen weiträumige Lösungen mehren sich auch Einsprüche, die auf die Wahrung von Einzelinteressen zurückgehen. Hätte man bereits vor dem Krieg eine Umgehung gebaut, als der Verkehr schon störend, doch die Umgebung noch nicht so stark besiedelt war, dann wäre mancher Zwist vermeidbar gewesen, der heute einer neuen Trasse im Weg steht. Allerdings wären damals die Interessen einzelner vermutlich mit einem Federstrich hinweggewischt worden. Heute hingegen will jeder schnell vorankommen, aber niemand will dafür seinen Vorgarten opfern. Seit Jahrhunderten stoßen in Erwitte Hellweg und Lipperweg aufeinander. Seit mehr als fünfzig Jahren wird von einer Umgehung der Kreuzung innerhalb des Stadtgebietes gesprochen. Doch darauf wird man vermutlich noch ein paar Jahre warten müssen.

Zwölf Kilometer sind es von Erwitte über Eikeloh nach Geseke, wo die »Tippelbrüder« oder »Pennbrüder« bis 21 Uhr angelangt sein mußten, um noch bei der Wache einen Übernachtungsschein für die Herberge »In der Halle« zu erhalten. So war das noch Anfang des Jahrhunderts. Die Herberge wich erst Ende der siebziger Jahre dem Schulneubau. Die Nacht kostete 50 Pfennig. Das war bei einem Stempelgeld von fünf Reichsmark erschwinglich. Nach einer Nacht ging es weiter, oder man mußte sich Arbeit suchen und beim Amt anmelden. Wer beim »Klinkenputzen« oder »Fechten« – also beim Betteln – erwischt wurde, konnte mit drei Tagen »Bau« bestraft werden. Die Zimmerleute hingegen gingen schon immer auf Wanderschaft. Sie tun es heute noch. Der große Hut, die schwarze Cordhose mit breitem Schlag, der Ohrring gehören genauso zu ihrer Tracht wie der dicke, meist schneckenförmig gedrehte Stock und ein buntes Halstuch. Die Maurer »auf der Rolle« trugen meist Kelle und Wasserwaage mit sich.

Die Wanderschaft, von der man nicht zu früh und nicht auf demselben Wege heimkehren durfte, war eine Zeit der Bewährung, förderte die Selbständigkeit, diente dem Erlernen fremder Handwerksbräuche und blieb, wenn der alte Meister auf sein Leben zurückblickte, oft die einzige Zeit, die er fern der Heimat verbracht hatte. Bisweilen ließ sich irgendwo eine Tochter heiraten, deren Vater sein Gewerbe in jüngere Hände übergeben wollte. Wer in früher Zeit zu den Zünften gehörte oder später Mitglied im Gesellenverein war, konnte sich des Schutzes von »Kolpinghäusern« erfreuen. Doch in der Regel war die Wanderschaft beschwerlich, war eine Zeit der beruflichen und individuellen Prüfung, weswegen die »Halle« von Geseke, in der freilich später auch Wegelagerer und Bettler Unterschlupf suchten, im Volksmund als »Seufzer-Halle« bekannt war.

Schmiedemeister, Stellmacher, Sattler und Seilermeister hatten am Hellweg immer zu tun. Pferde und Wagen brauchten Pflege. Der Stellmacher fertigte das Wagenrad mit der Hand, bearbeitete mit Axt, Zugeisen und Beitel Speiche um Speiche. Die Zimmerleute hinterließen Zeugnisse ihrer Kunstfertigkeit an den Kutschwagen, aber auch an manchen Fachwerkhäusern und Giebeln. In Geseke gab es noch um 1900 allein drei Spinnbahnen zur Erzeugung von Leinen für die Pferdewagen. Dort wurden sogar Wurstbänder für »Mehlpümmels«, aber auch Glockenseile für Kirchen hergestellt. Die Geseker Heimatforscher stießen auch auf einige jüdische Familien am Ort. Im späteren Haus der Bäckerei Nagelmeier hatte Abraham Schild eine Herberge. Schräg gegenüber handelte der Kaufmann Spanier. An der Ecke Hellweg und Rosenstraße verkauften die Brüder Abel Pferde. Aronstein betrieb einen Getreidehandel, und Kronenbergs besaßen ein Kaufhaus. Eine Familie namens Rosenthal unterhielt einen Spezial-Huthandel. Ein Ort voller Leben und Geschäfte.

Geseke gehörte noch zum Erzbistum Köln. Die romanische St. Petri-Kirche am Markt wurde in der zweiten Hälfte des 11. Jahrhunderts vom Kölner Erzbischof Anno geweiht. Salzkotten, acht Kilometer weiter östlich, gehörte dagegen schon zum feindlichen Bistum Paderborn. Um 1250 befestigte Bischof Simon I. den Ort – den letzten wichtigen in der Hellweg-Salinen-Kette – im Kampf der Paderborner Herren gegen Köln. Die Bauern von Vielsen mußten in die Stadt ziehen. Die Vielser Burg, viel älter als Salzkotten, wurde geschleift. Drei Tore erhielt die Stadt: Das Ostern-, das Vielser- und das Westerntor, das noch zu Teilen erhalten ist. Zunächst gab diese militärische Funktion Salzkotten Gewicht. Dann trat die der Salzgewinnung hinzu und wurde bald vorherrschend. Der neue Salinenhof und das Gradierwerk, das 1765 jenseits der Heder entstand, waren dafür verantwortlich. Die Saline erlebte gerade noch dieses Jahrhundert. Um 1920 schloß das Gradierwerk.

Eine Quelle berichtet, Pfingsten 836 habe der Zug mit den Gebeinen des Jahrhunderte vorher in Le Mans verstorbenen Bischofs Liborius genau dort noch einmal angehalten, wo der Hellweg die

Paderborn. Blick vom Neuhäuser Tor auf die Spitalmauer.

Heder im späteren Salzkotten überquert. Danach sei man ohne Halt bis Paderborn weitergezogen. Bis dorthin sind es noch etwa zwölf Kilometer. Die Dreckburg von 1434, unmittelbar an der Straße, bald hinter dem Ort, gab es noch nicht. Der Fachwerkgiebel scheint die einzige Zier des Turmbaues, der einst von Wasser umgeben war. Dann erkennt man auch schon, gerade voraus und weithin sichtbar, die Silhouette der Türme von Paderborn, der letzten Stadt am klassischen Hellweg.

Eine Beobachtung: »Wir denken zu eng und wir bauen zu eng. Das wird einem spätestens in Paderborn zu Füßen des Domturms bewußt, der über der grünen Quellkammer der zweihundert Paderquellen, zwischen den wiederentdeckten Pfalzen Karls des Großen und (der zweihundert Jahre jüngeren) des Bischofs Meinwerk, dem Aufschauenden fast den Atem nimmt. Hier an der Grenze zum münsterländischen Tiefland und dem schon in der Ferne anhebenden

Teutoburger Wald wird der Hellweg zur Schicksalsstraße der Karolinger und der von ihnen unterworfenen Sachsen. Hier fand die für Jahrhunderte entscheidende Begegnung zwischen fränkischen Staatschristen und westfälisch-sächsischem Heidentum statt.« Diese Begegnung war ein blutiger Kampf. 777 hatte hier Karl der Große das erstemal einen Reichstag in Feindesland abgehalten. 779 kamen die Heiden zurück und zerstörten Pfalz und Kirche. Das geschah noch einmal. Doch 785 fand wieder ein Reichstag statt, und 799 kam es zu einer Begegnung von Karl und Papst Leo III. in der nunmehr gesicherten Pfalz. Er kam als Flüchtling aus Rom, suchte kaiserlichen Schutz. Papst und Kaiser gründeten das Bistum Paderborn und setzten als ersten Oberhirten den in Würzburg ausgebildeten Sachsen Hathumar ein.

Die Reliquien des hl. Liborius fanden noch im ersten Dom ihre Ruhestätte. Nach einem Brand im Jahre 1000 begann Bischof Rethar mit dem Bau eines zweiten Domes an anderer Stelle. Doch schon sein Nachfolger Meinwerk, ein Verwandter von Heinrich II., war mit dieser unhistorischen Lösung nicht einverstanden, ließ den bis zur Fensterhöhe gediehenen Bau abreißen und bis 1015 den Dom wieder auf seinem ursprünglichen Platz hochziehen. Ein Saalbau zum Empfang hoher Gäste wurde errichtet und westlich des Doms ein Bischofspalast. Meinwerk, der den Reformen aus Cluny zugetan war, gründete die Abtei Peter und Paul, den späteren Abdinghof. 1133 brannte der Dom abermals nieder. Nun errichtete Bischof Bernhard den dritten Dom. Er drängte die Handwerker zur Eile, und nach zehn Jahren stand der Bau.

»Der Dohm«, schreibt ein ebenso gelehrter wie kritischer Wanderer in seinen »Bemerkungen auf einer Reise durch das Paderbornische«, die 1788 in dem renommierten »Westphälischen Magazin zur Geographie, Historie und Statistik« erscheinen, »...

ist ein altes von außen unansehnliches Gebäude, als wozu denn auch seine Lage gegen den höhern Dohmplatz, vieles beiträgt. Inwendig ist er zwar auch nicht eigentlich schön, jedoch groß und gewissermassen imposant, wegen seiner soliden Struktur und besonders der doppelten Reihe hoher und dicker Säulen, die das Gewölbe unterstützen. Das Chor ist gegen den übrigen Theil der Kirche sehr erhaben, und entstellt diese nicht wenig, da es großentheils in selbige hinein gebauet ist. Beym Eingang an selbigem stehen die Bildsäulen vom Stifter des Bisthums Carls des Großen, und seines Sohnes Ludwig des Frommen, die aber kaum einer Erwehnung verdienen. An einem kolossalischen Monumente eines Bischofs aus dem berühmten edelen Geschlecht der Fürstenberge ist viel Arbeit verschwendet. Man sagt, es solle sechszehn tausend Thaler gekostet haben. Ein anders von dem letztverstorbenen Fürsten von Asseburg, macht dem Künstler nicht viel Ehre; besser gefällt mir noch die schöne Einfalt an seinem Grabsteine, der mitten in der Kirche seine Leiche deckt, und unter ein Paar zum Oefnen eingerichteten hölzernen Klappen, für Beschädigung bewahrt wird. Der Kirchenschatz an Silber u. d. gl. soll sehr beträchtlich seyn; da aber solche Dinge, blos weil sie kostbar sind, meine Neugierde selten reizen; so habe ich das Verschlossene derselben nicht sehen mögen, sondern nur einige öffentlich da hangende große Lampen und eine Lade hinter dem hohen Altar, worin die Gebeine des H. Liborius verwahrt liegen, obenhin bemerkt.«

Und weiter, in durchaus nüchterner Einschätzung der Lage:

»Eine außerordentliche Leere und Stille, die ich unter den Einwohnern wahrzunehmen glaubte, bewog mich, bey meiner Zurückkunft in mein Absteigequartier, meine Verwunderung darüber zu äussern und zu fragen, wie das zugehe; da doch ein aus 24 Kapitularen bestehendes Dohmkapitel und die Landeskollegien für beständig hier wären und das Gewerbe durch ihren Aufwand befördern müßten. Mein gesprächiger Wirth erwiederte aber: daß was leztere beträfe, der Gewinn der Einwohner davon nicht groß seyn könne; denn obgleich das Geheime Rathskollegium mit elf Geheimen Räthen besetzt sey; so könnte man diesen Herren doch nicht zumuthen von ihrer Besoldung, die nur einige hundert Thaler überhaupt für alle zusammen betrage, einen großen Aufwand zum

Besten der Paderborner zu machen. Sie lebten daher auch fast alle, weil ihre Geschäfte es wol gestatteten, entweder auf ihren Gütern oder sonst in anderen Städten. Die Regierung sey mit sechs Personen und die Kammer gar nur mit einer besetzt. Hieraus könne also wenig Nahrung erwachsen. Die Dohmkapitularen, hätten größtentheils noch andere Präbenden zu Münster oder Hildesheim, verzehrten gewöhnlich ihre Einkünfte, mithin auch das was hiesiges Hochstift dazu hergeben müßte an einem oder dem anderen Orte und liessen außer Zeit der Kapiteltage, hier nichts zurück. Hierdurch nähme das Gewerbe unter den armen Einwohnern, immer mehr ab, und würde am Ende ein trauriger Ausgang davon zu befürchten seyn. Der Herr Domdechant wäre fast der Einzige, wovon der Bürger guten Nutzen zöge. Dies sey ein sehr gastfreyer, ungewöhnlich höflicher und überhaupt lieber Mann, welcher Jahr ein, Jahr aus die Einkünfte die er von außen her zöge, mit den hiesigen hier alle verzehrte und unter die Leute brächte u. s. w. Diese Erzählung flößte mir eben so viel Wohlwollen gegen den Dohmdechant, als Mitleiden gegen die armen Bürger von Paderborn ein; – – – da ich aber denselben Tag nicht blos dies Bisthum zu durchreiten hatte, mithin nicht lange mehr säumen durfte; so bestieg ich meinen Gaul, um die Reise bald möglichst fortzusetzen. Ich gerieth in der mir zu dem Ende genannten Königsstrasse, einer ungepflasterten, mit Misthauffen ganz eingefaßten unausstehlich langen Gasse, und endlich zu meinem großen Vergnügen, zum Thore hinaus.«

Ähnlich zurückhaltend äußert sich Justus Gruner, der 1802 einen Bericht mit dem Titel »Wallfahrt zur Ruhe und Hoffnung oder Schilderung des sittlichen und bürgerlichen Zustandes Westphalens am Ende des 18. Jahrhunderts« veröffentlicht. Er bemerkt:

»Was mein Universitätsfreund H. mir als die bedeutendsten Merkwürdigkeiten der Stadt zeigte, dürfte keiner weitläufigen Beschreibung werth seyn. Der Anblick einer alten, vernachlässigten, an manchen Stellen dorfähnlichen Stadt gefällt nicht; und für wissenschaftliches oder Kunst-Interesse gibt es hier keine Nahrung.

Nur der Schazeinnehmer Gläseker besitzt eine, obgleich unbedeutende Naturalien- und eine kleine Gemälde-Sammlung, unter der ich ein herrliches Schlachtstük von Wovermann sah, dessen Gegenstük sich auf der Kasselschen Gallerie befinden soll. Der Dom – unter welchem die im Winter lauwarmen und im Sommer eiskalten Quellen der Pader entspringen – ist ein schönes altes Gebäude, und mit reicher Bildhauerarbeit geziert, doch gefiel mir die Jesuiterkirche, wegen ihres edeln einfachen Stils, besser. An sonstigen sehenswerthen öffentlichen Gebäuden mangelt es gänzlich, wenn man nicht etwa Lust hat, die im Ueberfluss hier befindlichen Kirchen und Klöster zu sehen. Andere Institute sind theils nicht da, theils ist ihre Beschaffenheit sehr elend. Ueberhaupt fehlt es gänzlich an Polizeieinrichtungen; und troz des Weggeldes, das in der Stadt erlegt werden muss, sind doch die Gassen abscheulich, und obendrein niemals erleuchtet. Die Stadt besass ehemals reichsstädtische Privilegien, gehörte zu den Hansestädten, und hatte bedeutenden Handel. Jezt hat sie zwar einen Magistrat, aber ihre Privilegien sind meistens verloren, und statt des Handels treibt sie Akkerbau und Viehzucht. Sie hat durchgehends ein sehr ärmliches Ansehen.

So wenig das Aeussere Paderborns gefällt, so zufrieden war ich mit dem Innern, dem gesellschaftlichen Tone desselben. Das Klubbhaus, welches man kürzlich errichtet hat, ist sehr zwekmässig eingerichtet. Die Gesellschaft war ungezwungen und artig, bestand aber wenigstens aus zwei Drittheilen von Geistlichen. Ueberall, wo mich der Zufall oder mein gütiger Führer bekannt machte, empfing man mich freundlich und zuvorkommend. Zwar gab es in dieser Jahreszeit keine öffentliche Lustbarkeiten, aber ausser der Promenade vor dem Thore – die von einem fürchterlichen Hummelschwarm französischer Priester summte – fand ich auf den Kaffeehäusern, wo meistens Musik ist, Gesellschaft beiderlei Geschlechts, die hier ohne unnatürlichen Zwang und ohne unanständige Freiheit zusammen umgehn. Bälle und Konzerte sind Winterszeit alle acht Tage, und es gilt darauf gesellschaftliche Ordnung ohne drükkenden Unterschied des Ranges. Die lezteren sind jedoch weniger als mittelmässig; wenigstens wohnte ich selbst einem bei, dessen verstükkelte Aufführung zweien

gerade hier anwesenden Landsmänninnen (den liebenswürdigen Fräulein v. B., die selbst vorzügliche Sängerinnen und Tonkünstlerinnen sind) und mir, nur ein satirisches Vergnügen gewährte.«

Bauleute finden sich an kirchlicher Stätte in Paderborn bis heute. 1975 wurde das Erzbischöfliche Diözesanmuseum gleich neben dem Dom eingeweiht; ein einprägsamer moderner Bau des Kölner Architekten Gottfried Böhm. Die Lokalpresse würdigte das Haus, wiewohl Treppen, Podeste, seine gesamte »Transparenz« das Ausstellen erschwerten. Schließlich brachten Belüftungsprobleme das Generalvikariat dazu, die Idee des Architekten umzustülpen: Der Eingang wurde verlegt, Fensterflächen geschlossen, feste Zwischenwände gezogen. Ein mehrstöckiger Klimatisierungs-Anbau entstand. Die »Neue Westfälische Zeitung« beklagte darauf den Umbau als Entscheidung einer autoritär erscheinenden Kirchenverwaltung, mit der gegen das Urheberrecht verstoßen werde. Manche wittern einen langwierigen Prozeß für die neunziger Jahre.

Die bischöfliche Vormacht mißfiel dem allmählich erstarkenden Bürgertum, das sich hilfesuchend dem feindlichen Kölner Oberhirten zuzuwenden begann. Er versprach 1217 den Paderbornern seinen Schutz, und die nutzten eine Reise ihres Bischofs, um ihn bei seiner Rückkehr nicht mehr in die Stadt hineinzulassen. Bischof und Kapitel siegten zwar; doch der Konflikt blieb ungelöst. Immerhin zogen die geistlichen Herren ihre Schlußfolgerung aus der Bedrohung und bauten sich nordwestlich von Paderborn das Schloß Neuhaus zu einer festen und prunkvollen Residenz aus. Neuhaus blieb bis 1802 Bischofssitz. Um ihrer Unabhängigkeit willen schlossen sich die Bürger 1525 der Reformation an; die Marktkirche wurde Mittelpunkt. Allerdings gab bald ein Streit zwischen den Bürgern Fürstbischof Dietrich v. Fürstenberg die Chance zur Gegenreformation. Er nutzte sie. Nach 1580 halfen die Jesuiten. Ihr Gymnasium Salentinianum übernahm die Tradition der alten bischöfli-

Rathausplatz und Jesuitenkirche in Paderborn.

chen Domschule und bildete den kirchennahen Nachwuchs heran.

Paderborn blieb katholisch. Daran änderte auch der Dreißigjährige Krieg nichts. Er brachte nur Schrecken und Grauen. Der »tolle Christian« aus Braunschweig besetzte das Hochstift Paderborn und ließ sogar den Liborius-Schrein des Schutzpatrons einschmelzen. Der Herzog prägte daraus die »Pfaffenfeind-Taler«. Der Reformation diente er damit nicht. Vielleicht ist es kein Zufall, daß die neue Konfession in den ehemals karolingischen Gebieten von Aachen über Köln bis Paderborn stets schwächer blieb als in den ehemals sächsischen. Der Katholizismus erreicht jedenfalls in Paderborn seinen letzten Höhepunkt. Weiter östlich beginnt das Land der Protestanten, welfisch oder preußisch. Für die alte Reichsstraße galt dies bis Königsberg. Für die B 1 gilt dies nur noch bis zur Oder. Polen ist katholisch geblieben, wiewohl nicht unangefochten. Die Reformation erreichte das Land zwar erst im 16. Jahrhundert. Der Adel fühlte sich zu ihr hingezogen und nutzte den Konfessionsstreit – gemeinsam mit den oft deutsch geprägten Städten – zum Druck gegen den Jagellonen-König. Nicht erfolgreich. Schneller als die Reformation kam in Polen die Gegenreformation zum Zuge.

Irgendein Böswilliger, der natürlich zur Paderborner Opposition gehört, meint, die Stadtväter regierten allein nach dem Motto der Schützenvereine: Glaube, Sitte, Heimat. Tatsächlich ist Paderborn – ähnlich wie Soest – ein konservativ beschauliches Mittelzentrum, das sich freilich seit 1975 zur Großstadt gemausert hat. Es gibt eine Gesamthochschule und zwei große Betriebe. Fast an jeder Straßenkreuzung weist ein Schild auf jenes Computerunternehmen hin, das nach einem kometenhaften Aufstieg ebenso schnell zu fallen schien, bis es von einem der größten deutschen Elektrokonzerne geschluckt wurde. Auch »Europas größter Saftladen«, ein bekannter Marmeladenhersteller, sitzt in Paderborn und bringt der Stadt einen dicken Batzen an Gewerbesteuern ein. Gleichwohl setzt Paderborn auf Handel und Mittelstand.

Seit Jahr und Tag führt die CDU. Sie schickte Rainer Barzel nach Bonn und später den früheren Sprecher des Bundeskanzlers, Friedhelm Ost, der ebenfalls mehr als fünfzig Prozent der Erststimmen auf sich vereinen konnte. Diese Mehrheiten stammen nicht von den Mitarbeitern der erwähnten Unternehmen. Auch die Angehörigen der Hochschule stärken das christdemokratische Potential nicht unbedingt. Es wird vielmehr von den Bürgern aus Stadt und Umkreis gespeist, die von alters her heimattreu gesonnen sind. Was in Emden für jedermann die SPD ist, ist für Paderborn eben die CDU, »immer und zu allen Zeiten«. Heimattreue äußert sich auch in dem relativ engen Verhältnis zur katholischen Kirche, die wiederum in ihren Konfessionsschulen den Nachwuchs heranzieht.

In Paderborn sind nur etwa 21 Prozent der Grundschulen auch Gemeinschaftsschulen; der Landesdurchschnitt von Nordrhein-Westfalen liegt bei 61 Prozent. Der Bischof und seine Kirche halten sich zwar in der Politik zurück, – aktiv waren sie im Jahr der Wende vielmehr in der Paderborn untergeordneten Kirche von Sachsen-Anhalt, wo sie zeitweise die Wochenzeitung »Magdeburger-Haller Orientierung« unterstützten. Doch sie haben ihren Einfluß. Die Kirche ist der größte Grundbesitzer der Stadt; sie hat ihre eigene Bank. Alle Krankenhäuser und Altenheime sind in kirchlicher Trägerschaft. Der größte Anteil der kommunalen Sozialmittel fließt der Caritas zu, wodurch sich der Kreislauf schließt: Die Zahl der Unzufriedenen ist gering und beschränkt sich vor allem auf die auch hier zahlreichen Asylanten.

Dennoch sinnt die Stadt auf ein besseres Image. Nur bei 37 Prozent der Deutschen sei Paderborn beliebt. Der Stadtdirektor bemängelt, die Fremden wüßten wenig über die Lebensqualität in der Stadt – von den guten Schulen bis zu den meisten Bundesliga-Vereinen Deutschlands. Er hat schon in den siebziger Jahren für Paderborn vergeblich das Motto vorgeschlagen: Black is beautiful. Die Imagewerbung dient vor allem einem Zweck: 1994 soll die Bundesgartenschau nach Paderborn. Heute befürchtet man, daß dann besonders viele Tulpenzwiebeln in der Bischofsstadt gastieren. Doch kommen auch genug Besucher? Paderborn ersehnt sich nichts mehr, als neuerlich Pilgerstadt zu werden, wie damals, als die Frommen kamen, um am Schrein des heiligen Liborius zu beten.

In Paderborn erreichte also der frühmittelalterliche Hellweg sein

Ziel. Die gesicherte westlich-fränkische Welt ging hier zu Ende. Von nun an führte die Straße durch jüngeres sächsisch-welfisches Gebiet. Der Übergang kommt allerdings nicht plötzlich. Bis Lippspringe ist noch vom Hellweg die Rede, wohl deshalb, weil man einst seine Geschichte auf die Römer zurückführte, und die waren unter Tiberius 4 n. Chr. bis hierher ins Winterquartier gekommen. Fünf Jahre später kam es zur Schlacht am Teutoburger Wald. Sie hat Generationen beschäftigt und Archäologen auf Spurensuche geführt. Im Jahre 9 n. Chr. sollen drei von Varus geführte Legionen von den Cheruskern unter Arminius vernichtend geschlagen worden sein. Daraufhin haben die Römer Germanien bis zur Rheingrenze aufgegeben. Den genauen Ort der Schlacht suchen die Historiker allerdings bis heute vergeblich, und der bisher gefundene »Tatort« gilt als recht unwahrscheinlich. Nur der Göttinger Archäologe Jankuhn schien, wie ein Histörchen berichtet, einst am Ziel. Er fand eine römische Waffe in der Erde mit einem Zettelchen daran: Varus seinem lieben Jankuhn. Die Suche geht also weiter. Fand die Schlacht bei Bramsche-Kalkriese am Lippelauf statt? Im Raum von Bad Driburg? Oder bei Lippspringe, wo man 1832 eine Thermalquelle fand, die man bezugreich Arminiusquelle taufte? Das Quellgebiet der Lippe hatte sich Karl der Große als Angriffsziel im Winterfeldzug 776 ausgesucht. Das mag allein militärtaktische Gründe gehabt haben. Doch Fronten im klassischen Sinne gab es noch nicht. Die Sachsen hatten eine bewegliche Kampftaktik; verschwanden – wie Partisanen heute –, um plötzlich anderswo wieder aufzutauchen. Vielleicht war es auch die Absicht des Karolingers, einen wichtigen Kultplatz der Heiden zu erobern. Womöglich verfuhr er nach historischem Vorbild, um als neuer Herr des Römischen Reiches die Varus-Niederlage wieder wettzumachen. Jedenfalls siegte Karl der Große. Drei Reichstage ließ er abhalten. Dabei wurden die unterworfenen Sachsen getauft. Die besiegten Adligen erhob er gnadenvoll zu Gaugrafen der Grenzmark.

Doch weiter kam Karl wohl nicht. Immerhin ließ er im fernen Magdeburg einen Handelsplatz einrichten. Auch zog er im Jahr 783 mit einem Heer gegen Theotmalli am Osning, woraus später Detmold wurde. Doch wenig erfolgreich. Vielleicht benutzte er die Straße parallel zur Lippe bis Kohlstädt, wo der Hellweg an der Strote endgültig seinen Namen verliert. Danach heißt die Eins Cöllnsche Landstraße.

Doch noch einmal zurück nach Paderborn. Die alte Reichsstraße durchquerte den Ort und verließ ihn in nördliche Richtung. Auch hier wurde – wie in Erwitte – die Verkehrsbelastung nach dem Krieg unerträglich. Der Bau der A 44 bot erste Entlastung. Dann wurde die A 33 als Westtangente geschaffen, die am Sennelager der Nato-Truppen und an Schloß Neuhaus vorbei südwestlich der Stadt die B 1 kreuzt. Über Jahre behinderte ein Naturschutzraum den Weiterbau am »Ziegenberg«. Auch die Bürger von Borchen wehrten sich. Regionale Interessen lagen im Konflikt mit der großräumigen Vorstellung, die A 33 könne die »Hansalinie« bei Osnabrück über die B 2 (Ruhrgebiet-Hannover) bei Bielefeld mit der B 44 (Ruhrgebiet-Kassel) verbinden, und dadurch die norddeutschen Häfen mit Süddeutschland. Mitte 1984 begannen die Bauarbeiten für Brücken an der Anschlußstelle zum Naturschutzraum »Ziegenberg«. Das »Westfälische Volksblatt« hatte 1980 frohlockt, Ende 1984 werde die Trasse wohl befahrbar sein. Es dauerte einige Jahre länger.

Durch die als Westtangente dienende A 33 wurde es möglich, die nach Osten führende B 1 nördlich der Stadt, also unter Umgehung des Zentrums, neu anzuknüpfen. Wer heute auf der Eins an Paderborn vorbei nach Nordosten will, biegt also vor der Stadt auf die A 33 und fährt bei der nächsten Ausfahrt, Elsen, ab zur neuen, autobahnähnlichen B 1. Damit wurde die erst 1968 mit einigem Aufwand ausgebaute und verbreiterte B 1 in die östliche Vorstadt Marienloh – 1968 eingemeindet – überflüssig. Die neue B 1 führt von Paderborn-Elsen am Sennelager vorbei in Richtung Bad Lippspringe. Die alte, sie heißt hier Detmolder Straße, wurde mittlerweile nicht nur zur Kreisstraße zurückgestuft; sie wurde auch in Teilen schon bis Lippspringe erheblich »zurückgebaut«. Ihre Fahrbahnbreite wurde von 13 Meter auf etwa 6,50 Meter reduziert. Dergleichen ist nur einmal an der Reichsstraße passiert.

Von seltsamen Steinen, wundertätigem Wasser und einem Rattenfänger
Bad Meinberg – Blomberg – Hameln

Einst lag der Paderborner Stadtteil Marienloh weit ab vom Ort, jenseits der Lippe, und hieß Bendesloh. Dort gab es ein Stift und später eine Johanniter-Kommende, in deren Gründungsurkunde 1342 erstmals der Name Marienloh auftaucht. Dies »Schloß« liegt schon fast auf dem Gebiet des Kurorts Bad Lippspringe. In der Nähe der Quellen soll Karl der Große 776 die Sachsen unterworfen und dann auf Reichstagen 780 und 782 feierlich getauft haben. 804 kam der Kaiser noch einmal. Doch erst viel später wurde eine burgähnliche Anlage über den Quellen gebaut, die 1312 wohl dem Paderborner Domkapitel gehörte. Bis heute haben sich Ruinen erhalten.

Erst 1832 wurde die warme Heilquelle wiederentdeckt, die wohl schon zu sächsischer Zeit ein heidnischer Götzenplatz gewesen war. In der zweiten Hälfte des 19. Jahrhunderts machte der Arzt und Autor Friedrich Wilhelm Weber auf die »Arminiusquelle« literarisch und medizinisch aufmerksam. Bei solcher Gelegenheit werden dann auch alte Geschichten wieder »aufgewärmt«. So wird über einen Überfall an dieser Stelle der Straße berichtet, der sich 1353 ereignet haben soll: Der Herzog von Lancaster geriet auf seinem Weg in das Ordensland Preußen in die Hände dreier adeliger Herren, die als Raubritter auf Beute aus waren. Auch ein Graf Rietberg war darunter. Erst gegen ein hohes Lösegeld kam der Brite frei.

In Schlangen ging eine einst wichtige Straße ins lippische Detmold ab. Sie begrenzt heute die Ostseite des Truppenübungsplatzes Sennelager. Die Eins verlor in Kohlstädt endgültig ihren ehrwürdigen Beinamen Hellweg und durchquerte das Lipperland bis Hameln als Cöllnische Landstraße. In Kohlstädt fließen neue und alte (degradierte) Eins, die sich in Paderborn trennten, wieder zusammen. Den Namen erhielt dieser Ort aus dem urkundlich schon 1030 erwähnten Colstidi; ein früher Hinweis auf den vorherrschenden Beruf seiner Bewohner. 1365 ist hier von einer Eisenschmiede die Rede. Köhler schafften für die Schmiede die Holzkohle heran. Linker Hand erhebt sich die Ruine eines quadratischen Wehrtums, der früher fälschlich als »Heidenkirche« bezeichnet wurde und den man nach Ausgrabungen in den dreißiger Jahren als eine um 1000 errichtete Schutzburg der Paderborner Bischöfe identifizierte.

Das Städtchen Horn liegt jenseits der Stiftsländereien von Paderborn und gehörte wohl anfänglich, vor 1100, zum Kloster Corvey, bis es zur lippischen Grafschaft kam. 1248 erhielt Horn Stadtrecht und wurde so nach Lemgo die zweitälteste Gründung der lippischen Grafen mit einer festen landesherrlichen Burg, die allerdings 1689 so heruntergekommen war, daß der durchreisende Landgraf von Hessen-Kassel es vorzog, beim lippischen Hofmeister und Horner Drosten von Kotzenberg abzusteigen. Dessen Renaissancebau wurde später das Hotel Vialon. Die Johanniskirche ist das Zentrum von Horn und seiner reformierten Gemeinde. Horn ist protestantisch und widerstand auch der Gegenreformation. Die katholischen Hochburgen liegen zurück: Köln, dessen Erzbischöfe von 1180 an auch Herzöge von Westfalen waren; ihre Orte Werden, die Reichsabtei Essen, Werl, Soest und das zumindest seit Beginn des 13. Jahrhunderts konkurrierende und seit Machtantritt des Kölner Fürstbischofs von Berg 1216 bis zum Rückgang der Kölner Macht nach 1288 feindliche Fürstbistum Paderborn. Selbst die Bischofssitze Hildesheim, Magdeburg und Brandenburg im weiteren Verlauf der Straße markieren seit der Reformation Diaspora-Gemeinden. Die Horner Befestigung und der heute noch beeindruckende Mauerturm Malzdarre hielten sowohl der Soester Fehde 1447 als auch dem Siebenjährigen Krieg 1761 stand. Ein Denkmal auf dem Marktplatz erinnert an den Syndikus Franz Hausmann. Er vertrat Lippe im Reichstag, stand aber auch als Liberaler während der bürgerlichen Nationalbewegung von 1848 in Opposition zu seinem Landesherrn in der Restaurationszeit.

In Horn bietet sich ein Exkurs an. Wenige Kilometer westlich der Stadt, vor Holzhausen, liegen die »Externsteine«. Der welfische Beamte Heinrich-Christian Boie schrieb seiner Freundin Luise Mejer 1779: »... einen der außerordentlichsten Anblicke; es sind eine Reihe sehr hoher, meist einzeln stehender Felsen, die ehedem durch die Kunst miteinander verbunden gewesen sind. Wir bestiegen mit Mühe nur den niedrigen Felsen. Mir schwindelte oben so, daß ich mich anhalten mußte. Eine ehrwürdige Linde unten, die schönste und größte, die ich in meinem Leben gesehen...« Verständlich, daß die Externsteine in vorhistorischer Zeit als Fingerzeige der Götter angebetet wurden. Sie beeindrucken noch heute. 1093 erwarb sie das Paderborner Kloster Abdinghof. Aus Werden kamen danach die Priester, um statt der Götzendienste nun Gottesdienste zu feiern. Dazu wurde 1155 eine Kapelle geweiht und neben dem Eingang eine Kreuzabnahme in den Felsen gehauen: Nikodemus hat den Leib Christi von den Nägeln gelöst und übergibt ihn Joseph von Arimathia, der ihn beerdigen will. Sonne und Mond verhüllen voll Schmerz ihr Gesicht. Diese Szene sollte die Gläubigen des Mittelalters an Jesu Grab in Jerusalem erinnern. Das Bild ist fünfeinhalb Meter hoch. Zu der Anlage zählt auch eine obere Kapelle im Kopf des zweiten Felsens mit einer Stütze für einen Tischaltar in der Nische und eine Art Grab, herausgehauen aus einem abseits liegenden Findling. Die Geschichte der Externsteine weist auf die Zeit der Kreuzzüge zurück. Vielleicht sollten Ritter und Wallfahrer auf ihrem Zug über den Hellweg an ihr fernes Ziel erinnert werden.

Horn ist die erste lippische Stadt an der Straße. Das Fürstentum Lippe mit der Hauptstadt Detmold darf nicht verwechselt werden mit dem Fürstentum Schaumburg-Lippe. Dessen Residenz ist Bückeburg. Die Familien sind direkt verwandt. Doch die Bückeburger regierten seit dem Erbe der Grafschaft Schaumburg 1640 ein selbständiges – wiewohl kleineres – Fürstentum, das nicht einmal an die lippische Herrschaft angrenzt. Dazwischen lag ein Stück Westfalen.

Horn. Schnitzwerk am Portal eines Hauses in der Nordstraße.

Natürlich rührt der Name vom Fluß her. Doch als Personen- und Landesname taucht er erst 1123 durch einen Bernhard de Lippia auf. Dessen Neffe, Bernhard II., erbaute Lippstadt, machte sich aber vor allem als Feldherr des Welfenherzogs Heinrich des Löwen einen Namen. Durch Erbschaften und Erwerbungen verschiedener Landesherrschaften wie Schwalenberg oder Sternberg unter Simon III. bildeten die Lippes eine geschlossene Herrschaft, die 1529 Reichsgrafschaft wurde. Detmold ist auch ihr geographisches Zentrum.

1536 wurde das Land lutherisch; in Anlehnung an den großen östlichen Nachbarn, den Landgrafen von Hessen. Eine Generation später nahmen Hof und Volk den reformierten Glauben an. Der damals regierende Simon VI. teilte die Herrschaft 1613 – trotz des Erstgeburtsrechts – unter seine drei Söhne auf. Daraus entstanden drei Linien: Simon VII. wurde Chef des Detmolder Haupthauses, das sich später weiter verzweigte; so auch in die Familie Lippe-Biesterfeld, aus der Prinz Bernhard stammt, der Ehemann der niederländischen Königinmutter Juliane. Diese Linie herrschte von 1905 bis 1918 auch über das Haupthaus. Der zweite Bruder Otto übernahm die Herrschaft Brake, die 1709 ausstarb. Bruder Philip wurde Stammherr der Linie Alverdissen, aus der 1643 das Haus Schaumburg-Lippe wurde. Die Detmolder Lippes wurden 1720 Reichsfürsten. Napoleon und die Annexion der Rheinlande durch Frankreich, von den deutschen Ständen 1801 anerkannt, konnte allein Lippe-Detmold dank seiner geschickt taktierenden Fürstin Pauline unbeschadet überstehen. Später hielten sich die Lippes meist an Preußen, das nach dem Wiener Kongreß seine westfälischen Länder zurückerhalten hatte. Lippe trat auch dem Norddeutschen Bund bei. Die Restauration traf wie Preußen auch Lippe. Unter Fürst Leopold wurde 1843 die vorrevolutionäre Verfassung von 1836 wieder eingesetzt.

Der Schanzenberg von Bad Meinberg erinnert an den Siebenjährigen Krieg (1756–1763), durch den sich schon vor der napoleonischen Umwälzung das Ende der westfälischen Stiftsländer andeutete. Nach dem Tode des Kölner Kurfürsten Clemens August verboten die Alliierten – Preußen, Hannover und das damit verbundene

London, aber auch Lippe – in den von ihnen besetzten westfälischen Bistümern die Wahl eines Nachfolgers. Säkularisierung und Annexion herrenloser Länder schienen vor der Wahl eines neuen Oberhaupts in Köln leichter als danach. Die protestantische Allianz blieb allerdings nach den Niederlagen Friedrichs II. – vor allem nach Kunersdorf (1759) – zu schwach, um ihre Pläne durchzusetzen. Der Friede von Hubertusburg 1763 ließ die nordwestdeutschen Bistümer zunächst unangetastet.

Nach dem Glaubensumbruch war es zunächst zu Gegensätzen zwischen den konfessionell verschieden regierten Staaten gekommen. Auch machte sich der Dissens zwischen den protestantischen Herrscherhäusern und der katholischen Bevölkerung bemerkbar. Allmählich rührte die neue Zeit aber auch an die staatliche Verfassung der überkommenen katholischen Gebiete. Das geistliche Regiment der Fürstbistümer und Stifte widersprach dem Zeitgeist. Die freiere Wirtschaftsreform des Merkantilismus drängte nach vorn. Ein neues Bildungsideal beherrschte das Denken. Die Aufklärung, nicht zuletzt Immanuel Kant vom Ende der Reichsstraße, wirkte bis nach Westfalen und führte zu inneren Reformen.

Bad Meinberg wurde im 18. Jahrhundert zum Kurort und lockte wegen seiner kleinherrschaftlichen Abgeschiedenheit die geistige Elite der Klassik und Romantik an: die Dichter Gleim und Bürger, die Grafen Stolberg. Sie genossen das durch pure Kohlensäure veredelte Wasser. Etwa seit 1820 kommen die Kurgäste in den Genuß eines Schwefelmoorlagers. In dem Kurpark von 1770 steht zwischen den gleichaltrigen Kurhäusern »Rose« und »Stern« ein kleiner Pavillon mit Schauglas und Säule als Zeichen des Staatsbades. Die Landschaft ringsum scheint wie geschaffen zur Erholung des Besuchers. Die Straße zieht in Bögen talauf und talab wie im südlichen Schwarzwald. Wald und Wiesen wechseln sich ab mit Restaurants in Forsthäusern und Pensionen am Kirchplatz längs der Straße. In Reelkirchen halten die Wanderer am Ostportal der Liboriuskirche vor einer, so sagt man, tausendjährigen Linde. Wer ohne Auto ist, verläßt Hotel oder Pension zu Fuß und kehrt abends im Bus zurück.

Übrigens: Im Mai 1931 war es, vorübergehend, mit der Ruhe vorbei. Die »Internationale Opel-Deutschland-Rundfahrt« berührte nicht nur Breslau, Berlin, Dresden, Magdeburg, Schweinfurt, München, Ulm, natürlich Rüsselsheim, Trier und Köln; sie benutzte auch ein Stück der Reichsstraße von Dortmund bis Magdeburg und führte so auch von Paderborn durch das Lipperland nach Hameln. Schon damals ließ sich Blomberg umfahren; und auch heute gewinnt man, von der B 1 aus, keinen Eindruck von diesem Städtchen. Linker Hand erkennt man gerade noch die Burg. Dann biegt die Eins nach rechts ab und führt durch ein industriell genutztes Gebiet. Noch in den zwanziger Jahren war diese Straße, die Schiederstraße, eine zum Spaziergang einladende Allee. Doch sie führt weg von der Stadt. Der Name Blomberg rührt wohl von der fünfblättrigen Rose – der »Blume« – im Wappen der Fürstenfamilie her, die sich zunächst zwei Kilometer weiter westlich in »Alt Blomberg« bei Istrup eine Burg gebaut hatte. Diese wurde dann aber an die günstigere Stelle verlegt, womit die Stadtgeschichte begann. 1255 erhielt der Ort erstmals Stadtrechte. Seit 1247 gab es eine herrschaftliche Präge. Zwischen 1305 und 1511 wurde Blomberg die bevorzugte Residenz, ausgezeichnet durch seine Lage am Schnittpunkt der via regis aus Köln und Brabant mit der Nord-Süd-Straße zwischen den Hansestädten Lübeck, Hamburg, Kassel und Frankfurt.

Das einzige noch in Blomberg erhaltene Stadttor liegt am Südeingang zur Stadt. Durch das Niedere Tor oder Niederntor von 1530 führte die alte Reichsstraße über den Langen und Kurzen Steinweg zum Heutor über die ersten gepflasterten Straßen. Vom Niederntor gehen nach alter lippischer Regel drei Gassen quer durch die Altstadt ab: die mittlere zum Markt, die südliche zur alten Burg. Bis heute läßt sich der städtische Wohlstand des Mittelalters im Straßenbild erahnen. Freilich mußten die Blomberger auch mehrere Rückschläge hinnehmen. Allein die Verwandtschaft von Bernhard VII. mit dem Kölner Erzbischof kostete Blomberg Jahrzehnte seiner Entwicklung. Der 18 Jahre alte Lipper war ein Großneffe und Mündel des Kölner Fürsten. Dennoch erdreistete er sich in der Soester Fehde im Lager der Soester zu kämpfen, die um ihre Unabhängigkeit von Köln stritten. Der Erzbischof verlor Soest, und Bernhards Keck-

Das Rathaus in Blomberg.

heit wurde – gar nicht christlich und versöhnlich – mit einem Rachefeldzug geahndet und »gantze Blumberg ward utgebrannt«. Zügellose Söldnerscharen aus Frankreich – Armagnacs – soll Bischof Dietrich dazu aufgeboten haben. Die Städter verloren alles bis auf ihren Humor: »Bischof Dietrich kiek int Land,/ de hefft den Blumberg utgebrannt/ mit seinen armen Jacken./ Kompt he wieder in das Land,/ wir schlaen em up de Platten!

Die Teuerung machte den Bürgern zu schaffen. Nach Rechnungen jener Jahre kostete ein fettes Kalb 78 Pfennige, 20 Pfund Kuhfleisch 60, und auch ein Scheffel Salz forderte 60 Pfennige. Ein Ackerknecht erhielt aber für Sommer- und Winterdienste zusammen ganze vier Mark, also 576 Pfennige. 1149 ging die Soester Fehde endlich zuende. 1460 erschloß ein eigentümliches Ereignis den verarmten Blombergern neuen Reichtum. Adelheid Pustekuchen – zeitgenössisch Alheyd Pustekoke – aus dem Gäßchen »Seliger Winkel« hatte aus der Martinikirche geweihte Hostien gestohlen, um damit Unglück und Leid von ihrem Haus abzuwenden. Allein, sie wurde ertappt und warf auf der Flucht die Hostien in einen nahen Brunnen. Doch obwohl »sie gleich viel rührens auf dem Wasser machete, so wollten sie doch nicht untergehen«. Wegen Sakramentsschändung wurde Frau Pustekuchen zum Feuertode verurteilt. Der Richterspruch war gerade erst gefallen, berichtet die Chronik weiter, da dräute ein Gewitter und ein »erschräcklich Gekreisch und Geschrei in der Luft, dergleichen noch niemand gehöret«. Offenbar war der Zorn des Himmels so heftig, daß die Strafe schnell vollstreckt werden mußte, dachten die Bürger und führten Frau Pustekuchen auf den Scheiterhaufen. Dabei war es Pfingstsamstag.

Das Wasser des Brunnens aber, da es doch den »Heiligen Leib des Herrn« barg, wurde für wundertätig erklärt. Pastor Brokhausen reimte: »Und sieh, am anderen Abend, was schwatzt die Weiberschar/ am Brunnen da? Was mehrte ihr Kreis sich immerdar?/ ›Versucht es selbst‹, ruft eine, ›die Wahrheit sag ich euch,/ das Wasser kocht die Linsen in einer Stunde weich‹./ ›Ja‹, unterbrach die andere, ›zwei Tropfen sind genug,/ schneeweiß darin zu waschen, nie seif ich mehr mein Tuch‹./ ›Mein Kind litt an den Flechten‹, hört man die Dritte schrein,/ ›es wusch sich diesen Morgen, heut abend war es rein.‹« Bernhard VII., der Bischofsneffe, der so ungeschickt taktiert hatte, verstand die Situation zu nutzen und machte nun sein Glück. Er ließ 1462 über dem Brunnen eine Kapelle errichten. Die war bald zu klein, so daß eine gotische Hallenkirche gebaut wurde. In Rom schrieben fünfzehn Kardinäle einen hunderttägigen Ablaß aus, und Papst Sixtus IV. gewährte 1475 gar einen »vollkommen [Ablaß] für alle Arten Sünden und Verbrechen, auch für die schweren und ungeheuerlichen«. Diese Werbung für den Blomberger Brunnen wirkte. Tausende kamen, um Vergebung der Sünden und Heilung zu finden. Die Augustiner bauten zur Kirche das Kloster

Stadttor in Blomberg.

»Zum heiligen Leichnam«, das allerdings schon 1535, nach Einführung der Reformation, aufgelöst wurde. Doch die Hoffnung auf Wunder verlosch damit nicht. Noch 1583 befahl Simon VI. dem Statthalter in Blomberg, ihm ein Faß Wasser zu schicken, weil »er solches der Schröderschen zu Behuf ihres beschwerlichen Mangels an Armen und Beinen« zugesagt habe. Die Klosterkirche ist heute ein evangelisch-reformiertes Gotteshaus. Das mathematisch-naturwissenschaftliche Gymnasium sieht sich in der Tradition der alten Klosterschule. In der Krypta der Kirche ruhen die lippischen Herren, vor allem jener Neffe, Bernhard VII., der das Erbbegräbnis begründete. 1495 erhielt hier seine Frau ihre letzte Ruhestätte; 1511, im Alter von 82 Jahren, brachte man ihn selbst. Nach 1769 wurde die Grablege nicht mehr genutzt.

Bernhards Sohn Simon V. verlegte die Residenz nach Detmold. Damit war Blombergs Vorherrschaft beendet. Gleichwohl wüteten die Kriege stets auch in dieser Stadt: Dreißigjähriger und Siebenjähriger Krieg. 1806 zog Louis Bonaparte, König von Holland, auf seinem Marsch gegen Hameln durch Blomberg. Im Böhmerhof am Pideritplatz – dieser Name erinnert an den frühneuzeitlichen Stadtpastor und Chronisten – nahm er Quartier. Im übrigen machte das 19. Jahrhundert Blomberg vornehmlich als Nelkenstadt bekannt. Als 1808 die Wirtschaftsgebäude der Burgmeierei von der Niederburg nach Gut Hamker ins Tal verlegt wurden, ließ der Gutsadministrator den Wirtschaftshof der Niederburg mit Erde aufschütten und legte dort, zunächst nur als Liebhaberei, eine Nelkenzucht an. Sein Gärtner hieß Voechting. Dessen Sohn Hermann wurde zum berühmtesten Blomberger seiner Zeit. Der Botaniker war Professor an der Universität Tübingen und ein bedeutender Pflanzenphysiologe. Seines Vaters Nachfolger zuhaus, Gronemann, baute derweilen die Anlage aus und begründete den Weltruf der Blomberger Nelkenzucht.

Als 1893 die Sperrholzfabrik Hausmann als erste ihrer Art in Deutschland eröffnete, konnte sie auf eine lange Tradition der Holzverarbeitung in Blomberg zurücksehen. Man hatte die Bäume der umliegenden Wälder schon immer zu nutzen gewußt. Vor allem

Stühle wurden daraus gefertigt. Das bevorzugte Handwerk der Blomberger war allerdings die Schuhmacherei. 1700 berichtet eine Chronik von 76 Schuhmachern. Die geduldete Höchstzahl lag bei 99. Im Jahre 1800 war diese Grenze weit überschritten. Unter den 1700 Blombergern gab es 116 Meister und 15 Meisterwitwen, die das Gewerbe ihres Mannes weiterführten. Frühmorgens zogen die Schuhmacher mit ihren Waren zu den Märkten der Region, zumal auf den nahen Wilbaser Straßenmarkt am Rande der Stadt. Sie wanderten aber auch nach Paderborn oder Hameln. Offenbar war es auf dem Weg bisweilen so dunkel, daß es der »Blomberger Schusterlaterne« bedurfte: Die Vorausgehenden ließen für die Nachfolgenden hinten einen weißen Hemdzipfel aus der Hose heraushängen. Jetzt brauchte man nur noch diesen leuchtenden Flecken zu folgen.

Der Wilbaser Markt wurde 1430 erstmals in einem Rechnungsbuch erwähnt. Offenbar gab es hier aber schon früher kirchliche Feste. Manche führen den Namen Wilbasen auf »will büßen« zurück. Andere sehen in dem Ort »Walpotessen«, der im Corveyer Güterverzeichnis der Jahre 1106 bis 1128 erwähnt wird, den Ursprung für Wilbasen. Schließlich weiß die Sage, daß sich hier schon Odins heilige Pferde versammelten. Auf alle Fälle wird seit Jahrhunderten in Wilbasen Kirmes gefeiert. Freilich geht es dabei nicht immer ohne Schlägereien ab. Um 1860 hatte der Zigeunerkönig Buntum beim nahen Lügde Hochzeit gefeiert. Mehr als tausend Zigeuner feierten mit. Auf der Rückfahrt nahm der Treck Kurs auf Wilbasen, wo die – trunkenen – Sippen in einen Streit geraten sein sollen, der in der Erinnerung haftete. Doch die Zigeuner blieben Wilbasen treu und machten den örtlichen Pferdemarkt bis in die dreißiger Jahre dieses Jahrhunderts hinein zum größten in Westdeutschland. So sei schließlich Pastor Piderits Chronik von 1627 zitiert: »Darauf zeige ich von Blumberg an, daß dieselbige eine lustige, gesunde Stadt und Ort ist, der sich die Einwohner billig zu erfreuen und Gott dem Allmächtigen dafür zu danken haben.«

Der Baustil des Schlosses in Barntrup kündigt, kunsthistorisch, eine neue Etappe an der Straße an: Hier beginnt der Einflußbereich der Weserrenaissance, die sich ja nicht nur im Wesertal findet, sondern zum Beispiel auch noch am Schloß der VW-Stadt Wolfsburg erkennbar ist. Die Witwe des Söldnerführers Franz von Kerssenbrock gab 1584 dem Baumeister Wilening aus Hameln den Auftrag, in Barntrup ein Schloß mit vier Haubentürmen zu bauen. Vor allem das Wappenportal mit der verzierten Auslucht kennzeichnet unverwechselbar die Renaissance der Region. Die Sternberger Grafen erhoben Barntrup 1376 zur Stadt. Später kam der Ort zur Herrschaft Lippe.

Die Straße zieht weiter durch Grießem, das schon zu Aerzen gehört und damit jenseits der ehemals lippischen Grenze liegt. So verläßt die Eins Nordrhein-Westfalen und erreicht Niedersachsen. Vom schmucken »Flecken Aerzen« aus wurde einmal – das liegt lange zurück – das heute viel größere Hameln regiert. Der Abt von Fulda belehnte nämlich 811 die Herren von Aerzen mit der Hamelner Vogtei, nachdem der Ortsgründer Graf Bernhard von Bühren ohne Erben gestorben war. Doch die Aerzener verwickelten sich bald in eine Fehde mit den Herzögen von Braunschweig. Der Eversteiner Erbfolgekrieg endete eigentlich erst 1425, als die Tochter des letzten Grafen die Schlösser von Blomberg, Aerzen und Hämelschenburg als Brautschatz in die Ehe mit Herzog Otto von Braunschweig-Lüneburg einbrachte. Der früher Eversteinischen Hämelschenburg konnten sich die Braunschweiger allerdings nur ähnlich kurz erfreuen wie des Blomberger Schlosses, das bald wieder an Lippe fiel. Die Hämelschenburg wurde 1437 von der Familie von Klencke übernommen, Jahrzehnte später noch einmal von den Braunschweigern überrannt, dann aber zur Wende des 17. Jahrhunderts durch Jürgen von Klencke prunkvoll im Stil der Weserrenaissance wiederaufgebaut. Seine Ahnen leben bis heute in diesem nur mühsam zu erhaltenden Schloß über der Emmer.

Von der mittelalterlichen Burg in Aerzen blieb nichts übrig. An ihre Stelle trat die dreiflügelige Anlage eines Wasserschlosses. Über dem Portal zum Domänenhof erinnert das Wappen der Herzöge von Braunschweig aus dem Jahre 1533 an die welfischen Herren. Die Ortskirche St. Marien macht mit der Art der Gotteshäuser in dieser Region vertraut. Sie ist auf romanischem Fundament schlicht

Fachwerkhäuser in Barntrup.

und würdig aus verputztem Bruchsteinmauerwerk gebaut. Bald hinter Aerzen führt eine Straße nach Nordwesten ab, über die man ein weiteres Schloß der Weserrenaissance erreicht: Schwöbber. Auch dieser Bau gehörte einst den Grafen von Everstein, fiel dann aber an das Bonifatius-Stift in Hameln. Das Stift gab Schwöbber 1510 den Münchhausens zu Lehen. Diese hier weit verbreitete Sippe schuf zwischen 1565 und 1606 die heutige Anlage, die Anfang dieses Jahrhunderts teilweise abbrannte und in den zwanziger Jahren vollständig rekonstruiert wurde. Aus dem Wirtschaftsland drumherum ist vor kurzem ein Golfplatz geworden. Die Eins nimmt hinter Aerzen nicht den direkten Weg zur Weser nach Ohr mit dem berühmten Garten auf dem Ohr-Berg und seinem Herrenhaus, das schon seit 1307 ununterbrochen von der Familie von Hake bewohnt wird, sondern erreicht den Fluß erst in Hameln, weiter nördlich. Dort bot sich in alter Zeit ein seichterer Flußübergang an. Seit 1277 wohl gibt es in

Hameln eine Brücke. Sie wurde im Mittelalter zum wichtigsten Übergang zwischen Minden und Höxter. Heute, wo Brücken jeden Fluß passierbar machen und Hameln unter dem regen Durchgangsverkehr leidet, gibt es Pläne, die Straße südlich an Hameln vorbei zu führen – zu anderer Menschen Schaden. Derzeit erreicht die aus Süden kommende Eins die Stadt etwa bei der Kapelle von St. Anna, die zum Stift Wangelist gehört; ein anderer Zugang ist ohnehin durch den westlich gelegenen Klüt-Berg verwehrt.

Die Kapelle, ein kleiner, rechteckiger Fachwerkbau des 15. Jahrhunderts, birgt einen reich geschmückten Marienaltar von 1450. Acht Felder stellen die Geburt Marias, ihren Tod, Heiligenlegenden und Bibelszenen dar. Das Kirchlein war Zentrum einer Leprastation, war eines der Leprosorien längs der Straße. In ihrem Schatten wurden die Seuchenkranken begraben. Drum herum lagen die armseligen Hütten der Leprakranken. Mutmaßlich war die Lepra mit römischen Soldaten in den Norden gekommen, eine chronische Infektionskrankheit, die sich durch den engen Kontakt von Mensch zu Mensch verbreitet. Zunächst schält sich die Haut, und es bilden sich knotenförmige Leprome; im Gesicht, dann am ganzen Körper. Später werden daraus Geschwüre. Das Gewebe stirbt ab. Die Muskeln schwinden. Finger, Zehen, Hände fallen ab. Im Mittelalter wußte man sich nicht zu helfen; die Ursache der Krankheit war unbekannt. Zwischen der Ansteckung und ihrem Ausbrechen vergehen im Schnitt mindestens zwei Jahre. Der Höhepunkt der Seuche lag vermutlich im 13. Jahrhundert. Ganze Städte wurden durch die Lepra entvölkert. Die Seuche erreichte auch Hameln. Bei Verdacht stach man mit einer Nadel in die Haut der Extremitäten. Wer das spürte, war nicht krank. Dazu kamen »Sing- und Nasenprobe«. In der frühen Zeit untersuchte der »Leprosenmeister«, selbst betroffen, die Verdächtigen. Erst im 13. Jahrhundert versahen städtische »Ärzte« diesen Dienst. Die Kranken wurden als »lebende Tote« der Stadt verwiesen. Man las für sie das Totenamt, bei Tod die Märtyrermesse, nahmen sie doch das Leid der Welt auf sich. Zumindest die Kirche blieb ihnen also treu, empfing sie vor der Stadt durch die Annenkapelle von Wangelist. Im Leprosorium lebten die Aussätzigen wie in einem Kloster. Alles gehörte allen. Die Kranken kleideten sich in einen grauen Umhang mit Kapuze. Sie mußten eine Klapper oder Glocke zu tragen, um die Gesunden beim Herannahen zu warnen. Meist war das Betteln die Lebensgrundlage. Oft kamen kirchliche oder private Stiftungen dazu. Nur wenige Leprosorien schafften es, durch Holz- oder Landwirtschaft zu Geld zu kommen. Wie in Hameln lagen die meisten Stationen an großen Straßen. Oft war ein verlassener Hof Ursprung der Gemeinschaft. Da der Weg zu den Kirchen der Stadt zu weit war, wurde der Bau einer Kapelle erlaubt. Für St. Anna stiftete Pastor Kreyenberg aus Aerzen eine erhebliche Summe, ist einem Dokument zu entnehmen.

In Hameln erreicht die Eins nach Paderborn und einer 70 Kilometer langen Strecke durch Teutoburger Wald und Lipperland erstmals wieder eine größere Stadt. Ihre Geschichte reicht ins ausgehende 8. Jahrhundert zurück, als Fulda am Weserufer ein Missionskloster gründete. Wenige Kilometer weiter nördlich lag schon die erste sächsische Siedlung des Tilithi-Gaues. So war Hameln zeitweise ein christlicher Vorposten im späteren Welfenland. Das Kloster der Mönche von St. Romanus wurde bald St. Bonifatius geweiht und schon in der Zeit Ludwigs des Frommen in ein Kollegiatstift umgewandelt. Hier begann der Slawenapostel Vicelin seine Mission. Vielleicht nutzte er die Trasse der späteren Eins für seinen Zug nach Osten. 1154 ist er gestorben. 1259 verkaufte Fulda Stift und Stadt dem Bistum Minden. Wenig später nutzte Albrecht von Braunschweig den Zwist zwischen den Stiftsvögten, den Grafen von Everstein und den Mindener Bischöfen für sich aus. Hameln wurde welfisch. Der Herzog bestätigte 1277 die Privilegien, und nur das Stift blieb bei Minden. Seiner Blüte bereitete 1576 die Reformation ein Ende. 1760 wurde der Kreuzgang abgebrochen, 1848 auch formell das Stift aufgehoben. Bald ließ sich die Kirche offenbar nur noch als Stall und Lager benutzen. Erst 1870 begann der Wiederaufbau. Grabungen unter der Vierung lassen Rückschlüsse auf die frühmittelalterliche Apsis zu. Im Mittelalter waren Mühlen und der Hamelner Handel mit Mühlsteinen wohl so wichtig, daß sich dies Gewerbe im Stadtnamen niederschlug: 1187 ist der Ort als Vicus

Quernhamele, als Mühlenhameln, belegt. Der Mühlstein mit Mühleisen erscheint im Siegel der Stadt.

Die Eins in Hameln folgt heute etwa den Fundamenten der alten Stadtbefestigung am Thiewall und Kastanienwall. Nachdem 1808 auf Befehl Napoleons die Festung auf dem Klüt (dem »Gibraltar des Nordens«) und die Mauern rund um die Stadt geschleift worden waren, gab man 1850 das Gelände um den Altstadtkern zur Bebauung frei. Der Ring umschließt schönste Beispiele bürgerlicher Weserrenaissance. Cord Tönnies, Evert Wilkening und Johann Hundertosse sind die wichtigsten Baumeister, die den Patriziern und Landadeligen aus dem Umfeld repräsentative Gebäude schufen. Im Hochzeitshaus der Osterstraße, das – um 1610 erbaut – als Festhaus der Bürger diente, kam später die Ratsapotheke unter, die zwischen 1820 und 1841 der Entdecker des Morphiums, Friedrich Wilhelm Sertürner, innehatte. Kaum ein Gebäude wird so viel besucht wie das vom Anfang des 17. Jahrhunderts stammende »Rattenfängerhaus«. An seiner Hauswand wurde – vier Jahrhunderte nach dem die Gemüter bewegenden Ereignis – die Sage vom Rattenfänger bildlich festgehalten. Eine wahre Geschichte? Oder machte da ein Märchenstoff Literaturgeschichte, durch Wilhelm Raabe oder Pavel Kohout? Die historische Wahrheit bleibt verborgen. Der Auszug der »Hämelschen Kinder« 1284 wurde erst später mit der Wandersage vom Rattenfänger verbunden. Doch warum verließen die Kinder ihre Stadt? Zogen sie zu einem Kinderkreuzzug aus? Holten sich Söldnerführer Kindersoldaten? Der Chronist der Reichsstraße neigt einer ihm gemäßen Deutung zu. Wäre der Auszug wirklich ein übergroßes Leid für Kinder und Zurückgebliebene gewesen, so wäre er gewiß in zeitgenössischen Quellen überliefert worden. Neben der Trauer verband sich wohl zugleich Hoffnung mit der Emigration junger Leute, die – wie auch viele Ältere zu Beginn des 13. Jahrhunderts, und durch wen auch immer gelockt –, auszogen, um im slawisch-deutschen Osten eine neue Zukunft zu suchen. Dabei verschwanden sie nicht in einem nahen Berg, sondern marschierten – gewiß auf der späteren Reichsstraße – in Richtung Elbe und Oder. Dorthin streckt auch heute wieder die Stadt ihre Fühler

Hameln. Stadtteil an der Kleinen Hamel.

aus. Ihr Oberstadtdirektor sucht nach einer Partnergemeinde in Polen. Man frug in Gnesen an, dem ersten Bistumssitz des Landes. Doch dort hat man schon deutsche Freunde. Und Allenstein im früheren Ostpreußen? Die »Hämelschen Kinder« sollen allerdings nach Pommern oder Mähren gezogen sein. Der alte welfische Haupthandelsweg führte jedenfalls von Hameln über Coppenbrügge, Nordstemmen, Hildesheim und Braunschweig nach Osten, so wie heute auch die Reichsstraße und die B 1.

Heinrich der Löwe, Kunstraub im Welfenland und das Schicksal einer jüdischen Gemeinde
Von Hildesheim bis Braunschweig

Über Afferde erreicht die Eins bald Coppenbrügge. Aus diesem Ort könnte der »Übeltäter« stammen, der am 26. Juni 1284 die »Kinder« von Hameln wegführte und »bi den koppen verloren« gehen ließ. Dann wäre es allerdings nicht ein »Piper mit allerley farwe bekleidet« gewesen, sondern der ehrwürdige Graf Nikolaus von Spiegelberg. Im Machtkampf der später miteinander mehrfach verschwägerten Herren von Spiegelberg und von Homburg erlitten die Spiegelberger nach 1200 so starke Rückschläge, – fern des Geschehens machte sie der Stauferkaiser Friedrich II. auch noch für ihre Niederlagen verantwortlich, – daß sie wohl in den dreißiger Jahren ihre Burg Spiegelberg am Ith über der Straße verlassen mußten. Schon 1229 tauchte in Mecklenburg und Pommern Graf Bernhard auf. Unter seinen drei Enkeln war Nikolaus der älteste. Ihn hat die Geschichte mit einigen Sagen umwoben. Als Verwandter der pommerschen Herzöge stand er in hohem Ansehen. Im ermländischen Ostpreußen gründete Nikolaus von Spiegelberg Dörfer und Burgen. Er soll sich an vielen Fehden beteiligt und viele Grenzen gesichert haben. Aber er hielt sich auch in der Heimat auf: 1278 lebte er als Ratgeber und Vermittler in Hameln. Im Juni 1284 soll es zur Entführung der Kinder gekommen sein; im Juli findet sich sein Namenszug noch einmal unter einer Stettiner Urkunde. Über den weiteren Lebensweg des Grafen Nikolaus nach diesem Sommer 1284 ist nichts bekannt.

Schon 1280 ließen sich Nikolaus' Brüder, Moritz und Hermann, den Coppenbrügger Besitz durch den Bischof von Minden als Lehnsherrn zusichern. Zusätzlich erhielten sie als Erbe die Dörfer

Brünnighausen, Hachmühlen, Brullsen und Herkensen, also in etwa das kleine Territorium, das die Spiegelberger Grafen bis 1819 innehatten. Auf dem Sumpfgelände dicht an der Straße bauten sie die schon bestehende Burg von Coppenbrügge aus und befestigten sie. Im Spiegelberger Wappen über dem Burgeingang ist stark verwittert die Jahreszahl 1303 zu erkennen. Ende des 15. Jahrhunderts erbten die Spiegelberger die Grafschaft Pyrmont. Auf diese friedliche Art ließen sich die Gebietsansprüche ausgleichen, die sie gegen die immer stärker werdenden und bis zur Weser vordringenden welfischen Landesherren nicht durchsetzen konnten. 1557 starben die Spiegelberger mit Graf Philipp aus. Er fiel in der Schlacht von St. Quentin im Kampf der Spanier gegen die Franzosen, nachdem er zuvor noch das Leben von Herzog Erich von Braunschweig gerettet hatte. Im Dom von Cambrai wurde er bestattet. Wilhelm Raabe erinnert an ihn in seiner Erzählung »Der heilige Born«.

Durch Ursula von Spiegelberg kam die Coppenbrügger und Pyrmonter Herrschaft an die Familie von Lippe. Als einmal in einem strengen Winter zwei Kinder aus Brünninghausen auf dem Weg nach Coppenbrügge, wo sie Hilfe holen wollten, erfroren, setzte Gräfin Ursula eine Stiftung aus, die notleidenden Kindern zugute kam. 1819 übernahm der König von Hannover diese Stiftung. Noch heute erinnert ein Brauch an Ursulas gute Tat: Zu Silvester können sich alle Kinder den »Neujahrsstuten«, ein kleines Weißbrot, aus dem Rathaus abholen. Nach den Lippes wurden die Grafen von Gleichen Herren über Spiegelberg; 1631 die Fürsten von Nassau-Oranien. So wurde die Herrschaft holländisch und gehörte zum rheinisch-westfälischen Reichskreis. Als der Kurfürst von Brandenburg 1692 versuchte, das kleine Land zu erwerben, das sein von Memel nach Kleve gehender Postdienst durchlaufen mußte, scheiterte das am Widerstand der rund herum herrschenden Welfen. Den Hannoveranern waren die fernen Oranier lieber als die erstarkenden Hohenzollern. Die Grafschaft Spiegelberg überstand die Kriege Napoleons und den Wiener Kongreß, wechselte dann aber 1819 per Kaufvertrag den Besitzer und kam an das Königreich Hannover. Coppenbrügge wurde hannoversches Amt.

Die Herrschaft Coppenbrügge verfügte in der frühen Neuzeit zwar über die hohe und niedere Gerichtsbarkeit, war aber im alten Sinne nicht hoheitlich, sondern unterstand den Welfen als Inhaber der Herrschaft Lauenstein. Schon ein Lehnsbrief von 1303 sieht sie als Vasall der Lehnsgeber, denen die Grafen von Spiegelberg als »getreue Lehnmannen bedient zu sein (haben), wo das Noth syn werd«. Gleichwohl hatte sich Coppenbrügge selbst zu verteidigen. Ein Gerichtsentscheid von 1535 setzte dem Haus Lauenstein genaue Grenzen. Entlang des Grenzflusses Leine hieß es da: »Ith behöre dem Inhebber des Huses Lawensteins tho vorthedingende, wenthe (bis) up die Brügge vor Poppenborg un wenthe up de Billerbrügge vor Gronawe un wenthe up die Steinbrügge vor Alfeld, wann dar ein Heermann vor holt un mit einen Renspete affreken kann, so with behöre den Inholder des Huses Lawensteins dat Gerichte tho vorthedingende.« Die Lauensteiner dürfen also die Coppenbrügger Grenze an den Leinebrücken nicht überschreiten. Sie mußten vielmehr auf den Brücken halt machen und durften sie nur so weit verteidigen, wie sie mit dem Rennspieß reichen konnten. Gleichwohl konnten sie auch Coppenbrügger Gebiet betreten, sofern sie die via regis benutzten. Hier zeigt sich zwar einerseits das Vasallenverhältnis, zugleich aber auch die praktische Einsicht, daß die Spiegelberger wohl zu schwach wären, einen feindlichen Hauptstoß längs der Heerstraße allein aufhalten zu können.

Die Straße. Sie gab Coppenbrügge einige Bedeutung als Poststation der später Thurn- und Taxisschen Posthalterei und als Handelsplatz. Reisende hielten hier an. So Preußens Großer Kurfürst, der 1660 mit insgesamt 630 ihn begleitenden Personen eine kalte Dezembernacht in dem Städtchen verbrachte. 1740 stieg der Urenkel, Friedrich der Große, im Schloß ab, um sich von einem Malariaanfall zu erholen. So hieß es zumindest. Am 31. Mai 1799 reiste Königin Luise von Preußen durch den Bezirk. Zehn Taler Strafe drohten den Bauern der Grafschaft, falls sie nicht rechtzeitig am 30. Mai abends mit den befohlenen Pferden zur Stelle waren. Berühmtester Gast aber dürfte im August 1697 Zar Peter der Große gewesen sein. In Coppenbrügge traf er sich mit der Kurfürstin

Sophie von Hannover, der Schöpferin des Herrenhauser Parks, und ihrer Tochter Sophie Charlotte, der Kurfürstin von Brandenburg; schließlich auch mit ihrem Bruder Georg, Hannovers Kronprinz, dem späteren König von England. Heimathistoriker meinen, im Haus der Coppenbrügger Grafen habe man den jungen Zaren dafür gewinnen können, Sophies Mann zum König in Preußen zu erheben, gegen den Einwand der Polen und Österreicher. Nur die Zustimmung des Zaren habe Warschau und Wien von einem Kriegszug gegen Berlin abhalten können.

Von der mittelalterlichen Burganlage in Coppenbrügge ist ein Tor erhalten, flankiert von zwei Rundtürmen aus Bruchsteinen, zudem das wallumzogene Oval der frühmittelalterlichen Festung. Auch die Renaissance hinterließ ihre Spuren. Die evangelische Pfarrkirche St. Nikolaus steht – wie viele der Region und die schon in Aerzen – auf romanischem Fundament und ist aus verputztem Bruchstein gebaut. Fachwerk des 18. Jahrhunderts ziert die Straße. In der Nähe der Schloßanlage erinnert ein Brunnen an den Kaufmann Ernst Feuerhake, der von Coppenbrügge nach Kopenhagen zog, wo er zu erheblichem Vermögen kam. Er stiftete daraufhin seiner Gemeinde eine der ersten Wasserleitungen im Kreis Hameln. Nach dem Ersten Weltkrieg kam Feuerhake für seine letzten Lebensjahre nach Coppenbrügge zurück. Bei seiner Heimkehr stand der 1908 gesetzte Brunnen mit der Wasserschöpferin schon bereit.

Die Bundesstraße 1 wendet sich nach Süden und erreicht bald die Gemeinde Salzhemmendorf mit ihren zahlreichen Ortschaften. Ein Weg nach Westen führt zum heutigen Ortsteil Lauenstein, dem früheren Sitz der Homburger Grafen, die die Spiegelberger einst so bedrängt hatten. 1409 fiel das Amt Lauenstein an die Welfen. Coppenbrügge, durch alte Lehnsregel gebunden, erhielt damit – wie gezeigt – einen neuen »Oberherrn«. Die Lauensteiner Burg wurde im 18. Jahrhundert abgerissen. Fachwerk erinnert an den ackerstädtischen Wohlstand. Das Rittergut Hof Spiegelberg verweist bis heute auf den ursprünglichen Sitz der Coppenbrügger Grafen. Salzhemmendorf wurde erstmals 1022 in einer Stiftungsurkunde des

Hildesheimer Bischofs Bernward erwähnt. Der Name erschließt die Bedeutung des Ortes: Salz gewann man hier im Mittelalter. Der Ortsteil Wallensen geht auf 1061 zurück, seine Pfarrkirche St. Martin auf 1200.

In Elze stößt die Straße auf das Bistum Hildesheim. Einst wollte Karl der Große an diesem Ort den Bischofssitz errichten. Doch sein Sohn, Ludwig der Fromme, verlegte ihn nach Hildesheim. Elze hatte durchaus seine Vorteile: Bis dorthin war in alter Zeit die Leine schiffbar. Die Wikinger nutzten das. Hier hatte ein Flußübergang schon römische Soldaten und Händler angezogen. Daraus wurde ein Wik, was auf das germanische Wiek oder das römische vicus zurückgehen mag, und nach einer Glosse des 9. Jahrhunderts einen Ort bestimmt, an dem Kaufleute Handel trieben. Keramik-, Glas- und Münzfunde zeigen, welche Waren sie transportierten. Nicht weit von Elze entfernt befand sich auch ein wichtiger Gerichtsplatz aus germanischer Zeit, der Königsstuhl von Gudingen, noch im Mittelalter genutzt. So lag es für Karl den Großen nahe, in Elze auch ein christliches Zentrum zu schaffen. Die Kirche zum hl. Petrus wurde zur gleichen Zeit wie St. Cäcilia, der spätere Hildesheimer Dom, Missionszentrum und damit Mutter vieler Kirchen im Leineraum.

In späterer Zeit entwickelte sich Elze allerdings wenig, blieb »villa«, Dorf; wenn auch mit eigenem Rat und anderen Privilegien. Das lag an Elzes umstrittener Lage zwischen dem Herzogtum der Calenberger Welfen und dem Bistum. Elze blieb bis ins 14. Jahrhundert hinein umkämpft und wird erst im 15. als Blek oder Flecken bezeichnet. Damals schützte es sich zumindest mit einem Ringzaun. Nach der Hildesheimer Stiftsfehde 1521 behielten die Welfen die Oberhand. Als dann 1585 doch noch eine Mauer um den Ort gebaut wurde, erhielt diese nur zwei Tore, im Norden und Süden. Das deutet eine Zweitrangigkeit der West-Ost-Verbindung an. Eine Trasse mied Elze, führte aber durch Hildesheim. Überdies hatte Hannover – nördlich von Elze – neue Anziehungskraft bekommen, wiewohl es erst 1636 Residenz der Calenberger wurde, und so bevorzugte der Ost-West-Handel den Weg über Hannover. Wichtiger für Elze wurde dagegen die Nord-Süd-Richtung Hannover, Einbeck, Göttingen. Gleichwohl bot sich für die preußische Post nach Kleve weiterhin der Weg über Elze an, allein schon, um welfische Städte zu meiden. Sie blieb der alten Trasse treu. Spätmittelalterliche steinerne »Sühnekreuze« oder »Pilgersteine«, zum Beispiel hinter Elze beim Poppenburger Leineübergang, weisen auf die ehrwürdige Ost-West-Verbindung hin. In Poppenburg stand im übrigen ein Königsgut an Stelle der heutigen Domäne, das Kaiser Heinrich II. 1049 dem Hildesheimer Bischof schenkte. Elze geriet also in den Schatten der Geschichte. Sieben große Brände beeinträchtigten zudem im 16. Jahrhundert seine Entwicklung. 1734 wurde die gesamte Stadt ein Feuermeer. Was man heute sieht, ist jünger. So blieb die hoffnungsvoll in die Historie getretene Siedlung bis zu Industrialisierung und Eisenbahnbau 1853 ein Ackerbürgerstädtchen.

Über den Weiden an der Leine erkennt der Reisende bald hinter Elze – südlich Poppenburgs – einen weiteren Eckpfeiler des Hildesheimer Bistums. Die romanische Bruchsteinkirche von Nordstemmen stammt aus der Zeit um 1200 und steht an der Stelle, wo 996 Bischof Bernward eine erste Kirche bauen und dem Hildesheimer Michaeliskloster unterstellen ließ. Hinter der früheren Windmühle am Ortsrand im Osterholz fand man im 19. Jahrhundert ein Gräberfeld der Bronzezeit mit 92 Grabhügeln, damit eines der größten in Niedersachsen.

Schon immer war der Boden der Hildesheimer und Magdeburger Börde fruchtbar. Vor den Karolingern weist die Zahl der sächsischen Gaunamen auf die enge Besiedlung hin. Von Ost nach West hießen sie vom Teutoburger Wald bis zum Harz Gudin-, Arin-, Valathun- und Salzgau.

Als sei es ein Omen: Hinter Himmelsthür erreicht die Eins das Tal der Innerste und auf ihrem Ostufer das »himmelnahe« Hildesheim, geistiges Zentrum der Region seit dem 9. Jahrhundert, Bischofssitz bis heute. Im März 1945 wurde die Stadt fast vollends zerbombt. So erscheinen die Kirchen des Mittelalters und der Marktplatz wie Inseln im gesichtslosen Stil der fünfziger Jahre. Der Wiederaufbau des Platzes am Rathaus mit seinem Knochenhaueramtshaus, dem »schönsten Holzhaus Europas«, ist erst Mitte der achtziger Jahre

Hildesheim. Marktplatz mit Rathaus, Templerhaus und Wedekindschem Haus.

gegen moderne Architekten und hochnäsige Belletristen durch eine Stiftung der Hildesheimer Bürger ertrotzt worden. Als Ludwig der Fromme um 815 statt Elze den hiesigen Wik als Bischofssitz wählte, herrschte im Wik schon lebendiges Treiben, etwa beim heutigen »Alten Markt«. Der »Hildesheimer Silberfund«, 69 gut verpackte Gefäße und Geräte aus römischer Zeit, die am Ostrand der Innerste-Mulde aus welchen Gründen auch immer vergraben worden waren, weist auf das alte Zentrum hin. In fränkischer Zeit soll sich etwa an der Stelle des Bahnhofs ein Adliger mit Namen »Hiltwin« sein »Heim«, einen einzeln stehenden Hof, geschaffen haben. Daraus wuchs der Name Hildesheim.

Die Legende weiß von einem Rosenstrauch, der nah beim Wik auf einem Hügel trotz des Winters im Schnee geblüht haben soll, um ein vergessenes Heiligtum zu ehren. An dieser Stelle sei die erste Marienkapelle gebaut worden. Bis heute blüht der »tausendjährige

Rosenstrauch« ganz nah zur Krypta des Domes – jedoch nur im Sommer. Der zunächst bei Gründung des Bistums errichtete Bau wurde noch unter Bischof Gunther zwischen 815 und 834 von einer Kirche »cum duabus altissimis turribus« zu Ehren der Heiligen Cäcilia ersetzt. Von da an wird erweitert und gebaut: neben dem Dom die Klosterbasilika St. Michael durch den später heilig gesprochenen Bischof Bernward (933–1022).

Dieser Bernward war ein bemerkenswerter Mensch: weitgereist, vielseitig, hochgebildet und, als Erzieher des Kaisers Otto III., auch politisch recht einflußreich. Er machte Hildesheim im Verlauf der Jahre zu einem der bedeutenden Kunstzentren der Jahrtausendwende und war sogar selbst künstlerisch tätig. Sein Lehrer und Biograph Thangmar hat eine eindrucksvolle Schilderung von Bernwards Alltag hinterlassen:

> *»Wenn das Gebet verrichtet war, schritt er um die dritte Stunde festlich zur Feier der Messe und opferte sich in tiefer Zerknirschung dem Herrn. Danach ging er an die öffentlichen Aufgaben und überprüfte in Kürze die Gerichtssachen und die Anliegen von Unterdrückten. Diese Dinge beherrschte er durch seinen natürlichen Scharfsinn und seine Beredsamkeit von Grund auf. Dann erwartete er den Kleriker, der die Verteilung der Almosen und die Armen unter sich hatte. Der gewaltigen Zahl der Armen – es waren hundert und mehr – ließ er täglich Speise in reicher Fülle austeilen. Vielen half er auch mit Geld und andern Zuwendungen, soweit es seine Mittel erlaubten. Dann unternahm er einen Rundgang durch die Werkstätten, wo Metalle in der verschiedensten Weise bearbeitet wurden, und überprüfte die einzelnen Arbeiten. Um die neunte Stunde, wenn alles der Ordnung gemäß erledigt war, setzte er sich in der Furcht des Herrn und mit seinem Segen zu Tisch, von den Brüdern und den Volksscharen dicht umringt. Dort herrschte aber kein lautes Treiben, sondern ehrfürchtiges Stillschweigen, und alle lauschten in Zucht und Anstand der keineswegs kurzen Lesung, die während des Essens vorgetragen wurde. Kranken und altersschwachen Brüdern gab er leutselig mit eigener Hand den Segen. Diesen*

Liebesdienst versagte er keinem Armen, von dem er Kunde erhielt, weder in der Stadt noch in der Vorstadt. So wollte er, wie der Apostel sagt, allen alles sein, um alle in Christus zu gewinnen.
Mühsam und schwierig ist es, seinen Tageslauf zu beschreiben, da er Tag und Nacht, Gott weiß es, mit ganzer Kraft fromme Ziele verfolgte. Und so trieb er auch die andern, die um ihn waren, zu ähnlichem Streben – ich möchte fast sagen: über ihre Kräfte – an. Auch im Bereich der Kunst gab es nichts, worin er sich nicht versucht hätte, auch wenn er es nicht bis zur letzten Vollendung bringen konnte. So betrieb er auch Schreibstuben nicht allein im Münster, sondern auch an verschiedenen andern Stellen, und erwarb sich hierdurch eine reichhaltige Bibliothek religiöser und philosophischer Schriften. Nie duldete er, daß die Malkunst, die Bildhauerei, die Schmiede- und Schlosserkunst oder sonst irgendeine künstlerische Betätigung, die er sich ausgedacht hatte, vernachlässigt würden. Als einmal dem König überseeische, aus Irland stammende Vasen als ganz besondere Rarität zum Geschenk gemacht wurden, versäumte er nicht, das, was er an ihnen ungewöhnlich und besonders wertvoll fand, für sich auszuwerten. Denn er hatte, wenn er an den Hof oder auf längere Reise ging, stets talentierte und überdurchschnittlich begabte Diener in seiner Begleitung, die alles, was ihnen im Bereich irgendeiner Kunst an Wertvollem auffiel, genau studieren mußten. Mit Vorliebe befaßte er sich auch mit Mosaikarbeiten zur Verzierung von Fußböden; ebenso fügte er nach eigener Erfindung, ohne daß es ihm jemand vorgemacht hätte, Ziegelsteine zu einem Dach zusammen.
Um mich kurz zu fassen: Er war keinen Augenblick untätig, sondern zeigte sich als zuverlässigen Verwalter der Familie des Herrn und verschaffte seinen Mitknechten getreulich alles, was sie brauchten. Und obwohl er treulich und gehorsam in die Schatzkammer Christi sammelte, was immer ihm geeignet schien, so gab er doch nicht minder dem Kaiser das Seine, wie es das Evangelium verlangt. Dem Kaiser Otto III. diente er in aufrichtiger Liebe nach bestem Wissen und Vermögen. Dadurch zog er sich aber die Feindschaft vieler zu, die es nicht gerne sahen, daß er sich so wachsam der Staatsgeschäfte annahm.«

Bernwards Nachfolger Godehard (–1083) steht ihm nicht nach. Auch er wurde bald als Heiliger verehrt; eine nach ihm benannte Kapelle gibt bis heute dem St. Gotthard-Paß in den schweizerischen Alpen den Namen. In Hildesheim wächst der Dom bis zur kreuzförmigen, dreischiffigen Basilika unserer Tage – mit dem prunkvollen Heziloleuchter, von Bischof Hezilo um 1060 gestiftet, der Bronzesäule Bischof Bernwards von 1200 und dem neuen Kruzifix darauf (1871) sowie einem Domschatz im anliegenden Diözesan-Museum.

Das Bistum Hildesheim hatte es schwer. Umgeben von starken Territorialfürsten, zumal den kaiserlichen Ottonen und dann den (bis zur Weser im Westen und zwischen Holzminden und Göttingen im Süden) vordringenden Welfen, konnte es sich nicht so ausdehnen wie die älteren Bistümer im Rheinland und in Westfalen, deren innerer und äußerer Machtzuwachs einherging mit der Staatsbildung der weltlichen Nachbarfürsten. Immerhin erstreckte sich das Bistum Hildesheim bis zur Stiftsfehde (1519–1523), – in der sich die ringsum herrschenden Welfen von Calenberg und Wolfenbüttel gegen das Bistum und die Lüneburger Welfen mit ihren Gebietsansprüchen durchsetzten –, im Norden von Sarstedt bis Peine und im Süden von der Leine bis Wöltingerode im Harz. Durch die Fehde verlor das Bistum etwa die zwei Drittel im Süden. Auch blieb der Einfluß des Bischofs auf seine Stadt beschränkt. Wie anderswo – die Eins passiert das Beispiel Paderborn – schränkten ihn die Stadtfreiheiten ein. Der Rat neigte sogar dazu, die welfischen Bischofsfeinde als Schutzherren anzurufen. Die Reformation berührte das Bistum wenig, zumal die Calenberger Welfen katholisch blieben und die Wolfenbüttler zunächst sogar vehemente Verteidiger des alten Glaubens wurden.

Das Bistum Hildesheim erstarkte, als 1573 das erstemal – statt eines Welfentreuen – ein Wittelsbacher Bischof wurde, wodurch Hildesheim nicht nur in diesem süddeutschen Fürstenhaus sondern auch in den verwandten Kölner Kurfürsten mächtige Freunde erhielt. 1643 mußten die Welfen sogar die in der Fehde gewonnenen Gebiete, das »Große Stift«, zurückerstatten. Danach konnten die Welfen nur noch die Landstände des Bistums stärken, um den

»Pfahl im welfischen Fleische« zu schwächen. 1583 waren Alt- und Neustadt zu einem fast unabhängigen städtischen Gemeinwesen vereint worden. Trotz der Wittelsbacher Restitution des Stiftes, 1643, stellte sich die Stadt 1650 unter den Schutz der Welfen.

Der Reichsdeputationshauptschluß von 1803 löste das Bistum auf. Es fiel zunächst an Preußen, den Hauptgewinner der Aufteilung der geistlichen Fürstentümer. Berlin verweigerte sich hannoverschen Wünschen, das prosperierende Hildesheim gegen das territorial größere Fürstbistum Osnabrück einzutauschen, das nach dem Dreißigjährigen Krieg im »Alternat« regiert worden war; je im Wechsel zwischen einem katholischen Würdenträger und einem Prinzen aus dem evangelischen Welfenhaus.

Durch den Wiener Kongreß kamen 1815 Stadt und Bistum zu Hannover; 1866 mit Hannover zu Preußen. Vornehmlich durch die Vertreibung vieler katholischer Schlesier wuchs die Gemeinde des Bischofs nach dem Zweiten Weltkrieg. Gleichwohl blieb er Schäfer in der Diaspora. In der Nachbarschaft ist nur das ehemals vom Mainzer Kurfürsten regierte Eichsfeld, um das allerdings auch reformierte Duderstadt herum, überwiegend katholisch. Bischof Josef Homeyer wohnt am Domplatz im Schatten seiner Vorgänger Bernward und Godehard. Sein Palais wirkt prunkvoll; doch der Bischof kommt mit wenigen Räumen darin aus. Die sind bescheiden ausgestattet und nur an Büchern reich. Vor seiner Bischofsweihe hatte er sich als Sekretär der westdeutschen Bischofskonferenz vor allem beim Aufbau der nun engen Beziehungen zwischen den deutschen und polnischen Bischöfen »am anderen Ende der Straße« verdient gemacht. Seitdem tritt er als streitbarer Missionar seiner Diözese auf, der Konflikte um kirchliche Rechte nicht scheut.

Sofort hinter Hildesheim kreuzt die kurzstreckig als Schnellstraße verbreiterte Eins drei wichtige Nord-Süd-Straßen: zunächst die Bundesstraße 6, die von alters her von Bremen über Hannover und den Harz nach Halle ins heutige Bundesland Sachsen führt sowie die Bundesautobahn A 7 (E 45) von Hamburg nach München. Diese Europastraße ist in Niedersachsen Nachfolger der älteren Trasse, die heute als Bundesstraße 3, zuweilen parallel zur A 7,

Hildesheim. Die Straße Am Lappenberg mit Kehrwiederturm und Synagoge (links).

von der Lüneburger Heide, Hannover, Elze, Einbeck bis Göttingen führt und dann weiter nach Kassel, Marburg, Frankfurt, schließlich parallel zur A5 (E 35) über Heidelberg und Karlsruhe nach Basel.

Doch zurück zur welfischen Reichsstraße. Ein alter Reiseführer lädt den Touristen in Hoheneggelsen ein, auf den Kirchhügel an der Straße zu steigen. Dabei könnte er über ein zeitgenössisches Thema nachgrübeln, für das sich im gesamten Verlauf der Straße von West nach Ost Beispiele finden ließen. In Hoheneggelsen betreibt eine Gesellschaft, die seit Mitte der achtziger Jahre mehrheitlich dem Land Niedersachsen gehört, eine ehedem private Sondermülldeponie. Im Rahmen der Auflagen an die Industrie, die Entstehung von Müll zu vermeiden, beziehungsweise ihn neuerlich zu verwenden, und im Bemühen, ihn staatlich kontrolliert zu deponieren, übernahm das Land eine teure Verpflichtung. Das Deponieren wurde in letzter Zeit absichtlich kostspieliger gemacht. Niedersachsen ist froh, wenn möglichst wenig Müll angeliefert wird, wenn ihn die Industrie also vermeidet oder wieder verwertet. Mit dieser politischen Absicht verwehrt sich Niedersachsen der Wirtschaftlichkeit, macht sogar Schulden und verstößt gegen das Gebot, Steuermittel einträglich einzusetzen. Ein Dilemma.

Die Deponie bei Hoheneggelsen gerät gelegentlich in die Schlagzeilen, wenn zum Beispiel in irgendeiner ihrer Wannen ein Leck auftritt und verunreinigende Stoffe ins Grundwasser einzudringen drohen. Deponieren ist risikoreich; doch gibt es damit schon seit längerem Erfahrungen. Mehr Mißtrauen erntet daher bei manchen die Hochtemperaturverbrennung, eine neue Methode, die gleichwohl schon beherrscht wird. Manche fürchten giftigen Verbrennungsausstoß. Auch die Endlagerung im Erdreich, zumal von schwach- oder stark verstrahltem Material, stößt auf heftige Kritik, zumal bei jenen, die über einem solchen projektierten Endlager leben. Das gilt besonders für Initiativen im nahen Salzgitter, südlich der Straße, die ein Endlager im Schacht »Konrad« des Erzbergwerks bei Salzgitter verhindern wollen. Die Kritiker sind meist ohne Alternative. Sie bekämpfen eher die Deponierungspläne, als daß sie die Konsumenthaltung der Bürger fordern, die den Müll verantworten müssen. Gleichwohl hat die westdeutsche Diskussion das Müllthema halbwegs im Griff. Die Sünden der »sozialistischen Planwirtschaft« in der früheren DDR und in Polen werden dagegen noch kaum erfaßt. Die Strecke der Reichsstraße ist allerdings weniger belastet als die südliche Ost-West-Achse zwischen Thüringen, Sachsen und Schlesien. Bis auf die Regionen um Magdeburg, Brandenburg, Potsdam und Berlin streift sie bis Königsberg kaum größere Industriereviere. Die neuen Erfahrungen im Osten gemahnen aber auch die streitenden Gruppen im Westen zu schnellerem und pragmatischem Handeln.

Schon bei Schellerten, wenige Kilometer vor Hoheneggelsen, erreicht die Straße wieder ein Gebiet, das im Mittelalter zwischen den Hildesheimer Bischöfen und den Welfen aus Braunschweig umkämpft war. Auf dem »Streitacker« von Dinklar bei Schellerten siegte 1367 Bischof Gerhard über Magnus den Älteren. Der geistliche Herr ließ die Grenze vorziehen und baute hinter Hoheneggelsen bei Steinbrück am Übergang der Fuhse eine Grenzfeste für sein Bistum, die vielfach umkämpft und 1643 unter den Wittelsbacher Bischöfen abgetragen wurde. 1536 saß auf der Feste Steinbrück Jürg Wullenweber ein, der Bürgermeister von Lübeck. Man warf ihm vor, eine Verschwörung gegen die Patrizier seiner Stadt und den dänischen König gelenkt zu haben, um mit englischer Hilfe, die Macht des freien Städtebundes der Hanse zu retten. 1537 wurde er in Wolfenbüttel enthauptet. 1956 wurde der Rundbau des sogenannten Zwingers von 1537 zu einer evangelischen Kirche für die Vertriebenen aus Pommern umgebaut, die auf Gut Steinbrück eine neue Heimat gefunden hatten.

Lahstedt-Groß-Lafferde kann durch seine Lage an der Straße und den fruchtbaren Lößboden ringsum auf eine lange Geschichte zurücksehen. Stets lockte der Marktplatz Händler an, erhielt allerdings erst 1787 vom Hildesheimer Fürstbischof schriftlich das Marktprivileg erteilt. Nach der Schlacht bei Lutter am Barenberge, in der er die Dänen besiegte, nahm der kaiserliche Feldherr Tilly 1626 in Groß-Lafferde Quartier. Bettmar »an der langen Wiese« markiert den Platz, wo sich früher die alte Heerstraße zwischen Hannover und Wolfenbüttel und die Eins kreuzten. Ein Kriegerdenkmal für die Gefallenen von 1870/1871 stand hier einst an der Reichsstraße. Der Obelisk mit dem Adler und den Namen der Opfer wurde später in den Schatten der Kirche versetzt.

Herzog Friedrich von Braunschweig ließ in Vechelde, einem 1145 erstmals erwähnten Dorf, eine Burg errichten, die er schon 1392 an die Stadt Braunschweig verpfändete. 1671 fielen Ort und Burg an die Welfen zurück. Herzog Rudolf August von Braunschweig errichtete 1695 an der Stelle der Burg ein Lustschloß. Auch davon ist heute bis auf das an die Straße vorgerückte Gittertor nichts mehr erhalten. Darauf finden sich die Initialen F in barocker Kartusche. Sie erinnern an den Herzog Ferdinand, den Feldmarschall des Alten Fritz. An diesen Herzog gemahnt zudem das Denkmal für seinen Freund, Abt Jerusalem, dessen Inschrift der Herzog selbst verfaßte. Der erste

Theologe des Landes war seit 1625 jeweils der Abt von Riddagshausen. Dieses Kloster ist eine Zisterzienser-Gründung von 1145. Es wurde 1568 evangelisch und nach dem Dreißigjährigen Krieg eine herzogliche Domäne. Die Abtswürde jedoch wurde weiter an hervorragende Theologen des Landes verliehen. Heute ist Riddagshausen ein Stadtteil von Braunschweig. Jerusalem war aber nicht nur Abt; er wirkte vor allem als Hofprediger und plante das Collegium Carolinum, die Technische Hochschule. Es gibt sogar eine Verbindung mit der Literaturgeschichte jener Zeit. Abt Jerusalems unglücklicher Sohn, der 1772 Selbstmord verübte, war das Vorbild für Werther, durch dessen Leidensbeschreibung Goethe schon in jungen Jahren zum Erfolgsautor wurde.

Herzog Ferdinand und Johann Friedrich Wilhelm Jerusalem verbanden die Ideen der Freimaurerei, der Wahrheitsliebe und der Dienst am Menschen. Auch Friedrich der Große war Freimaurer, geistig gewiß dem Herzog verbunden. Doch dieser hatte sich als Generalfeldmarschall des Königs und Sieger wichtiger Schlachten schon mit 42 Jahren enttäuscht aus dessen Diensten verabschiedet und in Vechelde zur Ruhe gesetzt. Er widmete sich Kunst und Wissenschaft, besonders seinem Park. In einem Brief hieß es 1783: »Wenn er auch seinen kunstvollen Park wie den eigenen Augapfel hütete, so war er doch immer ein Freund seiner Bauern und vor allem der Armen...«. Als der Herzog im Sommer 1792 starb, hatte er einen Großteil seines Reichtums den Veteranen und Bedürftigen vermacht. Auf einem unbehauenen Feldstein steht: Dem großen Feldherrn Herzog Ferdinand – Gutsherrn von Vechelde 1721 – 1792. Das »Gutshaus« nahm – auf Vorschlag des Herzogs Karl Wilhelm – von 1804 bis 1819 die Erziehungsanstalt des Pädagogen Johann Peter Hundeiker auf. Nach 1825 diente das Schloß als Gerichtsgebäude. Schließlich brach man es ab.

Bald hinter Vechelde kreuzt die Eins die neue Westtangente Braunschweigs und erreicht die alte Welfenresidenz. Aus fünf selbständigen Siedlungen wuchs das 1031 erstmals erwähnte Brunesguiek oder Brunswiek zusammen. Besonders alt mag die Niederlassung beim Eiermarkt südlich der Martinikirche sein. Auf das Jahr

Braunschweig. Meinhardshof/Ecke Küchenstraße mit Fachwerkhäusern.

861 soll die Jakobskirche zurückgehen. Als nächste Erweiterung gilt die Kohlmarktsiedlung an der 1544 abgerissenen Ulrichskirche. Hier schnitten sich die »Reichsstraße« und die Nord-Süd-Straße zwischen Bardowieck und Frankfurt. Die Burg war im 10. Jahrhundert zunächst Grafensitz der sächsischen Brunonen und kam als Erbe der Mutter – aus dem Haus der Supplinburger – an Heinrich den Löwen. Er baute Braunschweig in der zweiten Hälfte des 12. Jahrhunderts zur anspruchsvollen Residenz aus. Schon sein reiches Territorialerbe machte ihn zum Herrn großer Gebiete zwischen Weser und Elbe, konzentriert auf Lüneburg, Braunschweig und das südliche »Niedersachsen«, das es freilich damals noch nicht gab. 1142 wurde er zudem Herzog von Sachsen, was den Ruhr- und Lippe-Raum sowie das Bistum Münster einschloß, 1156 Herzog von Bayern, wo er im Streit mit den Bischöfen von Freising München gründete. Heinrich der Löwe brachte die Grafschaften Stade und

Oldenburg in seinen Besitz, stärkte seine Position im Südharz und besiegte die Obotriten in Mecklenburg. Heinrich gründete Lübeck neu, erhob Schwerin zur Stadt. Mehr als zwei Jahrzehnte ließ ihn sein Vetter, Kaiser Friedrich Barbarossa, gewähren. Doch allmählich wurde der Welfe Konkurrent und schuf eine Machtbasis, die dem Kaiser, der sich meist jenseits der Alpen aufhielt, gefährlich erscheinen mußte. Dann bot sich ein Anlaß zum offenen Konflikt. Der Löwe lehnte es ab, den Rotbart in Italien militärisch zu unterstützen. Rotbart seinerseits wollte dem Welfen nicht die Reichsvogtei Goslar mit dem Silber des Rammelsberges überlassen. Weil der Löwe einer mehrfachen Aufforderung des Kaisers, sich wegen der gegen ihn erhobenen Vorwürfe auf einem Reichstag zu verantworten, nicht Folge leistete, belegte er ihn 1180 mit dem Bann. Er verlor seine Reichslehen. Als Heinrich der Löwe sich 1180 unterwarf, wurden ihm zumindest die welfischen Territorien zurückgegeben, Westfalen und Sachsen aber gingen für immer verloren. Damit blieben die Welfen zwar eine starke Mittelmacht, doch den Anspruch auf die Kaiserwürde gemäß einer territorialen Vormacht konnten sie nicht mehr erheben. Zwar versuchte die stauferfeindliche Partei, einen Welfen als Gegenkönig einzusetzen; doch letztlich siegten die Staufer mit Friedrich II.

Mit dem Verlust der Vormacht in Norddeutschland bot sich anderen Herrschaften eine Chance zur Ausdehnung. Das verbliebene welfische Territorium aus dem Erbe der Northeimer Grafen, der Supplinburger, Billunger, Brunonen und Katlenburger ging keineswegs grenzenlos ineinander über; es gab genügend Chancen, sich zwischen den welfischen Grenzen »breitzumachen«. Die Grafen von Everstein und Spiegelberg sind dafür genauso ein Beispiel wie das Bistum Hildesheim. Kaiser Friedrich II. mögen diese Konflikte lieb gewesen sein. Zugleich aber war er so stark in Italien gebunden, daß er nördlich der Alpen auf Ausgleich sann. Weniger territorialstaatlich denkend als der Familie verpflichtet, erhob er 1235 einen Welfen zum Reichsfürsten. Die gnadenvolle Versöhnung traf Otto das Kind, den Enkel Heinrichs des Löwen, der das Herzogtum Braunschweig-Lüneburg erhielt. Otto wurde also Herzog und fügte sich in die Rolle des Lehnsnehmers. Seine Söhne teilten bereits die Herrschaft in die Häuser Lüneburg und Braunschweig auf. Braunschweig spaltete sich im späteren 13. Jahrhundert noch einmal in die Fürstentümer Wolfenbüttel, Grubenhagen und Göttingen. Mit derlei Teilungen befriedigte man die Familienbedürfnisse und sah die welfische Einheit nicht in Frage gestellt. Auf die Entwicklung der Landesteile wirkten sich die Teilungen kaum aus, zumal die Städte – allemal die größeren wie Braunschweig und Lüneburg – eigene Interessen durchsetzen konnten. Sie waren meist in der Hanse aktiv. Erst 1552 verlor das reichsfreie Goslar die meisten seiner Rechte an die Wolfenbüttler Welfen, und 1671 mußte sich Braunschweig den welfischen Herzögen fügen.

Seit 1635 herrschte das Haus Braunschweig-Lüneburg in drei Fürstentümern: Wolfenbüttel, Lüneburg – mit Celle als Residenz – und Calenberg; dazu gehörten Göttingen und Grubenhagen. Hannover war seit 1636 Hauptstadt der Calenberger. Hier regierte nach 1679 Herzog Ernst August, der zunächst Fürstbischof des »alternativ« regierten Osnabrücker Bistums gewesen war. Er setzte 1683 die Primogeniturordnung für seine Nachkommen fest und erhielt 1692 die diplomatisch lang erkämpfte Kurwürde für das »Haus Hannover«. Georg Wilhelm in Celle behinderte die Rangerhöhung nicht. Er hatte mit seinem hannoverschen Bruder die Vereinigung beider Länder beschlossen. Sie wurde nach seinem Tod 1705 vollzogen. Er starb ohne einen Erben. Der Wolfenbüttler dagegen versuchte vergeblich die Rangerhöhung zu hintertreiben.

Als Kurfürst erlangte Ernst August eine Vorrangstellung unter den Reichsfürsten und vor allem in Nordwestdeutschland. Der Preis dafür waren nicht nur innerwelfische Konflikte, sondern auch der zunehmende Gegensatz zu Preußen. Ernst Augusts Ehe mit Sophie von der Pfalz, einer Enkelin des englischen Königs Jakob I., barg neuen Konfliktstoff aber auch große Chancen. Schon ihr Sohn Kurfürst Georg Ludwig von Hannover wurde als Georg I. König von England. Die bis 1837 dauernde Personalunion der hannoverschen Welfen mit dem englischen Thron förderte das spätere Königreich Hannover allerdings wenig. Der Zugewinn von Bremen und Verden

1719 zeigte allenfalls die neue politische Bedeutung des hannoverschen Hauses. Während die Braunschweiger Herzöge ihr Land wirtschaftlich förderten und zum Beispiel die 1576 gegründete (und 1810 aufgehobene) Universität Helmstedt zur Blüte brachten, wurde Hannover von Räten verwaltet, die für den in London residierenden König tätig waren. Als Ausnahme erscheint die Gründung der Landesuniversität Göttingen 1734. Zudem geriet Hannover über eigene Interessen hinweg ins Konfliktfeld der internationalen Politik. Wer London politisch schaden aber auf der Insel nicht treffen konnte, holte gegen Hannover aus. Das galt vor allem für Frankreich; im Siebenjährigen Krieg und anfänglich zur Zeit Napoleons.

Die Bindungen des Hauses Hannover an England brachten eine gewisse Internationalität mit sich, die bisweilen bis Braunschweig ausstrahlte. Der Schotte James Boswell schildert in seinem 1764 erschienenen Tagebuch über eine Reise durch Deutschland und die Schweiz recht anschaulich die Atmosphäre am Braunschweiger Hof. Er schreibt, aus Hannover kommend:

»*Dienstag, 26. Juni. Wir kamen vor dem Essen in Braunschweig an. Lord Marischal stürzte sich in Staat und begab sich an den Hof. Ich schlenderte in der Stadt umher, die sich als gross und schön erwies, mit einer ganzen Anzahl alter Bauwerke ...*
Mittwoch, 27. Juni. Um elf machte ich Herrn Feronce, Hofrat usw. des Herzogs von Braunschweig, meine Aufwartung. Ich hatte einen Brief an ihn von dem jungen Grafen Bentinck im Haag. Er erwies sich als ein gebildeter Mensch, sehr anregend und umgänglich. Er benachrichtigte die Hofmarschälle und Oberhofmeister, und wie alle die Herren heissen, und diese entboten mich auf zwei Uhr an den Hof. Feronce begleitete mich. Er stellte mich Herrn von Stammer vor, einem Deutschritter, für den ich ebenfalls einen Brief von Graf Bentinck hatte. Alsdann wurde ich sämtlichen Würdenträgern vorgestellt sowie den Hofdamen. Dann kam der Herzog heraus, dem ich ebenfalls vorgestellt wurde, wie auch der Herzogin. Um drei setzten wir uns zu Tisch. Da sass ich nun an der herzoglichen Tafel im Residenzschloss zu Braunschweig, dem Prinzen Ferdinand gegenüber,

Braunschweig. Bäckerklint mit dem Eulenspiegelbrunnen.

dessen Gegenwart lebhafte Ehrfurcht gebietet. Er elektrisierte mich geradezu. Jedesmal, wenn ich ihn anschaute, fuhr es mir wie ein Schlag durch die Glieder.
Wir hatten ein glanzvolles Essen mit viel Burgunder und andern Weinen. Nach Tisch begaben wir uns in einen andern Saal und tranken Kaffee, worauf Herr von Stammer mich zum Empfang beim Erbprinzen mitnahm. Ich küsste der Prinzessin die Hand und wurde vom Prinzen höflich begrüsst. Danach entfernte ich mich mit dem lebenslustigen Feronce, der mich bei einigen Damen einführte, und um sieben kehrte ich an den herzoglichen Hof zurück, wo ich am Kartenspiel teilnahm. Von Engländern waren Lord Hope und sein Hofmeister Rouet da sowie sein Bruder von der Garde, dann ein gewisser Richards aus Dorsetshire und William Hall aus Schottland. Auch zum Abendessen waren wir bei Hofe. Alles wirkte schön und erhaben. Und doch wollte mir bei meinem abscheulichen Hang zur Grübelei schliesslich alles recht fade vorkommen ...

Montag, 13. August. Nach dem Essen ergötzte ich mich an einer Vorstellung von Seiltänzern, der auch der Herzog mit dem gesamten Hofstaat beiwohnte. Letzte Woche habe ich unerwähnt gelassen, dass ich an einem Hofball teilnahm, an dem ich mich gut unterhielt. Ich bat die Erbprinzessin um ein Menuett. Sie willigte huldvoll ein, aber kaum hatten wir unsere Kratzfüsse gemacht, als die Geiger zu einem Kontertanz übergingen, den der Erbprinz beginnen sollte. So war es nichts mit unserem Menuett, zu meinem nicht geringen Leidwesen. Heute abend war wieder Ball. Die Prinzessin hatte mich kaum erblickt, als sie schon mit einem himmlischen Lächeln herantrat und sagte, wir wollten unser Menuett beenden. So tanzte ich denn mit Ihrer Hoheit, die sich übrigens als vorzügliche Tänzerin erwies, ein englisches Menuett – oder vielmehr ein britisches, da es sich doch um einen Schotten und eine Engländerin handelte. Höchst angenehme Vorstellungen umgaukelten mich dabei. Da tanzte ich nun mit einer Prinzessin, mit der Enkelin König Georgs, dessen Geburtstag ich in Edinburg so oft mitgefeiert habe; mit der Tochter des Prinzen von Wales, der ein Gönner Thomsons und noch anderer Musensöhne war; mit der Schwester Georgs III., meines Landesherrn.«

Im 18. Jahrhundert konnte sich Braunschweig noch aus dem diplomatischen Kräftespiel heraushalten. Bald aber lehnte es sich an den östlichen Nachbarn an. Herzog Ferdinand – der Gutsherr von Vechelde – diente König Friedrich II. als Generalfeldmarschall. Später wurde auch Herzog Karl Wilhelm Ferdinand preußischer Heerführer. Der Wiener Kongreß bestätigte das zum Königreich erhobene Hannover; ebenso das Herzogtum Braunschweig. Dabei erhielt Hannover etwa das Gebiet – mit Osnabrück, Bentheim und dem Emsland – außerhalb des welfischen Stammlandes hinzu, das heute Niedersachsen umschließt. Die Entwicklung beider Häuser lief weiter parallel. Nach Ende der Personalunion 1837 regierte in Hannover König Ernst August, dessen Verfassungsrevision – des 1833 errungenen Staatsgrundgesetzes – 1837 zu dem berühmten Protest der sieben Göttinger Professoren führte. In der Revolution

Oben: Die Externsteine im Teutoburger Wald bei Horn-Bad Meinberg.

Seite 130: Hameln. Das Leisthaus in der Osterstraße.

Seite 131: Der Dom von Hildesheim.

Seite 132: Der Dom St. Blasii in Braunschweig.

Seite 133: Der Braunschweiger Löwe auf dem Burgplatz der Stadt. Im Hintergrund das Rathaus.

Seite 134: Die Stiftskirche (Kaiserdom) in Königslutter.

Seite 135: Die Lübbensteine bei Helmstedt.

Seite 136: Helmstedt. Das Juleum, die ehemalige Universität.

von 1848 berief derselbe König dann den Osnabrücker Verfassungsreformer Johann Carl Stüve zum Innenminister, so daß es der Monarchie gelang, an der Macht zu bleiben. Der im Grundsatz liberalere Braunschweiger »Vetter«, Karl II., provozierte dagegen durch Verfassungsverstöße den Aufruhr und mußte deshalb 1830 sein Land verlassen. Karls Bruder Wilhelm sorgte für eine Beruhigung der Verhältnisse. Die Entwicklung des Jahres 1848 förderte eine weitere Liberalisierung.

Das Ende des hannoverschen Königreichs (1866) gründete sich zu guten Teilen auf der Angst eines agrarisch bleibenden Staates vor dem industriell expandierenden Preußen. Anstatt sich dem 1834 in Kraft getretenen Deutschen Zollverein anzuschließen, gründeten beide Welfenstaaten mit Oldenburg und Schaumburg-Lippe einen »niedersächsischen« Wirtschaftsraum, dessen Attraktivität so gering war, daß Hannover 1851 doch noch zum Zollverein stieß. Der blinde König Georg V., gut gesonnen, doch noch traditionell vom Gottesgnadentum beseelt und abhängig von den mißtrauisch auf ihre alten Rechte pochenden Adligen, revidierte 1855 die Verfassung von 1848. Die Liberalen nahmen das nicht hin, und während sie noch, um der Reform willen, mit dem Gedanken einer Annexion Hannovers durch Preußen spielten, geriet das Land in die Auseinandersetzung zwischen Berlin und Wien. Der König hielt zu Wien und damit allein schon in militärischer Hinsicht zum falschen Partner. Wien war weit, und Preußen begann jenseits der Elbe. Der Braunschweiger Herzog Wilhelm dagegen blieb in dem Konflikt der seit Jahrzehnten propreußischen Haltung seiner Familie treu, sah aber auch aktuell seine Chancen realistischer und konnte so sein Herzogtum retten. Als er 1884 kinderlos starb, geriet das Haus Braunschweig unter preußische und mecklenburgische Regentschaft, bis zum Vorabend des Zweiten Weltkriegs.

Wer sich welfentreu nannte, gab zugleich seine antipreußische Haltung zu erkennen. Dabei blieb es auch nach der »Aussöhnung« beider Familien. Sie geschah 1913 vor dem Traualtar, als Prinz Ernst August von Braunschweig-Lüneburg, ein Welfe, die Tochter von Kaiser Wilhelm II., Viktoria Luise, heiratete. 1918 war die Zeit der regierenden Welfen zuende, fast 800 Jahre nach Heinrich dem Löwen. Sie haben das Land geprägt und sind heute wohl noch in der Erinnerung vieler Niedersachsen zwischen Lüneburg und Göttingen lebendig. Auf den Erben lastet die Geschichte. Sie scheint ihnen ein normales Leben zu versperren. Im Disput um das Evangeliar Heinrichs des Löwen, das der damalige Ministerpräsident Albrecht nach Niedersachsen zurückholte, fiel auch ein Schatten auf die Familie. Ließ sie selbst 1983 das Buch für den einmalig hohen Preis von 32,5 Millionen Mark durch Sotheby's in London versteigern? Niedersachsen, Bayern, die Stiftung Preußischer Kulturbesitz und viele Bürger mußten sich zusammentun, um diese Summe aufzubringen. So konnte die welfische Bibel ins Welfenland zurückkommen. Womöglich war sie noch Ende der siebziger Jahre im Besitz der Herzogin Viktoria Luise gewesen. Wie und wann kam sie ins Ausland? Gab der zum Welfenhaus gehörende frühere griechische König Konstantin das Evangeliar an Sotheby's weiter? Schon 1961 hatten die Welfen allerdings das »teuerste Buch der Welt« von der Liste der vor der Ausfuhr geschützten Kulturgüter streichen lassen, da es sich schon »seit Jahren« im Ausland befinde. 1188 war das Evangeliar im Auftrag des Löwen und seiner Frau Mathilde, einer englischen Königstochter, in der Malschule von Helmarshausen bei Karlshafen für den Braunschweiger Dom angefertigt worden; als ein prunkvolles Symbol für den gottgewollten weltlichen Herrschaftsanspruch der Welfen. Zumindest eine Kopie wird bald wieder auf dem Altar des Domes in Braunschweig liegen. Das Original befindet sich die meiste Zeit sicher bewahrt in einem Glastresor der Herzog-August-Bibliothek von Wolfenbüttel, des wohl reichsten Handschriften- und Bücherschatzes in Norddeutschland.

Während der Weimarer Republik spielte der »Freistaat« Braunschweig eine traurige Rolle. Schon 1930 bildeten hier die Nationalsozialisten und Nationaldemokraten eine Koalition. Sie ernannte Adolf Hitler 1932 zum Regierungsrat des Landes; damit verband sich die Einbürgerung des seit 1925 staatenlosen Ex-Österreichers, verbunden mit dem passiven Wahlrecht, das es ihm ermöglichte, im gleichen Jahr für das Amt des Reichspräsidenten zu kandidieren.

Seit November 1946 gehört das Land Braunschweig zu Niedersachsen. Dazwischen aber lagen die NS-Zeit und der Krieg mit seinen Bombenschäden; vor allem denen Mitte Oktober 1944, die das Erbe der Brunonen, Ottonen und Welfen, zumal die Schätze aus der Zeit Heinrich des Löwen, in Gefahr brachten und zum Teil zerstörten. Dafür waren vornehmlich britische Flieger verantwortlich; es waren aber auch die Briten, die sich sofort nach ihrem Einmarsch mit dem Landeskonservator der Vorkriegszeit, Kurt Seeleke, um die Rettung dieses Erbes kümmerten. Der ehemalige Panzerabwehr- und später Kunstschutzoffizier Robert Londsdale Charles (1916 bis 1977) hinterließ ein Tagebuch darüber.

Gleich nach Kriegsbeginn 1939 waren die Museen geschlossen, die Exponate in Kellerräume verbannt worden. Doch das reichte nicht. Mit den ersten Bomben gerieten auch die Kirchenschätze in Gefahr. Seeleke reiste im gesamten Land herum und erbat sich in abseits gelegenen Gutshäusern, Forstämtern oder Dorfkirchen »Kunstasyl« für seine Schätze; so auch im Blankenburger Schloß der Herzöge von Braunschweig, das später in sowjetische Hände fiel, nachdem allerdings Deutsche und Briten die wertvollsten Schätze noch einmal evakuiert hatten. Sofern man die Kirchenschätze nicht herausräumen konnte, mauerte man sie an Ort und Stelle ein. Das Wertvollste im Dom, die Grabplatten Heinrichs des Löwen und seiner Frau Mathilde (vor 1250 entstanden), der große siebenarmige Leuchter (vor 1180) und das Imervard-Kruzifix aus derselben Zeit wurden in die Bergbaustollen des Rammelsbergs bei Goslar verfrachtet. Dorthin brachte man im August 1943 auch den Braunschweiger Löwen, jene Bronzeplastik, die Heinrich der Löwe 1166 als Symbol seiner Herrschaft auf dem Platz vor der Burg Dankwarderode, der Residenz der Brunonen und Welfen bis 1279, aufgestellt hatte. Wertvolles Schnitzwerk wurde abmontiert und in Sicherheit gebracht, so Anfang 1945 noch die Fassade vom Gildehaus am Burgplatz. So konnte einiges gerettet werden. Am 23. Oktober 1945 sorgte Charles für den Rücktransport des Löwen. »Die Landarbeiter auf den Feldern sperrten Mund und Nase auf, als sie uns vorbeifahren sahen, und ich konnte ihre Lippen sich bewegen sehen, wenn sie auf uns zeigten, lachten und riefen: ›Der Braunschweiger Löwe!‹ Der Transport hielt auf dem Burgplatz. Eine Menschenmenge versammelte sich um ihn und streichelte ihn, die Mütter hielten ihre Kinder hoch ... alles war sehr rührend«, schreibt »Rollo Charles«. Anfang November 1945 wurde bei einem Gottesdienst im Dom die Rückkehr des Leuchters gefeiert. Doch nicht alles fand sich wieder. Manches Bild und manche Kiste mit Handschriften, im Salzbergwerk Grasleben sicher geglaubt, wurden zerstört oder blieben verschwunden. Eine späte Heimkehr gab es 1990 für mittelalterliche Sakralkunst, die ein Soldat aus Texas in seine Heimat entführt und dort bis zu seinem Tod – zum Glück – liebevoll gepflegt hatte.

Vieles ließ sich wiederfinden, an den angestammten Platz zurückstellen. Manch altes Bauwerk, im Krieg vollends zerstört, prunkt heute so, als hätte es den Krieg nicht gegeben, womöglich glatter, »sauberer« und mit moderner Installation. Dies gilt als vergebliche Flucht in das Vergangene. Manche kritisieren den fehlenden Mut zur Zukunft (und preisen gleichzeitig die Flucht zur Postmoderne). Das Knochenhaueramtshaus in Hildesheim gilt als Beispiel für das »Rückweh«. In Braunschweig läßt sich ein ebenso berühmter »Verstoß« gegen Zeittreue nicht ausmachen. Doch viele Bürger schmerzt, daß die 1838 eingeweihte und 1944 beschädigte Residenz trotz der weitgehend erhaltenen Fassaden 1960 abgerissen wurde.

Manch einer wünscht sich historische Bausubstanz zurück. Bürgerinitiativen sammeln Geld und Stimmen. Zeitungen, in Braunschweig und anderswo, berichten. Doch hat je einer von einer Stadt gelesen, deren Bürger sich nicht nur um die verlorenen steinernen Zeugen ihrer Geschichte kümmerten, sondern auch um verlorene Menschen, die zum Beispiel ihre jüdischen Nachbarn für immer zurückriefen, sofern sie nur vertrieben und nicht auch ermordet worden waren? Für Tage kamen mittlerweile manche als Gäste zurück; aus Israel, den Vereinigten Staaten. Die Vertriebenen kehrten aus aller Welt für Stunden »heim«, versanken in dies schmerzlich zwiespältige Gefühl, fremd zuhaus zu sein. Doch wie die jüdischen Nachbarn auch bei ihrem ersten oder zweiten Besuch empfunden haben mögen, – hätte es den »Gastgebern« nicht gut angestanden, sie mit offenen Armen um ganze Rückkehr zu bitten? Doch offenbar wünschen wir uns zerstörte Dinge mehr zurück als verlorene Menschen.

Wahrscheinlich gibt es nicht eine Ortschaft entlang der Eins, in der nicht auch Juden in erklecklicher Zahl lebten. Die Geschichte von Schutzbriefen oder Ghettos, von Hofjuden oder Pogromen ließe sich in Aachen beginnen, in Düsseldorf fortsetzen. Berlin bekäme ein besonders langes Kapitel, und für Königsberg gäbe es auch Material. So ist es Zufall, wenn in Braunschweig an die Juden erinnert werden soll. Wohl ergibt sich dabei der zweifelhafte Vorteil, nicht von großen Zahlen und großen Exzessen sprechen zu müssen, sondern »nur« von Vorgängen, die von ganz alltäglicher schrecklicher Grausamkeit geprägt waren. Die jüdische Gemeinde in Braunschweig war klein. Bei der Volkszählung von 1925 wurden nur 939 Bürger mosaischen Glaubens ermittelt. Sie waren auch erst Anfang des 18. Jahrhunderts gekommen, als Herzog Anton Ulrich einer Anzahl Juden – wider Willen der Geistlichkeit – erlaubte, sich in der Stadt niederzulassen und ihrer Religion nachzugehen.

Wie anderswo im Deutschen Reich war auch im Land Braunschweig das Wohnrecht an eine landesherrliche Genehmigung gebunden. Sie wurde – und das war Gnade – gegen Schutzgeld oder Zoll erteilt, während den »unvergeleiteten« Juden nur die Durchreise mit einem Paß genehmigt wurde und der Besuch von Messen und Märkten. Erst die napoleonische Zeit stellte die Juden den Nichtjuden bei vollen Staatsbürgerrechten gleich. Nach dem Wiener Kongreß wurde in Braunschweig fürs erste das Rad der Geschichte wieder zurückgedreht. 1820 band das Gesetz aktives und passives Wahlrecht an den christlichen Glauben. Die Vorschrift fiel 1832. Seit 1848 waren Mischehen nicht mehr verboten. Manches verstand sich aber auch wie von selbst. Schon das nicht normierte »gemeine Recht« schloß Juden bis zur Weimarer Republik vom Staatsdienst aus; Ausnahme war das Notariat.

1925 schrieb Justizrat Victor Heymann einen Aufsatz über die Geschichte der jüdischen Gemeinde in Braunschweig. Danach war das Verhältnis zwischen Juden und Christen »stets ein durchaus freundschaftliches, selbst in der Blütezeit des Antisemitismus wurde es nicht im erheblichen Grade gestört«. Er könne nur zwei Gegenbeispiele nennen. Beide beträfen Max Jüdel. Zunächst habe der seine, sich plötzlich antisemitisch gebende Freimaurerloge verlassen müssen. Dann sei er nur mit Mühe in die Handelskammer gewählt worden, deren anerkannter Vorsitzender er später wurde. Heymann schließt: »Möchte das gute Verhältnis zwischen Christen und Juden auch für die Folgezeit ungetrübt fortdauern.«

Es kam anders. In der Nacht zum 10. November 1938 wurde in der 1875 fertiggestellten Synagoge der Braunschweiger Gemeinde ein Feuer gelegt, das allerdings nicht zündete, Mobiliar wurde zerschlagen. Überall im Reich markierte die sogenannte »Reichskristallnacht« den Übergang von verbrämter Schikane zum offenen Terror gegen die Juden. Anlaß waren die tödlichen Pistolenschüsse, die der jüdische, in Hannover geborene Pole Herschel Grynszpan in der deutschen Botschaft in Paris auf den Legationssekretär Ernst vom Rath abgefeuert hatte. Grynszpan wollte die Verfolgung seiner Eltern rächen. Das Attentat paßte den Nazis hervorragend ins Konzept. Schon Ende Oktober 1938 war allen aus Osteuropa stammenden Juden der Aufenthalt im Reich verboten worden. Etwa 60 Männer, Frauen und Kinder aus Braunschweig seien mit »Bluthunden über die Grenze nach Polen gejagt« worden, formulierte Jahrzehnte später eine Überlebende des Terrors.

Am 10. und 11. November wurden 71 Personen verhaftet. Der Vorsitzende im Verband Jüdischer Frontsoldaten, Wilhelm Altmann, war genauso darunter wie die Kaufleute Benno Ball und Vater Abraham, die Mitbesitzer eines Kaufhauses waren. Der Arzt Alfred Katzenstein und der Rechtsanwalt Otto Lipmann gehörten dazu. Die damals 56 Jahre alte Amalie Baron, die ein Restaurant besaß, berichtete, die SS habe das Lokal total zerstört, die Einrichtung zerschlagen. Schwer verletzt sei sie ins Krankenhaus gebracht worden. Man habe ihr den rechten Arm amputieren müssen. Drei Jahre später wurde sie mit ihrer Schwester nach Warschau deportiert. Sie kamen später um. SS-Führer Heydrich meldete am 10. No-

Straße zwischen Braunschweig und Riddagshausen.

vember für Preußen: »Etwa 20.000 Juden festgenommen. 815 zerstörte Geschäfte, 29 in Brand gesteckte oder sonst zerstörte Warenhäuser, 171 in Brand gesetzte oder zerstörte Wohnhäuser, 191 in Brand gesteckte und weitere 76 völlig demolierte Synagogen«.

Die 71 festgenommenen Braunschweiger, vielfach ganze Familien, verschwanden im KZ Buchenwald. Die »Braunschweiger Tages-Zeitung« schrieb am 22. November 1938, zur »Säuberung« im Einzelhandel spiele zwar die beginnende »Arisierung« in Braunschweig eine geringere Rolle als anderswo, weil man damit schon fortgeschritten sei. Doch werde es die Kammer »auf keinen Fall zulassen, daß im Anschluß an die Liquidierung jüdischer Geschäfte Ausverkäufe veranstaltet werden und dadurch das Weihnachtsgeschäft gestört« werde. Viele der nach Buchenwald verschleppten Braunschweiger kehrten aus undurchschaubaren Gründen bis zum 16. Dezember zurück. Manchen wurde sogar die Auswanderung erleichtert. Die Chronik der Gemeinde zählt 46 Emigranten. 15 Braunschweiger wurden bald darauf ein letztesmal verhaftet. Ihre Spuren enden in Auschwitz, Dachau und Treblinka. Bis Kriegsende gab es 12 weitere Judentransporte nach Osten. Die Statistik kennt nur noch Zahlen, Namen bleiben ungenannt. Noch einen guten Monat vor dem Einmarsch der Amerikaner am 25. Februar 1945 beging das Ehepaar Ladewig Selbstmord. Wenige Tage später vernichtete die Gestapo sämtliche Akten über die Deportationen. Einer der wenigen Überlebenden berichtete über einen »Schutzengel« auf dem Ordnungsamt. Kurz vor der Deportation vernichtete er den Ausweis: Nun sind Sie »nicht mehr existent«. 1991 zählt die Jüdische Gemeinde nicht einmal ein halbes Hundert. Doch diese wachen über viele hundert Gräber.

Als Hannoversche und Hildesheimer Straße erreicht die Eins Braunschweig und durchquert sie als nördlicher und östlicher Ring. Zwischen Hauptfriedhof und Hauptbahnhof verläßt sie die Stadt als Helmstedter Straße, heute ähnlich wie vor dem Krieg. Im Norden der Straße liegt Riddagshausen, das 1145 gegründete Zisterzienser-Kloster, das unter den welfischen Vögten rasch wuchs. Nach 1482 war es reichsunmittelbar. Erst 1568 wurde die Reformation endgültig eingeführt. Riddagshausen blieb nach dem Dreißigjährigen Krieg herzogliche Domäne und bis 1809 Predigerseminar. Mitte des 19. Jahrhunderts wurde das Konventsgebäude abgerissen. Die kreuzförmige Gewölbebasilika des Klosters wurde in den siebziger Jahren umfassend wiederhergestellt.

Freie Fahrt durch »Zonenrand« und »Sperrgebiet«
Von Königslutter bis in die Magdeburger Börde

Leicht wellig erstreckt sich zu beiden Seiten der Straße das fruchtbare Ackerland der Börde. In Klein-Schöppenstedt – das »richtige« Schöppenstedt südlich der Eins ist als das Schilda des Till Eulenspiegel bekannt – und in Cremlingen gibt es gediegene Bauerngehöfte. Cremlingen ist eine Kleinstadt mit einer mittelalterlichen evangelischen Pfarrkirche. Zum Ort gehört Destedt, etwa einen Kilometer südlich der Straße. Das Dorf ist durch seine Schloßpark-Turniere bekannt. Die Pferde stehen in den Ställen einer ehrwürdigen Anlage. Einst unterhielten hier die Grafen von Wernigerode eine Wasserburg. Sie kam im 14. Jahrhundert in den Besitz der Familie von Veltheim und blieb es. Das Gut wurde Anfang des 17. Jahrhunderts zweigeteilt. Noch heute sprechen die Bewohner von Unter- und Oberburg. Unten wohnen die Mieter. Dort sind auch die Pferdeställe. Oben im Schloß leben die Veltheims. Wie um ihr Schloß in Harbke, südöstlich von Helmstedt, legte diese Familie auch in Destedt einen vielgerühmten Landschaftsgarten an, in dem seit 1786 dendrologische Kostbarkeiten gezogen werden. In Bornum hinterließ die Geschichte weniger: Ein rechteckiger Wohnturm aus Bruchsteinmauerwerk erinnert an einen Adelshof. In die Kemenate und in die noch teilweise romanisch erhaltene Kirche zogen sich die Bornumer bei Bedrohung zurück. Bornum gehört schon zu Königslutter. Mit diesem Namen verbindet sich eine der größten Kirchenanlagen des deutschen Hochmittelalters zwischen den Domen am Rhein im Westen und in Magdeburg im Osten.

Schon von weitem sieht man, so sich das Auge nicht von den Zylindern einer Zuckerfabrik ablenken läßt, die Türme der Klosterkirche auf einer Anhöhe. Sie verweisen auf den Mann, dem sie ihre Entstehung verdanken: den Großvater von Heinrich dem Löwen, Kaiser Lothar III. Für die Gründung einer Stiftskirche gerade an dieser Stelle sprach einiges: Hier lag schon im Zentrum des Stammgebiets der Supplinburger ein Augustinerinnenstift. Wenig später streift die Straße den Ort Süpplingenburg. Auf den dortigen Sitz bezog sich der Familienname Lothars. Das Stift aber lag günstiger, direkt an der Straße zwischen Braunschweig und Magdeburg sowie an der Strecke zwischen den sächsischen Zentren im Harz und der Ostsee, auf einem nördlichen Ausguck des Harzvorlandes mit Blick in die norddeutsche Tiefebene. So konnte die Stiftskirche an politisch und wirtschaftlich wichtiger Stelle den hohen Rang der Familie repräsentieren. Sie wurde zur Grablege bestimmt und so zum Zentrum des kirchlichen Dienstes an der Kaiserfamilie. Es entwickelte sich gemäß der religiösen Neubesinnung jener Jahrzehnte ein reformiertes Benediktinerkloster: Die Reformen von Cluny wirkten nach, und Bernhard von Clairvaux beeindruckte die Welt. Doch dieser Plan begann erst kurz vor dem Tode Kaiser Lothars Wirklichkeit zu werden.

Graf Lothar von Supplinburg wurde durch die Heirat mit Richenza von Northeim zu einem der reichsten Fürsten im nördlichen Deutschland. Mit Geschick dehnte er sein Gebiet vom Südharz bis nach Holstein aus und suchte seine Macht im nordöstlichen Slawenland zu erweitern. Als der letzte Billunger, Magnus von Sachsen, starb, belehnte Kaiser Heinrich V. 1106 nicht die näheren Verwandten, zumal nicht den staufischen oder askanischen Schwiegersohn, sondern Lothar mit dessen Besitz und machte ihn zum Herzog von Sachsen. Im Streit um die Einsetzungsrechte (Investitur) zwischen Kaiser/König und Papst ergriff Lothar wenig später die Partei der Fürsten, die, wie der Erzbischof von Mainz, an einer Schwächung der Zentralgewalt des Königs interessiert waren. Es kam zum Krieg. Bei Mansfeld wurde Heinrich V. in der Schlacht von Welfesholz 1115 besiegt und die salische Herrscherfamilie damit entscheidend geschwächt. 1122 war der Salier zum Kompromiß bereit. Das Wormser Konkordat hatten die Fürsten nach englisch-französischem Vorbild ausgehandelt: Heinrich bestand nicht mehr auf dem Einsetzungsrecht. Papst Kalixt II. gestand ihm die Wahl der Bischöfe und Äbte in seiner Gegenwart zu und die Mitentscheidung bei einem Wahldissens. So reduzierten die Juristen den Investiturstreit um die göttliche Macht auf Erden zu einem lehensrechtlichen Problem. Als 1125 der Salierkaiser starb und sein Hausgut an die staufischen Neffen fiel, setzte der Erzbischof von Mainz den Herzog Lothar als Nachfolger durch, gegen die viel näher liegende Wahl eines Staufers. Durch die Verheiratung seiner Tochter mit dem Sohn des Herzogs von Bayern stärkte Lothar seine Position. Doch die Stauferpartei gab nicht nach. Sie erhob den Schwaben Konrad zum Gegenkönig. Lothar behielt die Macht, doch als er im Dezember 1137 starb, wurde der einstige Gegenkönig, man hatte sich 1135 noch ausgesöhnt, im Handstreich zum König gewählt. So siegte die Stauferpartei mit dem Erzbischof von Trier an der Spitze letztlich doch. Konrad wurde später allerdings nicht Kaiser. Erst sein Neffe, Friedrich Barbarossa, »erbte« 1155 Lothars Kaiserwürde, was den Vetter und Lothars Enkel, Heinrich den Löwen, gekränkt haben mag.

Anders als Heinrich der Löwe war Großvater Lothar ein beharrlicher aber auch umsichtiger Machtpolitiker. Zum einen engagierte er sich wie seine Vorgänger und Nachfolger in Italien, wo die Päpste und Stände in ewigem Streit lagen, bis es 1131 zum Papstschisma kam und Innozenz II. (nicht nach Deutschland) sondern nach Frankreich flüchtete, woraus man schließen mag, daß Lothars Einfluß beschränkt war. Das lag auch daran, daß er zum anderen eine aktive, wenn auch nicht durchweg erfolgreiche Slawenpolitik im Osten betrieb. So stritt er vergeblich für Otto von Mähren gegen dessen Gegner Sobeslaw. Dann unterstützte Lothar die Mission der Pomoranen und der heidnischen Liutizen in der Altmark. Zwar schaffte es Lothar nicht, die Hoheit der Erzbischöfe von Magdeburg und Hamburg-Bremen über die eigenständig gewordene Kirchenprovinz Gnesen auch faktisch durchzusetzen; doch immerhin huldigte Boleslaw III. von Polen der kaiserlichen Lehnshoheit für Pommern (und Rügen). Mit dieser Politik knüpfte Lothar an die Ostpolitik der Ottonen an, freilich weniger erfolgreich, zumal Polen schon im Spiel der christlich-abendländischen Staaten mittat. Der Bau seiner Abteikirche folgt ebenfalls ottonischer Tradition: Nach Corvey, Gandersheim und Hildesheim sollten nun die Benediktiner in Lutter direkt an der Straße nach Osten den Ruhm des Kaiserhauses bestätigen. Der Dom wurde der letzte bedeutende Quaderbau vor den Backsteinkirchen des Nordens und Nordostens.

Der alte Kaiser hatte es eilig. Am 1. August 1135 ließ er in Nienburg an der Saale die Stiftungsurkunde ausfertigen. Tage zuvor war in seiner Gegenwart der Grundstein gelegt worden. Ein Jahr später war Lothar wieder drängend zur Stelle. Es wurde im Osten angefangen, mit dem Chor, seinen Seitenkapellen und dem Querschiff samt Vierung. Es sind prächtige Bauabschnitte. Bestimmte westliche Teile, zumal das Löwenportal, stehen dem nicht nach. Doch deutlich zeigt sich ein Bruch an der Nordseite der Außenfassade. Die Wand des Seitenschiffs ist westlich vom Querhaus gegliedert. Von da an nicht mehr. Eine Baunaht zeigt den Einschnitt. Die ältesten Abschnitte wuchsen in großen Blöcken aus Elmkalkstein. Die jüngeren Steine dagegen sind klein. Bauhistoriker datieren den Einschnitt um das Jahr 1140. Vielleicht war es das Todesjahr von Lothars Witwe Richenza (1141). Der Kaiser war schon 1137 bei der Rückkehr aus Italien gestorben und am Silvestertag in seiner Kirche beigesetzt worden. Lothar blieb ohne ebenbürtigen Erben. Das heute zu sehende gemeinsame Grabmal des Paares entstand erst durch einen Helmstedter »Sculpteur« 1708. Als das Grab 1978 geöffnet wurde, fand man beim Kaiser ein heidnisches Amulett und einen Silberring mit Christussymbol. Bei Richenza wurde neben der Grabkrone aus Blei ein Blumenstrauß gefunden. Vermutlich waren früher schon weitere Beigaben entnommen worden.

Der Osterleuchter aus Marmor stammt aus der Erbauungszeit und erinnert an die italienischen Künstler, die Kaiser Lothar nach Lutter holte, um den Bau »nach dem Stand der zeitgenössischen Technik« hochzuziehen. Frieden und Erhabenheit sind der Anlage seit ihrer Entstehung erhalten geblieben. Auf dem Gelände des früheren Klosters wurde 1861 ein Landeskrankenhaus eingerichtet, das bis heute Nervenkranke aufnimmt. In regelmäßigen Abständen veranstalten die Bürger der Stadt einen mittelalterlichen Markt und das

Klosterfest zur Stiftskirche St. Peter und Paul. Dann werden Waren geschnitzt, gemeißelt, genäht oder geflochten und danach feilgeboten. Eine Steinmetzwerkstatt erinnert an den Bau der Kirche und die Bauhütten des Mittelalters. Schließlich fließt Bier in dürstende Kehlen. Königslutter hatte bis ins 19. Jahrhundert als Braustadt Handelskontakte bis ins Ausland. Einige Fachwerkhäuser erinnern mit ihren großen Gewölbekellern, den Dielen und dem hohen Dach an frühere Brauhäuser. Das Wasser floß aus den Kanälen des Orts direkt in die Braukeller. Und wenn zum Domfest auch Heilkräuter, Pillen und Säfte angeboten werden sollten, dann mag damit an Christian Friedrich Samuel Hahnemann (1755–1843) erinnert werden, der in Königslutter die Homöopathie entwickelte. Trotz dieser reichen Historie ist Königslutter für den Besucher ein liebenswertes Ackerstädtchen geblieben mit dem Markt zu Füßen des Dombergs.

Die Straße schlängelt sich durch die nördlichen Ausläufer des Elms weiter nach Osten. Die Landschaft mutet wie im Mittelgebirge an, führt durch verwunschene Nester, so auch bergab nach Süpplingen, das vom Sumpfland seinen Namen hat. Von dort biegt nach links eine Straße nach Süpplingenburg ab. Schon vor dem Ort stand bereits im 8. Jahrhundert ein Königsgut mit einem Kirchlein. Dann bauten die Grafen von Haldensleben westlich des Dorfes eine Wasserburg, die Lothar III. erbte. Er gründete um 1130 hier ein Kanonikerstift und benannte seine Familie nach diesem Ort. Schon Heinrich der Löwe übergab das Gut Süpplingenburg an den Templerorden. Nach dessen Auflösung kam es über den Herzog von Braunschweig 1357 an die Johanniter. 1838 mußte St. Peter aufgegeben werden. Die Ordenskirche wurde Treffpunkt der evangelischen Gemeinde. Bis zu Beginn des 16. Jahrhunderts verlief die große Straße von Süpplingenburg über Emmerstedt nach Helmstedt.

Süpplingen wurde erstmals 1150 in einer Urkunde des Halberstädter Bischofs erwähnt. Der romanische Turm von St. Lamberti erinnert an die Geschichte dieses »Zuckerorts«. Schon ist es nicht mehr weit bis Helmstedt. Doch zuvor passiert die Straße noch die Lübbensteine auf dem St. Annen- oder Corneliusberg. Es handelt sich um zwei Großsteingräber der Jungsteinzeit, aufgestellt etwa um

2500 v. Chr. In unmittelbarer Nähe fanden sich weitere Belege für die frühe Besiedlung der Region.

Die Reise über den Hellweg begann bei der Abtei von Werden südlich von Essen. Dort ruhen in St. Salvator die Gebeine des hl. Liudger, des ersten Bischofs von Münster. Von der Ruhr war Liudger als Missionar bald nach 800 in den wilden Osten gezogen, um zusammen mit seinem Neffen Hildigrim I. im Grenzland des Christentums ein Benediktinerkloster zu gründen. Von dieser Frühzeit an blieb die Mutterabtei mit dem Helmstedter Kloster St. Ludgeri bis zu dessen Auflösung 1803 in Personalunion verbunden. Otto der Große schenkte »Helmonstedi« 952 den Mönchen. Damals wird das Dorf erstmals erwähnt. Es mag sich um ein Wik gehandelt haben, womöglich in der Nähe der heutigen Stephanikirche. Helmstedts Bedeutung wuchs allerdings erst mit dem »Ostverkehr«, der durch seine Mauern führte. Ursprünglich überquerte die Trasse die Oker bei Ohrum (748: Horoheim) und zog über Kissenbrück nach Schöningen (748: Schaninge). Schon Pippin der Kurze soll in diesem Ort auf einem Sachsenfeldzug übernachtet haben. Karl der Große war hier zweimal, heißt es. In Schöningen vereinte sich die Straße mit einer ebenfalls alten Trasse, die die Oker wohl bei Braunschweig schnitt, bei Lucklum den Elm erreichte und am Waldrand entlang über Ampleben, Sambleben, Groß-Dahlum oder über die Schöppenstedter Mulde nach Schöningen und weiter in den Osten zog. Erst vom 11. Jahrhundert an, als der Übergang von Ohrum nicht mehr bestand – aus welchen Gründen auch immer – führte die Route auch nördlich am Elm entlang über Königslutter, Süpplingenburg nach Helmstedt. Das dürfte in der Zeit Ottos III. geschehen sein. Die Eins berührt Helmstedt seitdem unterhalb des früheren Augustiner-Chorfrauenstifts St. Marienberg, das 1176 durch Wolfram von Kirchberg, den Abt von Werden und Helmstedt, gegründet wurde.

1288 fiel ein Schatten über Helmstedt, als Abt Otto am Papenberg – also an der Eins – brutal erschlagen wurde. Die Stadt kam in die Reichsacht und wurde erst zwei Jahre später durch Rudolph von Habsburg davon erlöst. Heinrich der Löwe sorgte im 12. Jahrhundert für den Ausbau der Stadt als Handelsplatz. Sie trat der Hanse bei und stand bald Braunschweig an Bedeutung kaum nach. So gründete der Welfenherzog Julius 1574 nicht von ungefähr in Helmstedt seine Universität. Über die alte Straße erreichte er mit seinem Gefolge den Ort, um in der Pfarrkirche St. Stephani den Gründungsakt vorzunehmen. Die Hochschule zog zunächst in den Stadthof des Marienthaler Zisterzienser-Klosters und bekam dann zwischen 1592 und 1597 von Paul Francke das Juleum im Stil der Spätrenaissance errichtet, das heute wie einst mit roten Mauern leuchtet. Nach Gründung der Georgia Augusta in Göttingen durch den welfischen Vetter in London/Hannover 1734 verlor das Helmstedter Juleum an Bedeutung. 1810 wurde die Universität durch – den von Napoleon eingesetzten – König Jérôme von Westfalen aufgehoben.

Doch die Stadt blieb stolz auf ihre Gelehrten. In einem prunkvollen Raum des Rathauses hängen die Porträtstiche der Helmstedter Professoren. Giordano Bruno (1548–1600) lehrte hier. Der italienische Naturphilosoph, erfüllt von einer religiös-politischen Mission, provozierte seine katholische Kirche mit der Vorstellung, das Weltall sei unendlich, weil ja auch Gott unendlich sei; somit verbiete sich auch die Annahme, Gott könne nur Endliches geschaffen haben. Bruno endete auf dem Scheiterhaufen. Gottfried Wilhelm Leibniz hat in seiner Monadenlehre viele Gedanken des Italieners weitergeführt. Im 17. Jahrhundert lehrte unter anderen der Naturphilosoph und Welthistoriker Hermann Conring in Helmstedt, ein Vertreter der frühen Aufklärung, der zum Vater der deutschen Rechtsgeschichte wurde. Dieser Ostfriese (1606–1681) studierte Philosophie, Theologie und Medizin in Helmstedt, las dann später auch diese Fächer, nicht ohne noch »Politologie« hinzuzufügen. Der Herzog von Braunschweig ernannte Conring zum Geheimrat, der dänische König zum Etatsrat. König Karl X. Gustav von Schweden holte ihn zu sich als Leibarzt. Beim Entwurf des Westfälischen Friedens beriet Conring die Mächtigen. Der Nachwelt jedoch hinterließ er vor allem seine Reichs- und Rechtsgeschichte »De origine juris germanici«, die 1643 in Helmstedt erschien. In der Medizin kämpfte er gegen die Alchimie und verbreitete die Harveysche Vor-

Der Heinrichsplatz in Helmstedt.

stellung vom Blutkreislauf. Der Universalgelehrte Conring beschäftigte sich natürlich auch mit den Lübbensteinen vor den Helmstedter Toren, die er für das Grab eines friesischen Adligen hielt.

Im 18. Jahrhundert galt Hofrat Gottfried Christoph Beireis (1730–1809) als »vorzüglicher Gelehrter seiner Zeit«. Mit ihm aber endet auch die Julia Carolina Helmstedts. Beireis stammte aus Thüringen, studierte zu Jena Recht und Naturwissenschaften, wandte sich dann 1756 in Helmstedt der Medizin zu und wurde 1759 ordentlicher Professor der Physik, später der Medizin; dann Leibarzt von Herzog Karl Wilhelm Ferdinand. Beireis war ein schrulliger Gelehrter. Im Sommer 1805 besuchte ihn Goethe, der jedoch, fast zwanzig Jahre jünger, mit dem 75 Jahre alten Gelehrten offenbar nichts Rechtes anzufangen wußte.

Goethe notierte über seinen Besuch in Helmstedt und über die mitunter befremdliche Persönlichkeit des vielseitigen Professors:

»*Helmstedt selbst liegt ganz freundlich, der Sand ist dort, wo ein geringes Wasser fließt, durch Gärten und sonst anmutige Umgebung gebändigt. Wer nicht gerade den Begriff einer lebhaften deutschen Akademie mitbringt, der wird angenehm überrascht sein, in einer solchen Lage eine ältere beschränkte Studienanstalt zu finden, wo auf dem Fundament eines frühern Klosterwesens Lehrstühle späterer Art gegründet worden, wo gute Pfründen einen behaglichen Sitz darbieten, wo alträumliche Gebäude einem anständigen Haushalt, bedeutenden Bibliotheken, ansehnlichen Kabinetten hinreichenden Platz gewähren, und eine stille Tätigkeit desto emsiger schriftstellerisch wirken kann, als eine geringe Versammlung von Studierenden nicht jene Hast der Überlieferung fordert, die uns auf besuchten Akademien nur übertäubt.*

Das Personal der Lehrer war auf alle Weise bedeutend; jedermann [weiß] den damaligen Zirkel zu schätzen, in welchem die Reisenden sich befanden. Gründliche Gelehrsamkeit, willige Mitteilungen, durch immer nachwachsende Jugend erhaltene Heiterkeit des Umgangs, frohe Behaglichkeit bei ernsten und zweckmäßigen Beschäftigungen, das alles wirkte so schon ineinander, wozu noch die Frauen mitwirkten, ältere durch gastfreie Häuslichkeit, jüngere Gattinnen mit Anmut, Töchter in aller Liebenswürdigkeit, sämtlich nur einer allgemeinen einzigen Familie anzugehören scheinend. Eben die großen Räume altherkömmlicher Häuser erlaubten zahlreiche Gastmahle und die besuchtesten Feste ...

Beireis belebte durch seine heitere Gegenwart jedes Fest. Nicht groß, wohl und beweglich gebaut, konnte man eben die Legenden seiner Fechterkünste gelten lassen; eine unglaublich hohe und gewölbte Stirn, ganz in Mißverhältnis der untern, fein zusammengezogenen Teile, deutete auf einen Mann von besondern Geisteskräften, und in so hohen Jahren konnt' er sich fürwahr einer besonders muntern und ungeheuchelten Tätigkeit erfreuen.

In Gesellschaften, besonders aber bei Tische, gab er seiner Galanterie die ganz eigene Wendung, daß er sich als ehemaliger Verehrer der Mutter, als jetziger Freier der Tochter oder Nichte ungezwungen darzustellen wußte; und man ließ sich dieses oft wiederholte Märchen gern gefallen, weil zwar niemand auf den Besitz seiner Hand, wohl aber mancher gern auf einen Anteil an seinem Nachlaß Anspruch gemacht hätte.

Angemeldet wie wir waren, bot er uns alle Gastfreundschaft an: eine Aufnahme in sein Haus lehnten wir ab, dankbar aber ließen wir uns einen großen Teil des Tags bei ihm unter seinen Merkwürdigkeiten gefallen.

Gar manches von seinen früheren Besitzungen, das sich dem Namen und dem Ruhme nach noch lebendig erhalten hatte, war in den jämmerlichsten Umständen; die Vaucansonischen Automaten fanden wir durchaus paralysiert. In einem alten Gartenhause saß der Flötenspieler in sehr unscheinbaren Kleidern; aber er flötete nicht mehr, und Beireis zeigte die ursprüngliche Walze vor, deren erste einfache Stückchen ihm nicht genügt hatten. Dagegen ließ er eine zweite Walze sehen, die er von jahrelang im Hause unterhaltenen Orgelkünstlern unternehmen lassen, welche aber, da jene zu früh geschieden, nicht vollendet noch an die Stelle gesetzt werden können, weshalb denn der Flötenspieler gleich anfangs verstummte. Die Ente, unbefiedert, stand als Gerippe da, fraß den Haber noch ganz munter, verdaute jedoch nicht mehr: an allem dem ward er aber keineswegs irre, sondern sprach von diesen veralteten halbzerstörten Dingen mit solchem Behagen und so wichtigem Ausdruck, als wenn seit jener Zeit die höhere Mechanik nichts frisches Bedeutenderes hervorgebracht hätte.

In einem großen Saale, der Naturgeschichte gewidmet, wurde gleichfalls die Bemerkung rege, daß alles, was sich selbst erhält, bei ihm gut aufgehoben sei. So zeigte er einen sehr kleinen Magnetstein vor, der ein großes Gewicht trug, einen echten Prehniten vom Kap von größter Schönheit, und sonstige Mineralien in vorzüglichen Exemplaren.

Aber eine in der Mitte des Saals gedrängt stehende Reihe ausgestopfter Vögel zerfielen unmittelbar durch Mottenfraß, so daß Gewürm und Federn auf den Gestellen selbst aufgehäuft lagen; er bemerkte dies auch und versicherte, es sei eine Kriegslist; denn alle Motten des Hauses zögen sich hieher, und die übrigen Zimmer blieben von die-

sem Geschmeiße rein. In geordneter Folge kamen denn nach und nach die sieben Wunder von Helmstedt zutage: die Lieberkühnischen Präparate, sowie die Hahnische Rechenmaschine. Von jenen wurden einige wirklich bewundernswürdige Beispiele vorgewiesen, an dieser komplizierte Exempel einiger Spezies durchgeführt. Das magische Orakel jedoch war verstummt; Beireis hatte geschworen, die gehorsame Uhr nicht wieder aufzuziehn, die auf seine, des Entferntstehenden, Befehle bald still hielt, bald fortging. Ein Offizier, den man wegen Erzählung solcher Wunder Lügen gestraft, sei im Duell erstochen worden, und seit der Zeit habe er sich fest vorgenommen, seine Bewunderer nie solcher Gefahr wieder auszusetzen, noch die Ungläubigen zu so übereilten Greueltaten zu veranlassen. Nach dem bisher Erzählten darf man nun wohl sich einige Bemerkungen erlauben. Beireis, im Jahre 1730 geboren, fühlte sich als trefflicher Kopf eines weit umfassenden Wissens fähig und zu vielseitiger Ausübung geschickt. Den Anregungen seiner Zeit zufolge bildete er sich zum Polyhistor, seine Tätigkeit widmete er der Heilkunde, aber bei dem glücklichsten, alles festhaltenden Gedächtnis konnte er sich anmaßen, in den sämtlichen Fakultäten zu Hause zu sein, jeden Lehrstuhl mit Ehre zu betreten ...
Aus dem bisher Vorgezeigten jedoch ließ sich einsehen, daß seine Sammlungen, dem naturhistorischen Teile nach, einen eigentlichen Zweck haben konnten, daß hingegen das, worauf er den meisten Wert legte, eigentlich Kuriositäten waren, die durch den hohen Kaufpreis Aufmerksamkeit und Bewunderung erregen sollten; wobei denn nicht vergessen wurde, daß bei Ankauf desselben Kaiser und Könige überboten worden.
Dem sei nun wie ihm wolle, ansehnliche Summen mußten ihm zu Gebote stehn; denn er hatte, wie man wohl bemerken konnte, ebensosehr eine gelegene Zeit zu solchen Ankäufen abgewartet, als auch mehr denn andere vielleicht sich sogleich zahlungsfähig erwiesen. Obgenannte Gegenstände zeigte er zwar mit Anteil und Behagen umständlich vor, allein die Freude daran schien selbst gewissermaßen nur historisch zu sein; wo er sich aber lebhaft, leidenschaftlich überredend und zudringlich bewies, war bei Vorzeigen seiner Ge-

mälde, seiner neuesten Liebhaberei, in die er sich ohne die mindeste Kenntnis eingelassen hatte. Bis ins Unbegreifliche ging der Grad, womit er sich hierüber getäuscht hatte oder uns zu täuschen suchte, da er denn doch auch vor allen Dingen gewisse Kuriosa vorzustellen pflegte. Hier war ein Christus, bei dessen Anblick ein Göttinger Professor in den bittersten Tränenguß sollte ausgebrochen sein, sogleich darauf ein von einer englischen Dogge angebelltes, natürlich genug gemaltes Brot auf dem Tische der Jünger zu Emmaus, ein anderes aus dem Feuer wunderwürdig gerettetes Heiligenbild, und was dergleichen mehr sein mochte.
Die Art, seine Bilder vorzuweisen, war seltsam genug und schien gewissermaßen absichtlich; sie hingen nämlich nicht etwa an den hellen, breiten Wänden seiner oberen Stockwerke wohlgenießbar nebeneinander, sie standen vielmehr in seinem Schlafzimmer um das große Thronhimmelbette an den Wänden geschichtet übereinander, von wo er, alle Hülfleistung ablehnend, sie selbst herholte und dahin wieder zurückbrachte ...
Neben allen diesen Merkwürdigkeiten, zwischen so vieler Zeit, die uns Beireis widmete, trat immer zugleich seine ärztliche Tätigkeit hervor; bald war er morgens früh schon vom Lande, wo er eine Bauersfrau entbunden, zurückgekehrt, bald hatten ihn verwickelte Konsultationen beschäftigt und festgehalten.
Wie er nun aber zu solchen Geschäften Tag und Nacht bereit sein könne und sie doch mit immer gleicher äußerer Würde zu vollbringen imstande sei, machte er auf seine Frisur aufmerksam; er trug nämlich rollenartige Locken, länglich, mit Nadeln gesteckt, fest gepicht über beide Ohren. Das Vorderhaupt war mit einem Toupet geschmückt, alles fest, glatt und tüchtig gepudert. Auf diese Weise, sagte er, lasse er sich alle Abend frisieren, lege sich, die Haare festgebunden, zu Bette, und welche Stunde er denn auch zu einem Kranken gerufen werde, erscheine er doch so anständig, eben als wie er in jede Gesellschaft komme. Und es ist wahr, man sah ihn in seiner hellblaugrauen vollständigen Kleidung, in schwarzen Strümpfen und Schuhen, mit großen Schnallen, überall ein wie das andere Mal ...
Weil jedoch das auffallende Resultat seines Lebensganges ein

unübersehlicher Besitz von Kostbarkeiten, ein unschätzbarer Geldreichtum zu sein schien, so konnte es ihm an Gläubigen, an Verehrern gar nicht fehlen. Jene beiden sind eine Art von Hausgöttern, nach welchen die Menge andächtig und gierig die Augen wendet ... Die möglichen oder wahrscheinlichen Mittel, wie Beireis zu solchen Gütern gelangt, werden einstimmig und einfach angegeben. Er solle eine Farbe erfunden haben, die sich an die Stelle der Cochenille setzen konnte, er solle vorteilhaftere Gärungsprozesse als die damals bekannten an Fabrikherren mitgeteilt haben. Wer in der Geschichte der Chemie bewandert ist, wird beurteilen, ob in der Hälfte des vorigen Jahrhunderts dergleichen Rezepte umherschleichen konnten, er wird wissen, inwiefern sie in der neuern Zeit offenbar und allgemein bekannt geworden. Solle Beireis z. B. nicht etwa zeitig auf die Veredlung des Krapps gekommen sein?«*

Beireis wohnte in der Magdeburger Straße Nr. 18 und damit an der Eins. Sein Haus wurde 1973 abgerissen. Goethe, der bei dieser Reise auch im nahen Harbke beim Herrn von Veltheim Quartier genommen hatte, um dessen berühmten Park zu bewundern, bezog in Helmstedt das Hotel »Zum Erbprinzen« am Papenberg, also auch an der Eins, und schlief dort vom 18. bis zum 21. August 1805. Das muß erwähnt werden; länger kam er sonst nirgends mit der Eins in Berührung.

Am 7. April 1919 kam der Reichsjustizminister Landsberg wider Willen nach Helmstedt. Er war in Magdeburg von revolutionären Soldaten während eines Generalstreiks entführt worden. Acht Mann begleiteten den Minister, der – wie es in der Kreiszeitung am folgenden Tag hieß – in rasender Fahrt aus Preußen heraus ins Braunschweigische gebracht werden sollte. So schlecht vorbereitet war die Aktion, daß der »Ministerwagen« schon in Olvenstedt eine Panne hatte. Landsberg mußte umsteigen. In Helmstedt endete die Entführung an einer Straßensperre, die von der alarmierten Polizei auf der Bahnhofsstraße (R1) aufgestellt worden war. Wachtmeister Bremer rief – dem Kreisblatt zu Folge: »Halten, Hände hoch!« – Die Entführer gaben ihre Waffen ab und ließen sich widerstandslos festnehmen. Noch am selben Abend verließ der Minister Helmstedt mit dem Zug. Er reiste, wie weiter vermerkt, 4. Klasse nach Berlin. Die Revolutionäre ahndeten den »reaktionären Widerstand« der Helmstedter mit einer Demonstration vor dem Haus von Bürgermeister Schönemann. Sie beschimpften ihn und warfen Scheiben ein. Wachtmeister Bremer sollen sie mißhandelt haben. Erst durch den Anmarsch von General Maercker und Truppen seines Landjägerkorps, das zunächst die Lage in Magdeburg unter Kontrolle gebracht hatte, trat wieder Ruhe in Helmstedt ein.

Doch weiter. Die Straße führt direkt an der Domäne St. Ludgeri vorbei, auch am »Türkentor«, das bei einem Bombenangriff im Februar 1944 zerstört, doch später wieder aufgebaut wurde. Dann erreicht sie das moderne Schulzentrum Julianeum, das am 1. Oktober 1989, einem Sonntagnachmittag, mehrere hundert reichlich müde aber glückliche Reisende aufnahm. Mit Blasmusik, gelben Rosen und warmer Suppe hieß Helmstedt diese Reisenden willkommen. Sie wurden – damals noch ungeahnt – zu Vorboten einer neuen Epoche deutscher und europäischer Geschichte, denn sie durchbrachen bisher zubetonierte Grenzen. Um ein paar Kilometer nach Westen zu kommen, waren sie bisweilen wochenlang unterwegs gewesen. Um aus ihrem verstockten mitteldeutschen SED-Staat DDR in die Bundesrepublik zu gelangen, hatten sie zunächst Wege eingeschlagen, die in ganz andere Richtungen führten. Über Warschau waren sie mit einem Sonderzug nach Helmstedt gekommen; ähnlich, wie viele andere über die überfüllten westdeutschen Botschaften in Budapest und Prag nach Hof in Bayern gelangten. Eine Woche später feierte die DDR-Führung den 40. Staatsjahrestag. Vor einnickenden Greisen und Gästen leierte SED-Generalsekretär Honecker eine langweilige Rede ohne Zukunftsaussichten daher. Abseits steifer Zeremonien schüttelte der sowjetische Staatschef Gorbatschow Berlinern die Hand, und dabei sagte er, wie beiläufig, in ein Mikrofon: »Wer zu spät kommt, den bestraft das Leben.« Das war am 7. Oktober. Am 9. demonstrierten 50 000 Leipziger auf dem Karl-Marx-Platz. Am 18. entband das Zentralkomitee der SED Honecker »aus gesundheitlichen Gründen« von allen seinen Funktionen. Der Wandel im Osten hatte im September 1980 mit der Gründung der freien Gewerkschaft »Solidarnosc« begonnen; er führte über die 1983 verfügte Aufhebung des über Polen verhängten Kriegsrechts zur Machtübernahme Gorbatschows im Kreml (1985). Das Eis taute. Im Mai 1989 schnitten Ungarns Soldaten den Stacheldraht an der österreichischen Grenze auf. Im Juni wählte Polen die Kommunisten ab. Im August begann die Massenflucht der DDR-Bewohner in die westdeutschen Botschaften in Budapest, Prag und Warschau. Mit diplomatischem Geschick gelang es Außenminister Genscher und Kanzleramtsminister Seiters, die DDR-Bewohner in den Westen zu holen. Dann öffneten sich die Betonmauern. Am 9. November 1989 zog Günter Schabowski, Informationssekretär des SED-Zentralkomitees in Ost-Berlin, um 18 Uhr 57 einen Zettel aus der Brieftasche und teilte der Presse wie beiläufig mit, von sofort an könnten alle DDR-Bewohner über sämtliche Grenzübergänge nach West-Berlin und in die Bundesrepublik reisen. Genehmigungen würden unverzüglich erteilt. Das erste gemeinsame Fest beiderseits und auf der Berliner Mauer dauerte länger als eine Nacht. Jubel. Der Regierende Bürgermeister von Berlin, Momper: »Die Deutschen sind das glücklichste Volk der Welt.« Bundeskanzler Kohl reiste zwar »in einem historischen Moment unserer aller Geschichte« zu dem lang geplanten Besuch nach Warschau; doch er unterbrach seinen dortigen Aufenthalt.

Fast 45 Jahre lang hatte die Eins bald hinter Helmstedt geendet, und viele wußten von diesem Ort nicht mehr als den Zusammenklang der Orte Helmstedt-Marienborn. Die 1936 fertiggestellte Autobahn bot das einzige Nadelöhr nach Osten. Marienborn hieß für den Autofahrer eine schaurige Beton-, Metall- und Wellblechanlage mit Uniformierten, die sich anmaßten, alles und jedermann zu durchsuchen. Marienborn hieß für den Zugreisenden ein Bahnhof im Mauer- und Gitter-Käfig mit Hunden und Neonleuchten, auf dessen Bahnsteig die Bürger von Marienborn nicht kommen konnten. Das Dorf Marienborn im Sperrgebiet durfte nicht besucht werden, weder der verwunschene Kern mit Resten der alten Klosteranlage und der Kirche noch die neuen Siedlungen für die Grenzsoldaten.

Die Eins passiert hinter Helmstedt die »Magdeburger Warte«, von der aus im Mittelalter drohende Gefahr aus Osten früh erkannt werden konnte. Dann führte die Demarkationslinie unmittelbar neben dem Straßengraben entlang, kreuzte die Eins 500 Meter hinter der Autobahnbrücke, und damit war Schluß der Reise: Barriere, Warnschild. Ein Blick auf den Todesstreifen. Die Straße überwuchert und versunken. Ein ausgebranntes Busgerippe. Eine Hinweistafel: Sie befinden sich auf der ehemaligen R 1, die Aachen mit Königsberg (heute Kaliningrad) verband. Die an dieser Stelle der Straße sich berührenden Landesgrenzen zwischen dem Herzogtum Braunschweig und dem Königreich Preußen wurden in den Londoner Protokollen am 12. 9. 1944 von den damaligen Alliierten, den Vereinigten Staaten, Großbritannien und der Sowjetunion, als Grundlage für die Demarkationslinie zwischen der britischen und der sowjetischen Besatzungszone festgelegt. Die Alliierten wiesen in den Protokollen jedoch ausdrücklich darauf hin, daß die Grenzziehung ausschließlich dem Zweck der Besetzung dienen solle, also nicht als eine endgültige Entscheidung zu betrachten sei.

Im Juli 1945 wurde die Zonengrenze errichtet und markiert. Danach war es der Bevölkerung zunächst noch möglich, ohne besondere Schwierigkeiten und einigermaßen gefahrlos von einer Zone in die andere zu gelangen. Der in dieser Zeit geprägte Begriff von der »grünen Grenze« belegt, daß sie von der Bevölkerung nicht allzu ernst genommen wurde. Nicht nur Flüchtlinge, auch Grenzgänger passierten diese Linie, und es entwickelte sich ein lebhafter illegaler Handel. Der unkontrollierte Warenhandel weitete sich aus und zwang, – so steht auf dem Hinweisschild zu lesen – die Alliierten schließlich dazu, härter durchzugreifen. Im Juli 1946 wurde das Überschreiten der Grenze genehmigungspflichtig. Illegale Grenzüberschreitungen wurden nun für den einzelnen immer mehr zu einer Gefahr für Leib und Leben. Als besonders markantes Zeichen für Flüchtlinge und andere Grenzgänger diente der 1945 ausgebrannte Anhänger eines Busses, der die alte Reichsstraße versperrte und gleichzeitig die Demarkationslinie kennzeichnete. Ursprünglich war dieser Busanhänger in den letzten Kriegstagen – vermutlich aus Angst vor den heranrückenden Russen – von den Helmstedtern als Straßensperre abgestellt worden. Später wußte jeder, der diesen Punkt erreichte, daß die Grenze überschritten war.

Zwei Fotos auf dieser Tafel zeigen das Wrack aus früheren Jahren. Heute liegen seine Überreste im Graben, und sie werden wohl bald für immer verschwunden sein. Die Grenze wurde über Nacht geöffnet. Die Autobahn konnte den Verkehr kaum mehr meistern, als ein Fuhrunternehmer in Magdeburg und der Stadtdirektor von Helmstedt beschlossen, nun auch die alte Eins wieder passierbar zu machen. Der Busunternehmer von der Elbe, der Tag für Tag Hunderte von Bussen nach Helmstedt dirigierte, um dort DDR-Bewohner zu den Läden des Westens zu bringen, hatte offenbar gute Kontakte bei der Bezirksregierung. Er konnte durchsetzen, daß noch am Abend des Entschlusses die »Grenzorgane« aktiv wurden.

Sie schlugen sich durch das Gestrüpp und begannen mühsam eine Trasse zu bahnen, als im Westen der Stadtdirektor, der im übrigen auf eine Bewilligung dieser Aktion durch die Bezirksregierung verzichtet hatte, mit einem Bauunternehmen anrückte. Eine zähe Stunde lang arbeitete man nebeneinander her. Es regnete in Strömen. Dann rückte der Stadtdirektor mit einem Tablett an, auf dem Becher mit heißem Kaffee standen. Zunächst wollte der Offizier »von drüben« nicht ran. Es bedurfte der Parole des Jahres: »Von heute an arbeiten wir zusammen.« Das Tablett war schnell geräumt.

Zunächst kontrollierten noch in West und Ost Beamte den Reisepaß, und es gab im Osten einen Stempel. Noch war es den Zeitungen eine Meldung wert, wenn ein Übergang eröffnet wurde, und war er auch nur für Fußgänger nach Harbke oder Beendorf. Dann blieb an der Eins der westliche Bundesgrenzschutz immer häufiger in seinem provisorischen Häuschen, und im Osten bekam der Tourist nur noch auf Wunsch einen Stempel. Bald reichte der Personalausweis zum Passieren der Grenze. Wenig später wurde danach nur noch gefragt, wenn flauer Verkehr Zeit dazu ließ. Spätestens seit dem 1. Juli 1990, als die Währungs-, Wirtschafts- und Sozialunion zwischen der Bundesrepublik und der DDR in Kraft trat, war der Eiserne Vorhang zur »grünen Grenze« geworden.

Mittlerweile vereinten sich der symbolische, erste gemeinsame Kaffee und das Grenzdenkmal Buswrack zu einer »Synthese auf höherer Ebene«. Noch bevor der Grenzturm der DDR gleich nebenan geschleift wurde – nur die mittelalterliche Magdeburger Warte soll Bestand haben – pachtete ihn eine »Unternehmerin« aus Haldensleben. In seinem Schatten eröffnete sie – mit Geldern aus dem ERP-Fonds, der einst aus den Marshallplan-Mitteln entstand – das »Café am Grenzturm«. Oben entstand auf zwei Mini-Ebenen ein kleines Museum und ein weiterer Kaffee-Ausschank, nach dem allerdings recht fragwürdigen Motto: »Genuß und Grauen« liegen eng beieinander. Die Grenzanlagen werden nun Museum: Zäune, Gitter und Beton. Wie oft hat man dort voll Wut und wehrlos im hellen Schein von kaltem Neon ausgeharrt? Wie freundlich waren dagegen schon vor Jahren die polnischen Grenzbeamten an der Oder! Engstirniger und muffelig wirkten diese SED-Beamten, die sich das Recht zur Schikane nahmen. »Noch eine Tasse Kaffee?«, fragt freundlich die Besitzerin hinterm Tresen.

Die Bundesstraße ist nun Fernstraße geworden; Nr. 1 ist sie geblieben. Sie soll hier bald wieder breiter werden. Dem ersten Dörfchen Morsleben kann dies nur schaden. Schon jetzt müssen die Einwohner jedesmal an den schmalen Straßenrand springen, wenn die dicken Laster kommen und andere Wagen viel zu schnell über die so lang vereinsamte Kopfsteinpflaster-Chaussee rasen. Die Straße und ihre Umgebung sind gleichwohl anders, wie eingetaucht in eine frühere Zeit. Weniger Farben, weniger Ecken, mehr Holz und weniger Metall; die alten Häuser ohne häßliche Vertäfelung oder scheußliche Türen, doch kaum gepflegt und ziemlich heruntergekommen. Aber in Morsleben oder in Alleringsleben erinnern die romanischen Kirchen daran, daß hier dieselbe Geschichte gelebt wurde wie wenige Kilometer westlich davon in Bornum oder Süpplingen.

Die Chaussee führt nach Eimersleben und Erxleben. Sie ist wirklich Chaussee – mit Bäumen rechts und links, auf einen Damm verlegt. Im Sommer reifen hier Äpfel und Birnen. So ähnlich wie hier sieht diese Straße nun bis Königsberg aus, noch ohne Straßenbefestigung und Warnpfosten, bisweilen mit Sommerweg für Pferdefuhrwerke am Rand oder mit zwei eigens verlegten gut tragenden Steinspuren in der Mitte für schwerbeladene Erntefuhrwerke voller Zuckerrüben oder Kartoffeln. 1190 soll das Wort Chaussee in einer belgischen Quelle erstmals aufgetaucht sein, in der von öffentlichen Straßen die Rede ist, die sich »chaucedas« nennen (stratae publicae –, quas chaucedas vocant). Neu erscheinen jedoch die Ortsnamen, die im Magdeburger Land so oft auf -leben enden. Es gibt diese Orte auch anderswo, weiter westlich wie bei Sambleben an der vorottonischen Ost-West-Trasse vor Schöningen. Doch im Raum Magdeburg häufen sie sich gegenüber den Endungen -lingen, -rode und -dorf besonders. Mutmaßlich verweist dieses Suffix auf eine besonders frühe Siedlungsgründung, denn die meisten dieser Orte tauchen schon im Hersfelder Zehntverzeichnis von etwa 890 als -leba auf. Es handelt sich also gewiß um vorottonische, vielleicht fränkische Gründungen wie Wanzleben, das durch König Ludwig III. (d. Jüngeren) schon vor 877 erwähnt wird. Funde, zum Beispiel in Aschersleben, weisen allerdings auf die altthüringische Königszeit des 6. Jahrhunderts zurück. So wird Walsleben auch in der alten germanischen Form Wallislevu erstmals erwähnt.

Erxleben ist der erste größere Ort im früheren Preußen, reich geworden als Sitz der Herren von Alvensleben, denen die direkt an der Heerstraße liegende große Niederungsburg 700 Jahre lang gehörte. Sie gilt als die bedeutendste Anlage im Magdeburger Land und gehörte politisch von 1375 bis 1807 zur Altmark. Davor war die Burg im Besitz der Magdeburger Bischöfe. Drei Linien der Alvensleben teilten sich die Anlage. Ein schlanker Bergfried, der Hausmannsturm, bestimmt den Eindruck. Neben ihm richteten sich 1564 die verbliebenen zwei Linien eine gemeinsame Schloßkapelle ein. In der Nordwestecke der Stammburg wurde zwischen 1782 und 1784 ein barocker Schloßbau hochgezogen, in dem sich heute ein Altenheim befindet. Im oft veränderten ältesten Teil der Burg, in dem 1905 »romanisch« errichteten Neubau, war die berühmte Fideikommißbibliothek der Familie untergebracht. Heute ist hier die »Oberschule Erxleben« zu Hause. Vor dem verwunschenen Gemäuer im Schatten alter Bäume haben sich ein paar Jugendliche versammelt.

Sie trinken Bier. Aus einem Kofferradio lärmt lauter Rock. Vor dem Schloßgraben ein Denkmal: Die Toten gemahnen 1914–1945. Ein sowjetischer Soldat füllt seinen Jeep-Tank nach.

Der nächste Ort, Brumby, könnte auch in Westpreußen liegen. Allein, der Boden ist fruchtbarer. Die Höfe sind größer. Eine Kapelle. Ein paar Arbeiterhäuser. Üppig blühen die Sommerblumen. Weiter geht es auf der Chaussee. Hinter Tundersleben überquert die Eins die Autobahn, einst Transitstrecke zwischen Hannover und West-Berlin, und erreicht das gerade tausend Jahre alt gewordene Bornstedt. Noch prangt die lächerliche Maxime der SED-Zeit an irgendeiner Wand: Mein Arbeitsplatz – Mein Kampfplatz für den Frieden. Das war eine Zwischenzeit. Schon vor 900 erscheint Bornstedt als »urbs« im Hersfelder Zehntverzeichnis, mußte diesem Kloster also den Zehnten abgeben. Aus diesem Dorf stammt eine Linie der Mansfelder Grafen, die, anders als ihre Vettern, nie evangelisch wurden, sondern sich als Katholiken später in Böhmen engagierten. Sie wurden Fürsten und vergaßen darüber offenbar ihren Stammsitz. 1789 erhielt der Ehemann der letzten Mansfelderin, ein italienischer Fürst Colleredo, den Titel. Seine Erben tragen ihn wohl bis heute. Bornstedt ist dabei nicht weltläufig geworden. Ein Plakat erinnert an die letzten Wahlen. Jemand schrieb mit Kreide »Einheit« an die Wand. Zum 1000. Geburtstag wurden die Zäune frisch gestrichen. Durch Eichenbarleben, welches die längste Zeit seiner Geschichte auch der Familie von Alvensleben gehörte – Grabdenkmäler in der Kirche erinnern daran –, führt die Straße weiter nach Irxleben, ganz nah der Autobahn und ihrer Tank- und Raststelle. Von der Anhöhe herab sieht man jetzt schon Magdeburg vor dem Reisenden liegen. Der Dom überragt die Stadt, auch die neuen Siedlungen am Stadtrand. In Olvenstedt hatte einst das Entführerauto von Justizminister Landsberg auf dem Weg von Magdeburg nach Helmstedt eine Panne. Heute gibt es genügend Reparaturwerkstätten, die eine solche beheben könnten. Bisweilen sucht die Eins verschlungene Wege, doch dann ist das Ortsschild von Magdeburg erreicht.

Im Grenzraum zwischen Sachsen und Slawen
Magdeburg

Mietskasernen empfangen den Besucher: fünfstöckig, kleinfenstrig, oft balkonlos. Sind diese Häuser noch im Bau? Oder schon wieder abrißreif? Die Plattenbauweise ließ bisweilen grünen Kachelschmuck zu. Magere Bäume im aufgeworfenen Sand. Selbst im Sommer hängt ein Hauch von Koks in der Luft. Die Eins stieß bis 1945 über die Olvenstedter Chaussee beim Hauptbahnhof zum Zentrum vor. Jetzt verliert sie sich in der Neustadt, erreicht, an der Technischen Universität vorbei, die Elbe, um bald danach auf die Berliner Chaussee zu stoßen. Hier ist sie wieder die Eins aus alter Zeit, die bis 1945 das Zentrum im Süden passiert hatte, um dann über die Zollelbe Brückfeld und damit die Berliner Chaussee nach Burg zu erreichen. Schon der Straßenverlauf hat sich also gewandelt, was nicht Wunder nimmt in einer zu 90 Prozent zerstörten Innen- und zu 30 Prozent zerbombten Vorstadt, die beim Wiederaufbau vollständig verändert wurde. Es hatte mehrere Fliegerangriffe gegeben. Im Januar 1945 wurden nach einer Bombennacht 16 000 Tote gezählt. Anfang April eroberten zunächst die Amerikaner Magdeburg; am 1. Juli kamen die Russen und begannen zu demontieren, was noch zu verwenden war. Erst ganz allmählich stieg die Zahl der Einwohner wieder an. Heute leben in Magdeburg 289 000 Menschen.

Schon vor dem Krieg war Magdeburg, mit damals 340 000 Einwohnern, zu einem Zentrum der Schwerindustrie geworden. Allein das Krupp-Gusonwerk gab vielen tausend Arbeitern und ihren Familien Brot. Der Wohlstand der Stadt gründete sich zunächst auf die günstige Lage in Deutschlands Mitte. Schon seit 1839 war Magdeburg Eisenbahnstation. Die Elbe war von jeher schiffbar, und man benötigte Dampfschiffe, die in einer Buckauer Maschinenfabrik hergestellt wurden. Der Bau des Mittellandkanals führte noch einmal zur Vergrößerung des Hafens. 1937 war auch die Autobahn Hannover-Berlin fertig geworden. Die ungestüme Entwicklung der Stadt drängte allmählich ihren historischen Kern in den Hintergrund.

Die Karolinger hatten Magdeburg – wie Erfurt – als Handelsplatz mit den Slawen ausgewählt und ausgebaut. Ein hoher Beamter (»missus«) beaufsichtigte den Platz. Auf Schiffen kamen die Kaufleute von der Ost- und Nordsee, die unter anderem den begehrten Bernstein feilboten. Sie benutzten einen Handelsplatz in der Nähe des heutigen Doms. Sie trafen dort auf die Pelzhändler aus dem Osten, die auch Honig, Gewürze und vor allem Sklaven zum Markt brachten. Sie kamen aus Havelberg und Brandenburg, beziehungsweise aus der Umgebung dieser Städte. Die Kaufleute selbst stammten aus »Ungarn« und »Polen«. Aus dem Westen erreichten die Händler Magdeburg nicht nur über die Trasse der Eins, sondern auch aus dem Südharz und dem Hessischen. Von dort schleppten Fuhrwerke Metalle an. Über die »Lüneburger Straße« wurden Salz und Tuche herbeigeschafft. Man wickelte Waffengeschäfte ab; Germanen waren dabei, Slawen, Ungarn und Juden. Auch die Produkte der Region wurden feilgeboten. Die Gegend war schon lange besiedelt, westlich der Elbe stärker als auf dem östlichen Ufer. Die Fruchtbarkeit der unbewaldeten Börde hatte das mit sich gebracht. So wichtig war dieser Marktplatz, daß die Karolinger hier eine Burganlage unterhielten, wiewohl ihr Machtzentrum weit von diesem Raum entfernt, jenseits von Harz und Teutoburger Wald lag.

Durch den griechischen Schriftsteller Strabo weiß man von der Bevölkerung, die um Christi Geburt im heutigen Sachsen-Anhalt lebte: Hermunduren, Langobarden und Chatten. Diese Elbgermanen verschmolzen, durch den Kampf gegen die Hunnen vereint, zu einem thüringischen Stamm zusammen, dessen Königreich sich bald von der Spree bis zum Main, zwischen Dresden und Hannover ausdehnte. Zentrum aber blieb das Thüringer Becken zwischen mittlerer Saale und Harz. Das Suffix -leben bei vielen Ortsnamen mag auf diesen germanischen Ursprung hinweisen. Mit der Schlacht an der Unstrut 531 fiel ein Großteil des Reichs an die Franken. Nach 568 drangen die Slawen in das Territorium östlich von Elbe und Saale vor, in den Norden die Liutizen, in das Land zwischen Elbe und Saale bis zur Lausitz die Sorben. Dadurch wurde »Mitteldeutschland«, mit Ausnahme der zum Teil wendisch besiedelten Altmark und des hannoverschen Wendlandes, durch die beiden Flüsse bis ins 10. Jahrhundert geteilt. Unter Karl dem Großen, gut 200 Jahre nach der Unstrut-Schlacht, begann die strukturelle Einbeziehung dieses Gebiets in das Frankenreich, die allerdings erst seine Erben vollendeten. Zum einen wurde damit begonnen, das Christentum zielstrebig einzuführen. Aus Hersfeld, schon 769 gegründet, kamen bis ins 9. Jahrhundert die meisten Missionare in den Raum Mansfeld. Aus Fulda, Corvey und über Helmstedt aus Werden strömten die Missionare in das Territorium nordöstlich des Harzes. Zum anderen setzten die Karolinger ihre Grafschaftsverfassung durch. Fränkische und sächsische Adlige erhielten für ihre Treue und ihren Dienst als Lehnsmannen Land (feudum), zum Teil allodial zu freiem Eigentum, zum Teil als Amt. Was zunächst die Bindung zwischen Herrscher und Vasall festigen sollte, führte später allerdings durch die Vererbbarkeit des Lehens zur Unabhängigkeit des Adels.

Karls Sohn, Ludwig der Fromme, gründete nicht nur das Bistum Hildesheim sondern 814 auch das erste Bistum jenseits des Harzes in Halberstadt, das bis 968 das gesamte Elbeland als eine Kirchenprovinz unter sich zu ordnen begann. Derweilen wurde aber Magdeburg als Handelszentrum immer bedeutender. Die königliche Pfalz soll in Ausmaß und Architektur an die kaiserliche Residenz in Aachen erinnert haben. Mit Regierungsantritt der Sachsen war das Zentrum des Reiches nach Osten gerückt. Nach 919 residierte Heinrich I. meist in Quedlinburg. Otto I. machte eine Generation später Magdeburg zu seinem bevorzugten Wohnort. In derselben Zeit begannen die Slawen, immer häufiger über die Elbe zu drängen. Auch von den Ungarn drohte Gefahr. Schon Heinrich verpflichtete die Wenden zu Tribut; sein Sohn Otto I. schlug die Ungarn 955 auf dem Lechfeld bei Augsburg entscheidend zurück. Damit war das

Ziel ottonischer Ostpolitik klar. Die Missionierung der Slawen wurde wieder verstärkt. Die vorher schon eingesetzten Markgrafen, zumal Hermann Billung und Gero im Sorbenland, wurden vom Kaiser in ihrem teilweise harten Kampf gegen die Slawen unterstützt. Gero war es denn auch, der auf den nach Westen drängenden ersten polnischen König Mieszko stieß und ihn für die Gebiete zwischen Oder und Warthe in ein letztlich noch ungeklärtes Tributverhältnis zu Otto dem Großen zwang.

An der Stelle des späteren Doms gründete Otto für seinen »Lieblingsheiligen« Mauritius ein Benediktinerkloster, dessen Hauptaufgabe die Missionierung des Ostens sein sollte, quasi an der Seite der streitbaren Markgrafen. Es wuchs an der Stelle, an der die Karolinger 805 ihren Handelsplatz gegründet hatten. Aus dem ottonischen Kloster einen Bischofssitz zu machen, bedurfte noch Jahre der diplomatischen Überwindung von älteren Rechten. Das an Mainz orientierte Halberstadt widersprach einer Aufwertung des von Trier beschickten Magdeburger Missionszentrums. Auf einer Synode in Ravenna stimmte Papst Johannes XIII. 967 schließlich der Gründung des Magdeburger Erzbistums zu, das von Mainz aus errichtet und vom Trierer Rußlandmissionar Adalbert als erstem Erzbischof 968 übernommen wurde. Die Kirchenprovinz umfaßte die 948 gegründeten Bistümer Brandenburg und Havelberg sowie die Neugründungen Merseburg, Meißen und Zeitz-Naumburg. Doch diesem Anfang setzte 983 schon der Große Slawenaufstand ein Ende. Durch ihn gingen noch einmal die ostelbischen Gebiete verloren. Für weitere 150 Jahre blieb die Elbgrenze unüberwindbar. Das brachte auch Einbußen für den Handel und den Rang der Stadt Magdeburg mit sich.

Erst unter dem Kaiser aus Königslutter änderte sich das wieder. Sein Augenmerk wandte sich dem seiner Heimat benachbarten Elberaum zu, wo er die Ansprüche als Sachsenherzog unschwer verbinden konnte mit Interessen seines Hauses. Lothar drang 1114 bis in pommersche Gegenden vor. Er setzte einen Askanier 1134 als Markgrafen der Nordmark und einen Wettiner als Markgrafen des Grenzraums Meißen und Lausitz ein. Damit stellte er zwei der wich-

Marktplatz und Rathaus in Magdeburg.

tigsten Familien der Region zufrieden. Zudem erneuerte Lothar zur Stärkung des Handels das Magdeburger Privileg der Zollfreiheit. Schon Otto II. hatte die Kaufleute der Stadt davon befreit, im Reich – außer in gleichfalls bevorzugten Orten wie Mainz, Köln, Tiel (an der Rheinmündung) und Bardowieck bei Lüneburg (an der alten Elbemündung) – Zoll zahlen zu müssen. Dieser Umstand belegt nach Auffassung der Historiker, daß die slawische Bedrohung den Handel über die Elbe nicht mehr gefährdete.

Der neue Aufschwung der Stadt mag auch den Wunsch ihrer Machthaber beflügelt haben, die Mission des Ostens wieder voranzutreiben. Der Erzbischof von Magdeburg, Norbert von Xanten, später Lothars Kanzler, war zwar noch kein Freund eines Slawenkreuzzuges, wie er dann 1147 stattfand, doch die einmal in Ravenna 967 vom Papst zugestandenen Rechte seines Erzbistums wollte er allemal wieder festigen. Dabei wurde ihm und seinen Nachfolgern der Prämonstratenserorden wichtigste Stütze, den er 1120/21 gestiftet hatte. Das bisherige Magdeburger Chorherrenstift Unser Lieben Frauen, wohl 1015 von Erzbischof Gero geweiht, wurde zum sächsischen Mutterkloster dieses Ordens; nach 1239 unterstand es nicht einmal mehr dem Stiftungskloster in Prémontré. 1134 wurde Erzbischof Norbert in dieser Kirche beigesetzt. Doch läßt sich die Grabesstelle nicht mehr besuchen; denn während des Dreißigjährigen Krieges wurde der Leichnam nach Prag überführt. Das Kloster überstand jenen Krieg, fiel aber in die Hände der Schweden, die Kleinodien und Bücher verbrannten, soweit die fliehenden Mönche sie nicht mitgenommen hatten.

Nach 1646 zogen evangelische Theologen ein. Aus dem Kloster wurde ein Pädagogium, das früh und in vorbildlicher Weise naturwissenschaftlichen Unterricht anbot. Nach 1834 war die Schule ein säkularisiertes Gymnasium. Im heutigen Magdeburg ist die Klosterkirche eine der wenigen Inseln der alten Geschichte, seit 1977 offen für Konzerte in dem dafür eigens flach gedeckten Chorraum. Vom Ende des 11. Jahrhunderts stammen die Ostteile und das Langhaus; der Westbau, in seiner Dreiteilung vorbildlich für fast alle großen Kirchen des Magdeburger Raumes, entstand genau zwischen 1129 und 1160. In der »Hochsäuligen Kapelle« befindet sich heute eine Sammlung sakraler Plastik im Kulturhistorischen Museum. Aus der Cafeteria wurde ein Treffpunkt für das bürgerliche Magdeburg der SED-Zeit, bescheiden aber auskömmlich. Stets gab es Milch zum Kaffee. Doch weniger als erwünscht und nie Sahne, wie bisweilen erhofft.

Vom Kloster »Unser Lieben Frauen« ist es nur ein kleiner Spaziergang bis zum vergleichsweise jungen Dom. Der Stadtbrand von 1207 hatte die ottonische Grabeskirche zu Ehren des hl. Mauritius und das kaiserliche Familienkloster zerstört. Erzbischof Albrecht begann zwei Jahre nach dem Brand mit der Errichtung des »ersten deutschen, in modern französisch mathematischer Ordnung geplanten« Doms. Andere schwärmen von ihm als dem »letzten großen gotischen Dom im deutschen Osten«. Von 1209 bis 1363 wurde gebaut, in verschiedenen Formen des gotischen Stils, von Handwerkern vieler Nationen. 1363 wurde der Dom geweiht; doch erst nach dreihundert Baujahren wurden 1520 die Westfassade und die Türme fertig. Mitten im Chor steht heute der Marmorsarkophag von Kaiser Otto. Neben ihm und vor dem Lebensbaumkruzifix auf dem Hochaltar beteten die Gemeinde und viele andere im Spätherbst 1989 für die Freiheit. Über die Bronze-Grabplatten früher Erzbischöfe, die Sitzbilder Kaiser Ottos und seiner Gemahlin, die Figur des hl. Mauritius aus dem 13. Jahrhundert bis hin zum Mahnmal für die Gefallenen des Ersten Weltkrieges von Ernst Barlach überspannt der Kirchenschatz des Domes die Kunst von 700 Jahren.

Wie verloren steht heute dieser wundervolle Bau auf einem kargen windoffenen Platz. Schlichte Mietshäuser in seinem Schatten künden von der Bedürftigkeit der letzten Jahrzehnte. Üppiger ist nur das, was auf dem Domplatz etwa an der Stelle der königlichen Pfalz und später des erzbischöflichen Palastes übrig blieb. Barocke Fassaden sind es, die zu ihrer Zeit einen Exerzierplatz zu umgrenzen hatten. In einem Gebäude fand auch die »Ingenieurschule für Wasserwirtschaft« Unterschlupf. Doch das wird sich jetzt ändern. Nach heftigem Streit mit Halle hat sich Magdeburg durchgesetzt: Es wurde Landeshauptstadt von Sachsen-Anhalt. Der Ort, an dem das königliche Palais – später die Domdechanei –, die Dompropstei und das städtische Museum standen, wird wieder Residenzplatz. Ministerien richten sich hier ein. Die Staatskanzlei des Ministerpräsidenten zog in eine prunkende Villa nicht weit vom Platz, auf der anderen Seite des Domes, in der bis zur »Wende« die deutsch-sowjetische Freundschaft gefeiert worden war.

Der Wandel vollzog sich im Sauseschritt. Im Februar 1990 meinte »Der Neue Weg« noch vage, möglicherweise werde Bundeskanzler Helmut Kohl zu einem seiner ersten Auftritte in der sich öffnenden DDR auf dem Domplatz von Magdeburg eine Rede halten, obwohl der Runde Tisch in Berlin dergleichen als Einmischung in den Wahlkampf zur ersten demokratisch gewählten Volkskammer Mitte März abgelehnt habe. Er kam tatsächlich an die Elbe. Anfang Dezember 1990 waren schon die ersten Wahlen zum gemeinsamen Bundestag. Dazwischen lagen Landtagswahlen, konstituierende

Sitzungen der Landtage und neuen Kabinette. Die gegen die Interessen und Wünsche der Länder 1952 gegründeten Bezirke – Magdeburg und Halle – schliefen ein, die niemals aufgelösten Länder erwachten wieder. Die alten Mächte traten halbwegs ab. Neue Führungskräfte mußten gewonnen werden. Ein wenig wiederholte sich, was im Mittelalter die Regel war. Aus dem Westen kamen Ratgeber und Minister. Jemand verstieg sich zu dem Vergleich, das Land müsse wie nach dem Slawenaufstand neuerlich kultiviert werden.

Magdeburg hatte ältere Rechte als Halle, das erst 1945 aus »rein praktischen Erwägungen«, – der Krieg hatte die Elbestadt stark zerstört, – von der sowjetischen Militärverwaltung zur Hauptstadt von Sachsen-Anhalt gemacht wurde. Zudem hatten evangelische und katholische Kirche das Land stets von der Elbestadt aus verwaltet. Von 1816 bis zur Umgliederung unter den Nazis im Jahr 1944 regierte der Oberpräsident von Magdeburg aus die drei Regierungsbezirke Merseburg, Magdeburg und Erfurt und damit die schon früher zum Königreich Preußen gehörenden Gebiete um Halle und Magdeburg, sowie die erst nach dem Friedensschluß 1815 dazugekommenen Regionen um Merseburg, Naumburg und Zeitz. Sachsen umschloß bis in den Zweiten Weltkrieg hinein noch das selbständige Herzogtum Anhalt, mit Dessau, Zerbst und Köthen. Im März 1947 lösten die Alliierten Preußen auf und gaben dem Land Sachsen-Anhalt noch einmal einen anderen Zuschnitt, bis dann 1952 die Länderhoheit durch Bildung kleinerer und von Berlin direkt abhängiger Bezirke gebrochen wurde. Magdeburg konnte seinen Ruf als Industriestandort wahren. Doch seine Technische Universität schaffte es nicht, Halle den Rang als Stadt der Bildung und der Künste streitig zu machen.

Der Krieg hat Magdeburg fast aller eigentümlichen Schönheiten beraubt. Neben Dom und Kloster »Unser Lieben Frauen« bietet nur der Alte Markt die Möglichkeit, in das alte Magdeburg, diesmal das bürgerstädtische, einzutauchen. Zunächst weit ab von Kirchenbezirk und Pfalz, wurde erst um 1240 dieser nördliche Stadtteil in die Mauern und Wälle miteinbezogen. Die St. Johanniskirche, heute eine Ruine, vor der allein Martin Luther (als Standbild) den Teufeln

Der Hasselbachplatz in Magdeburg.

der Zeit zu trotzen scheint, galt schon 1152 als Marktkirche. Grabungen nach dem Krieg brachten Reste der 941 erwähnten ersten Kirche zu Tage. Schon zu ottonischen Zeiten mag es neben dieser Stelle einen Handelsplatz gegeben haben. Erzbischof Wichmann fügte das alles in der zweiten Hälfte des 12. Jahrhunderts zu einer Einheit zusammen. Danach besaßen die »Branchen« eigene Kaufhäuser. Das Tuchhaus der Stadt Burg und anderer ostelbischer Orte wird erwähnt. Ein Kaufhaus der Magdeburger Kürschner aus dem 13. Jahrhundert wurde später das – den Alten Markt im Osten abschließende – Rathaus. Der Dreißigjährige Krieg zerstörte es. Doch 1689 entstand ein neues nach den Plänen von Heinrich Schmutze, das 1866 erweitert wurde, jedoch dem Zweiten Weltkrieg zum Opfer fiel. Der heutige Bau von 1969 ist also eine Kopie. Das trifft auch auf den bronzenen »Magdeburger Reiter« von 1240 zu. Sein Urbild aus Sandstein steht im Kulturhistorischen Museum. Es gilt als das erste freistehende deutsche Reiterstandbild und wurde zum Wahrzeichen Magdeburgs. Unter einem Baldachin (von 1651) begleiten zwei weibliche Gestalten einen gekrönten Reiter, der mit wachem Blick zu einer Menschenmenge zu sprechen scheint. Zehn Jahre jünger ist der sich an einen Pfeiler lehnende Bamberger Reiter im dortigen Dom. Man hielt ihn lange Zeit für Kaiser Heinrich II. Mutmaßlich handelt es sich jedoch um eine Symbolgestalt. Mit dem Reiter vor dem Magdeburger Rathaus verhält es sich ähnlich wie mit dem Bamberger. Auch er stellt wohl nicht Kaiser Otto den Großen dar, wie lange vermutet, sondern ist das stadtherrliche Hoheitszeichen, das den deutschen König als Verleiher der Bannrechte verkörpert, quasi der Geßlerhut Magdeburgs. Ebenfalls im 13. Jahrhundert oder sogar früher entstand der heutige »Weinkeller Buttergasse«: Bald nach dem Krieg stießen Bauarbeiter auf ein Innungshaus, auf Pfeiler und Kreuzgewölbe aus einer mehr als 400 Quadratmeter großen Kaufhalle, die zugeschüttet und überbaut worden war. Auf dem im übrigen zurückhaltend modern gehaltenen Marktplatz sieht man davon allerdings nur ein Hinweisschild. Darauf lockt das Restaurant darinnen Gäste an.

Das sind die kümmerlichen Reste einer uralten Stadt, die jeweils nur knapp die Feuer zweier Kriege überstand. Vielleicht kann der Besuch in einem Gewürzladen am Alten Markt etwas von der Trauer um das Verlorene wettmachen. Zimt, Muskat, Knoblauch und Thymian werden dort in Tütchen und Büchsen feilgeboten. Es duftet wie im Basar. Dort kann man für ein paar Minuten glauben, ein osmanischer Händler vom Bosporus habe gerade seine Waren an die Elbe gebracht. Doch dann fragt die Verkäuferin schon in gelenkigem Deutsch nach Einkaufswünschen. Getrocknete Zwiebeln gibt es im Angebot.

Draußen tobte für ein paar Wochen der Devisenobstmarkt, als DDR und Bundesrepublik noch zweierlei waren und Bananen eine Rarität im Osten. Über Nacht waren die Händler-West mit ihren Waren von Hannover und Hamburg über die Grenze gekommen, um den Käufern-Ost die Illusion vorzugaukeln, der Kunde sei König. Da stand eine Frau mit ihrem Töchterchen auf dem Arm, zählte in Gedanken ihr knappes Geld und kaufte: »Das Kind hat so lange auf Kiwis warten müssen«, sagte sie zur Begründung, und nur ein alter Mann abseits der Schlange wagte Widerspruch. »Ich bin siebzig und dachte immer, ›kiwi‹ kommt aus der Vogelsprache. Muß man das kaufen?« Zunächst waren die Kunden im Osten oft Opfer, meist ihrer selbst.

Von Nord nach Süd zieht sich ein langer Boulevard durch das Zentrum der Stadt. Zu SED-Zeiten war dies die Karl-Marx-Straße. Es dauerte nicht ein halbes Jahr nach den aufregenden Oktobertagen 1989, und aus dieser Prunkmeile der Vorkriegszeit war wieder der Breite Weg geworden. Freilich erinnern nur noch zwei Fassaden, Nr. 178 und 179, an die »schönste Barockstraße Deutschlands«. Heute muß sich der Betrachter mit Häusern der sechziger Jahre abfinden, Ausdruck »moderner Stadtplanung«, wie ein Stadtführer von 1987 noch mitteilte. Immerhin ist auf einem langen Abschnitt der Autoverkehr nicht zugelassen. Cafés laden ein zum Draußensitzen. Doch gerade im Sommer staut sich staubige Hitze in der grünlosen Straßenschlucht. Dann ist es schon besser, man kehrt – unweit der preußischen Oberpostdirektion, heute noch immer Hauptpost, – in St. Sebastian ein.

Die gotische Stiftskirche St. Sebastian hat noch ihre romanische Doppelturmfassade aus der Gründungszeit, wurde aber im übrigen im 14. und 15. Jahrhundert zur heutigen Hallenkirche umgebaut. Nach der Aufhebung des Stifts war sie lange Zeit Warenlager, im 19. Jahrhundert wurde sie neuerlich katholische Gemeindekirche und blieb es bis heute. Auch in dieser Kirche sammelten sich im Herbst 1989 Menschen, um gegen das SED-System zu demonstrieren, später um Abschied davon zu nehmen. Das fiel bisweilen schwerer als erwartet. Die Unkenntnis über das westliche Wirtschaftssystem und seine Sozialordnung war so groß, daß die katholische Geistlichkeit »Experten« aus Hannover holte, die dann über die Rentenordnung der Bundesrepublik, die Krankenversorgung, die Kinderbetreuung und vieles mehr berichteten. Sie stießen meist auf Fragen, die Unsicherheit und Passivität erkennen ließen. »Woher bekomme ich ..., wer plant ... was wird?« Es gab offene

Fragen und viele, zum Teil bestimmt nicht zufriedenstellende Antworten. Das hohe Kirchenschiff war ein geduldiger Zuhörer. Wer mehr wissen wollte, fand sich jeden Donnerstag in der katholischen St. Agnes-Gemeinde ein. Dort hatte sich schon im September 1989 ein Wirtschaftskreis gebildet, den der Gemeindegeistliche Anfang 1990 zum Keim der ersten Industrie- und Handelskammer im späteren Sachsen-Anhalt entwickelte. Das System habe die Arbeitsethik zerstört und damit den Wert des Menschen verletzt, hieß es seinerzeit als Begründung für diese profane Arbeit eines rührigen Geistlichen. So sei es kirchliche Aufgabe, den Menschen Mut zu Initiative und Selbstverantwortung zu geben.

Ähnlich wie anderswo, schaffte es der Magdeburger Stolz und Bürgerfleiß schon im 13. Jahrhundert, vom Erzbischof und Landesherrn die Eigenständigkeit zu ertrotzen. Nachdem zunächst die vom erzbischöflichen Vertreter eingesetzten Schöffen, Beamte und reiche Kaufleute, immer mächtiger wurden und sich zudem der Konvent der Bürger, der »burding«, nach 1188 immer stärker hervortrat, verstand es die »Altstadt«, das Burggrafen- und Schultheißenamt durch Kauf zu erwerben. Der Erzbischof konnte seitdem nur noch Personen in diese Ämter berufen, die dem »burding« genehm waren. Der Rat entzog auch bald den Schöffen ihre Macht, so daß sie nur noch als Richter tätig waren, was ihnen freilich weithin Ruhm bescherte. Schon während dieser Entwicklung wurde die Magdeburger Stadtverfassung – wie die Soester für Lübeck – zu einem Vorbild für andere Städte wie Stendal oder Leipzig.

Lange bemühten sich die Stadtväter um die Reichsunmittelbarkeit. Doch die erreichte man nicht. Magdeburg blieb erzbischöfliche Landstadt und kam so 1666 beziehungsweise 1680 zu Brandenburg, nachdem seit 1513 Hohenzollern Erzbischöfe, beziehungsweise Administratoren geworden waren. Früh hatte die Reformation Einzug in die Stadt gehalten. Es war zum Bruch zwischen dem Erzbischof und den Bürgern gekommen. 1547 war die Reichsacht verhängt worden, was der fürstliche Söldnerführer und Vagant, der Herzog Georg von Mecklenburg, für sich auszunutzen verstand. Die Stadt mußte bluten. Nach dem Augsburger Religionsfrieden, dem

Übertritt des Domkapitels zum evangelischen Glauben, schien wieder Ruhe einzukehren. Doch das war nicht mehr gleichbedeutend mit neuem wirtschaftlichen Aufschwung. Hamburg bedrängte mittlerweile die hansische Partnerstadt. Leipzig, von Kaiser und Papst gefördert, wurde bevorzugte Messestadt. Zudem wurde im 17. Jahrhundert Berlin als Hauptstadt der immer mächtiger werdenden Hohenzollern ein weiteres Zentrum.

All das hätte Magdeburg meistern können. Doch im Dreißigjährigen Krieg geriet die Stadt zwischen die Parteien und wurde allein schon als strategisch wichtiger Brückenkopf an der Elbe zum Angriffsziel, gleichermaßen für den evangelischen Gustav II. Adolf wie für den kaiserlichen Heerführer Tilly. Am 10. Mai 1631 griff dieser von Norden her die Stadt an, die sich noch im schwedischen Schutz wähnte, und nahm sie, auf ihre empfindlichste Stelle zielend, im Überraschungsangriff: Hier waren die Befestigungsanlagen noch nicht fertig. Die Stadt hatte zudem schon Friedensverhandlungen mit den Belagerern zugestimmt. Wie kaum je danach, bis zum Ende von Dresden im Jahr 1945, ist eine Stadt so schrecklich verwüstet worden. Feuer breitete sich aus, und die marodierenden Truppen Tillys plünderten überall. Ein Sturm tat ein übriges. Vermutlich kamen 30 000 Menschen ums Leben. Wenige Gebäude blieben stehen: das Kloster Unser Lieben Frauen, die Dompropstei, die Ostseite des Domplatzes, schließlich der Dom selbst. Die Stadt erholte sich kaum. Viele Bürger, die geflohen waren, kehrten nicht wieder zurück. Magdeburg blieb ein unsicheres Pflaster, zumal die Stadt 1632 wieder von den Schweden genommen und dann 1636 den Kaiserlichen und Sachsen übergeben wurde. In diesen Jahren versuchte der Bürgermeister Otto von Guericke Magdeburg ein neues Gesicht zu geben. Er stellte Vermessungen an und trug Neubaupläne vor. Doch die Stadt hatte ihr Eigengewicht verloren. So blieb Guerickes Bedeutung als Bürgermeister eher gering; bekannt wurde er als Naturforscher und Erfinder der Luftpumpe. Sein berühmtes Experiment mit den zwei »Magdeburger Halbkugeln« wurde 1990 zur Freude von Touristen wiederholt. Die Technische Universität trägt seinen Namen.

Der Westfälische Frieden 1648 lieferte das Erzstift Magdeburg als weltliches Herzogtum an Berlin aus. Noch versuchte die Stadt, mit schwedischer Hilfe die Reichsfreiheit zu erstreiten. Doch der Große Kurfürst unterwarf Magdeburg 1666 und zwang der Stadt eine Garnison auf. Der brandenburgische Administrator war wichtiger als der Stadtrat. 1680 fiel die ehemalige Metropole Ottos des Großen mitsamt dem Land an Kurbrandenburg. »Ostelbien« siegte gewissermaßen über den letzten Brückenkopf des mittelalterlichen Westens. Magdeburg wurde eine nüchterne Beamten- und Soldatenstadt, in der Moltke fünf Jahre diente und der Jurist Ludwig von Gerlach arbeitete. Die Stadt wurde nach 1740 als Festungsort bekannt, mal für den Abenteurer v. d. Trenck und knapp zweihundert Jahre später für den späteren polnischen Staatslenker Marschall Pilsudski. Nach den napoleonischen Kriegen wurde Magdeburg Hauptstadt der neugebildeten preußischen Provinz Sachsen. Allein, ein Teil der Landesbehörden kam auch nach Merseburg und Naumburg, und die Universität blieb in Halle.

Gleichwohl brachte der ökonomische Aufschwung im 19. Jahrhundert wieder Glanz für Magdeburg. Die Nikolaikirche in der Neuen Neustadt zeigt bis heute den strengen preußischen Klassizismus jener Zeit. Nach den Plänen von Karl Friedrich Schinkel entstanden zwei »Gesellschaftshäuser«; so auch der Herrenkrug nördlich der Vorstadt Cracau, umgeben von einem englischen Garten. Er wurde zwischen 1817 und 1818 angelegt nach dem Vorbild von Wörlitz. Franz von Anhalt-Dessau hatte sich dies Gesamtkunstwerk ein halbes Jahrhundert vor dem Herrenkrug-Park errichten lassen, samt einem Schloß, das Friedrich Wilhelm von Erdmannsdorf entwarf. Neben dem Magdeburger Park finden sich noch die Rennwiesen, bis heute ein beliebter Platz für den Pferdesport.

Wer zum Herrenkrug will, fährt die gleichnamige Straße und passiert ein halbwegs abgeschlossenes Quartier aus Villen, die wahrscheinlich bis zum Kriegsende von wohlhabenden Bürgern bewohnt wurden. Bald danach dürften die Sowjets die Häuser requiriert haben. Tatsächlich waren die Zeiten bisweilen schwer; auch der Haß gegen die Deutschen mag groß gewesen sein. Da kam es offenbar auf den Erhalt der Bausubstanz nicht an. So verkam manches, was nun nicht mehr zu retten ist; heute auch zur Scham der sowjetischen Soldaten, die nicht mehr die Gegner aus Tagen des heißen und kalten Krieges sind. Irgendwann werden in manchen Häusern die sanitären Anlagen kaputt gegangen sein. Weil eines Tages das Wasser nicht mehr lief oder Klärgruben verstopft waren, begann man, den menschlichen Unrat durch Löcher im Boden über Stockwerke hinabfallen zu lassen. Das WC-Rohr schien ausgedient zu haben.

Nach dieser Erfahrung spaziert man erst recht befreit durch die gnadenvolle Natur im Herrenkrug-Park, der sich fast bis zur Elbe erstreckt, die schmutzig träge nach Norden fließt. Danach gibt es eine Erfrischung im Krug. Wieder stellt sich ein Gefühl von Geborgenheit ein, wie immer, wenn man von schönen Dingen umgeben ist, die es schafften, die Jahrzehnte der Rodung zu überleben. Freilich, ein Teil der Gasträume kann wegen Baumaßnahmen nicht betreten werden. Die Terrasse ist nicht gerade eine Zier, doch die hohen Fenster und Decken, die viel Licht vom Park in den Raum lassen, rechtfertigen den Begriff vom »Gesellschaftshaus« bis heute. Noch immer treffen sich hier die Magdeburger am Sonntag, genießen nach einem Spaziergang im Grünen Kaffee und Kuchen. Plötzlich betreten drei sowjetische Soldaten das Restaurant. Ihr zunächst forscher Schritt ebbt ab. Der eine, jung wie die anderen, mit kurzgeschorenem Haar, kratzt verlegen seine Stirn. An der Theke kaufen sie Zigaretten. Die Mütze ist schon wieder auf dem Kopf. Sie eilen schon raus; da halten sie verwundert inne, weil ein Gast sie freundlich in russischer Sprache aufhält. Arme Jungs. Auf sie warten Baracken in Sibirien. Manche flohen schon zu Zeiten der offenen Grenze und der Noch-DDR in den Westen und baten um Asyl. Die »Befreier« baten um Befreiung. Doch für die meisten fährt die Eisenbahn nach Osten.

Mit dem Auto fährt man auf der Eins ebenfalls nach Osten; nach den Vororten Brückfeld und Puppendorf an der Berliner Chaussee bleibt Magdeburg zurück. Die Dünen bei Königsborn und Menz deuten an, daß einst die Elbe in einem weiten Flußbett und vielen

Altläufen dahinfloß. Danach hatte sich auch die Straße zu richten. Sie nutzte seichte Übergänge, zumal die unmittelbar östlich des Magdeburger Domes. Sie war aber auch von den Jahreszeiten abhängig, von hohem und niedrigem Wasserstand. Natürlich gab es auch Fähren. Auf einem der Dünenberge steht im übrigen eine Bruchsteinkirche, die 1200 erstmals errichtet, 1945 zerstört und 1954 neu gebaut wurde. Sie gehört mit zu den Zeugen der planmäßigen Besiedlung »Ostelbiens« durch Askanier und Wettiner. Einst gab es ein Dorf Königsborn, mit einem Hospital für Arme. Im 16. Jahrhundert unterhielt Magdeburg an dieser Stelle ein Vorwerk des städtischen Lorenzklosters. 1575 kaufte sich ein offenbar reich gewordener Oberst von Ziegesar den Besitz und baute ein Renaissanceschloß darauf. Nach 1652 lebten hier die Herren von Tresckow; sie bauten im Barock. Schließlich kam Kriegsrat Gossler, eröffnete im Schloß eine Seidenfabrik, zog in ein neues Rokokoschloß und ging 1779 bankrott.

Nach Gerwisch und Möser kreuzt die Eins wieder einmal die Autobahn Hannover-Berlin, erreicht Schermen, von wo ein holpriger Weg rechts nach Pietzpuhl abzweigt mit seinem 1730 errichteten Herrenhaus. Dann sind auch die Türme von Burg schon zu sehen. Während die Eins kurz vor dem Zentrum unvermutet rechts abbiegt und Burg umfährt, muß der Besucher geradeaus ins Zentrum vorstoßen, weiterreisen auf holprigem Kopfsteinpflaster. Burg ist reich an Geschichte. Doch sie ist durch Briketts auf den Straßen und den Verfall der Häuser ziemlich verstellt. Der Hinweis auf die VEB Schuhfabrik »Roter Stern« ist deutlich sichtbar. Die in den Reiseführern hervorgehobenen klassizistischen Putzbauten aus dem Beginn des 19. Jahrhunderts sind schwerer zu entdecken.

Burg wuchs aus einer Oberstadt, die im 10. Jahrhundert als suburbium einer später zerstörten, erst slawischen dann deutschen Burg vorhanden war, mit einer Unterstadt zusammen, die in der zweiten Hälfte des 12. Jahrhunderts planmäßig aufgebaut wurde, auch an Stelle einer slawischen Siedlung, die am seichten Übergang der Ihle gelegen haben mag. Lange Zeit hat man geglaubt, die Burg sei jenes 806 bei Karl dem Großen erwähnte Kastell »gegenüber« von Mag-

Die Oberkirche »Unser lieben Frauen« in Burg.

deburg. Doch das ist mehr als unwahrscheinlich. Immerhin war die Burg wichtig genug, um während des Slawenaufstandes 983 gehalten zu werden. Irgendwann verfiel sie, und die Marienkirche wuchs an ihrer Stelle. Sie wurde zwar erst 1186, zusammen mit St. Nikolai in der Unterstadt, die ihr als Filialkirche diente, erwähnt, mag aber schon früher als Burgkapelle bestanden haben. Die Oberkirche erinnert nur noch im Westteil an ihren spätromanischen Urbau. St. Nikolai bewahrte dagegen seine Form fast unversehrt.

Im 12. Jahrhundert setzte ein Siedlerstrom aus Löwen, Diest und Brüssel ein, der es nötig machte, eine neue Stadt planmäßig zu errichten. Mittelpunkt war ein langrechteckiger Marktplatz mit einem später verschwundenen Kaufhaus. Vor dem Rathaus steht noch das Oberteil eines steinernen Roland von 1581 als amputierte Erinnerung an die verlorene städtische Freiheit, die den Bürgern wohl schon 1263 zuerkannt worden war und immer wieder bestätigt wurde. Der Rumpf des Roland ging verloren genauso wie sein hölzerner Vorgänger. Die wirtschaftliche Kraft von Burg gründete sich erst in der zweiten Hälfte des 19. Jahrhunderts auf die Lederindustrie. Gerberei und Handschuhmacher gaben der Stadt damals den Spitznamen »Schusterburg«. In früherer Zeit waren Tuchmacher prägend, denen – wie berichtet – in Magdeburg von 1176 bis zum Dreißigjährigen Krieg ein Kaufhaus bei St. Johannis zur Verfügung stand. Auf die niederländischen Siedler soll das Bierbrauen zurückgehen. Von der Stadtbefestigung blieben zwei Mauertürme und ein früherer Torturm aus dem 15. Jahrhundert erhalten, der den Reisenden in Richtung Berlin entläßt.

Diesen Weg mag auch der junge Carl von Clausewitz auf dem Weg zu seinem ersten Antreten in Potsdam gezogen sein. Er war am 1. Juni 1780 in Burg geboren worden, als vierter Sohn eines preußischen Leutnants a. D. Während sein Großvater Professor für Theologie in Halle war, zog es den Sohn in den Stand seines weniger glückhaften Vaters. Im 13. Lebensjahr trat er als Junker in die Armee ein und rückte 1793 mit dem Potsdamer Infanterieregiment Prinz Ferdinand in die Rheinfeldzüge. Insbesondere von der Rückeroberung von Mainz berichtete Clausewitz in Briefen an seine Verlobte, die Comtesse von Brühl. 1971 wurde sein Leichnam aus Breslau, wo Clausewitz gestorben war, nach Burg zurückgebracht. Von Burg führt die Eins wie damals geradewegs zum Kirchtum von Reesen, durch eine Allee aus Obstbäumen, die zu Zeiten von Clausewitz vielleicht noch nicht so lückenhaft besetzt war wie heute. Etwa alle fünf Kilometer markiert ein Meilenstein die Distanzen, ein Obelisk mit einem abhebenden Adler darauf. Die Eins ist hier von alters her brandenburgische Straße. Von Burg nach Hohenseeden sind es 12 Kilometer. In diesem Dorf findet sich – wie in vielen Orten »Ostelbiens« und schon in Königsborn – eine Dorfkirche aus der Zeit um 1200: Der einschiffige Feldsteinbau mit flacher Decke sollte die Gemeinde nicht nur zum Beten versammeln, sondern auch zur

Das Berliner Tor in Burg.

Wehr gegen slawische Gefahr. Früher mag die Eins hinter den Kappenbergen direkt auf den Gutshof von Parchen zugelaufen sein. Jetzt meidet sie den Bau in einem artigen Linksbogen. Das schmucklose Herrenhaus tritt in eine Art Park zurück. Doch ob das immer so bleibt? Schleppend vollziehen sich irgendwelche Straßenarbeiten.

Gut sieben Kilometer weiter gebietet am Eingang von Genthin die heruntergelassene Eisenbahnschranke vorzeitigen Halt. Noch heißt hier die Eins am Stadteingang Georgij Dimitroff-Straße. Für einen Besuch in der HO-Eisenbahn-Kneipe reicht die Zeit nicht. Direkt neben dem Schrankenzeichen verwittert ein altes Wahlplakat: Solide Mitte, damit Vernunft regiert. Durch Industrieansiedlungen, nach dem Anschluß an die Eisenbahn (1846) bis in unsere Tage, wuchs dies Städtchen über seine historische Bedeutung hinaus, hat heute weit mehr als doppelt so viele Einwohner wie 1939, als der Ort gut 12 400 Seelen zählte. Der wirtschaftliche Fortschritt in der Vorkriegszeit hing aber wohl auch damit zusammen, daß 1935 in einem Wald nordwestlich des Ortes der Rüstungsbetrieb »Silva« eröffnet wurde, in dem später Häftlinge aus einem Außenlager des Konzentrationslagers Ravensbrück arbeiten mußten. Eine Gedenkstätte an der Straße nach Jerichow erinnert an die hier umgekommenen Frauen. In Genthins Stadtgeschichte war die nahe Burg Plothe, später Altenplathow, beherrschend, eine strategisch günstig gelegene Wasserburg zwischen zwei Armen der Stremme, auf der von alters her die Familie von Plotho saß, Gefolgsleute des Erzbischofs. Ein Namensträger urkundet 1171 erstmals für Genthin. Der Burg unterstanden bis um 1800 mehrere Dörfer wie Roßdorf, Großwusterwitz und Güsen, aber eben auch Genthin mit dem Obergericht. Der Ort selbst blieb lange Zeit ein »Flecken«, bestand aus einer Kirche, die ein paar Häuser in Hufeisenform umgaben. Erst in preußischer Zeit kamen auch nach Genthin neue Siedler. Auf Befehl Friedrichs I. wurde die alte Kirche durch eine stattliche dreischiffige Hallenkirche ersetzt. 1819 wurde die Eins durch Genthin befestigt, bald folgte der Anschluß an den Plauer Kanal. Zunächst war Genthin eine Stadt der Viehmärkte. Dann wurde 1808 eine Zichorienfabrik eröffnet. Diese blau blühende Pflanze wurde damals geröstet und zu

Kaffee-Ersatz verarbeitet. 1809 kam eine Schrotgießerei. Gegen Ende des Jahrhunderts ernährten außerdem die Schiffswerft Habedank und eine Brauerei die Bürger der Stadt. In den zwanziger Jahren kam ein Persilwerk dazu. Gleichwohl hat bis heute die Industrie den ackerbürgerlichen Charakter von Genthin nicht verdrängen können. In langsamem Tempo hoppelt das Auto auf dem vielfach strapazierten Kopfsteinpflaster durch die Stadt weiter nach Osten.

Wo Lilienthal das Fliegen übte
Im Havelland

Friedrich der Große hielt 1734 mehr davon, das Land mit einem Kanal zwischen Elbe und Havel zu durchstechen als die Reichsstraße auszubauen, was erst fast ein Jahrhundert später geschah. Der König stellte 130 000 Taler und 700 Soldaten zur Verfügung; die Gemeinden waren zu besonderen Diensten verpflichtet. 1745 war der Kanal fertig. Bis Parey westlich von Genthin nutzt er einen alten Elbearm. Dann folgt er nach einem fünf Kilometer langen Durchstich dem Lauf der Stremme bis auf die Höhe von Roßdorf nordöstlich von Genthin. Schließlich mußten noch fünfzehn Kilometer gegraben werden, bis er bei Plaue die untere Havel erreicht. Dem König ging es um den Herantransport von Salz aus der Gegend von Schönebeck, südlich von Magdeburg. Holz und Torf wurden verschifft. Nach 1938 kam dem Kanal noch größere Bedeutung zu, verband er doch über Mittelland- und Dortmund-Ems-Kanal das Reichszentrum mit dem Ruhrgebiet, ergänzte dadurch als Handelsweg die Reichsstraße 1 zwischen Dortmund und Berlin.

Bei Dunkelforth passiert die Straße diesen künstlichen Wasserweg. Es ist ihr anzusehen: Sie trägt nicht schwer an der Last des Handels, sondern führt durch eine Urlaubslandschaft zum Plauer See. So bedeutend kann die Straße nicht sein. Der Ort Plaue führt seinen historischen Rang allerdings auf die Straße zurück. Plaue konnte Groß-Wusterwitz ein paar Kilometer südlich in jeder Hinsicht ausstechen. Erzbischof Wichmann von Magdeburg hatte das Dorf »Wosterwice« wegen seines Hafens und seiner Verbindung zur Havel 1159 als neues Zentrum ausgeguckt. Die Geschäfte sollten blühen, zumal eine Nord-Süd-Straße den Ort durchschnitt. Doch trotz der Verkaufs- und Vorkaufsrechte nach Magdeburger Recht, trotz der Schaffung einer privilegierten Gerichtsbarkeit für die Ackerbürger, blieb Wusterwitz hinter den Erwartungen zurück. Fast scheint noch heute die romanische Feldsteinkirche zu großzügig für den Ort.

Plaue an der wohl günstigeren West-Ost-Tangente machte dagegen das Rennen. Seine Burg bewachte das Einfallstor ins Havelland und wurde so auch ertragreiche Zollstätte. Schon 1244 überspannte eine Brücke den See. Man weiß davon, weil sie zusammenbrach, als das flüchtende Heer der Magdeburger Soldaten über sie zurückflutete nach einer Niederlage im Kampf gegen den brandenburgischen Markgrafen Otto III., einen Askanier. Danach wurde bis 1549 auf eine Fähre zurückgegriffen. Die schon 1198 nachgewiesenen Edlen von Plaue waren Verwandte der Familie von Alvensleben aus der Magdeburger Region, nah dem Bischofshause. So fiel der Ort nach dem Aussterben der Askanier an Magdeburg. Das war Anfang des 14. Jahrhunderts. Von da an werden die Namen mit Plaue verbunden, die schon von alters her im Havelland zu Hause sind und die nicht zuletzt durch Fontane so lebendig blieben. Die Bredows vermachten Plaue den Quitzows, die wiederum – wie jeder weiß – durch ihre Raubzüge Frevel auf sich luden. Erst 1449 machte der Vertrag von Zinna mit dem Übel Schluß. Der Erzbischof von Magdeburg einigte sich mit dem Brandenburger Kurfürsten, und Plaue fiel samt Burg an das Haus Hohenzollern. Preußen brachte Plaue tatkräftige Siedler und einigen Wohlstand. Minister Friedrich von Görne holte das Textilgewerbe und 1713 eine Porzellanmanufaktur in den Ort, die allerdings schon 1740 wieder eingestellt wurde. Friedrich der Große begann gleich nach seiner Thronbesteigung mit dem Kanalbau.

Bald hinter Plaue biegt eine Straße nach Rathenow ab und erreicht ziemlich direkt an der Havel das Dorf Briest. Dieser Name erinnert an die Effi Briest in Fontanes Erzählung. Doch bei Tangermünde gibt es mindestens noch einmal einen Ort dieses Namens. Fontanes Effi, das wußte »die Gesellschaft« vielleicht schon vor der Veröffentlichung 1894, knüpfte an das Schicksal der Elisabeth

Plaue. Fischerkähne im Hafen.

Freiin von Plothow an, die übrigens erst 1952 in hohem Alter und arm in Lindau am Bodensee starb. Diese Frau stammte nicht aus Briest sondern aus einem magdeburgischen Dorf östlich der Elbe; aus Zerben bei Parey, wo der Plauer Kanal die Elbe erreicht. Sie war 1873 dem Offizier Armand Leon von Ardenne von den Rathenower Zieten-Husaren angetraut worden. In Düsseldorf, dort geschah das »wirkliche Drama« und nicht wie bei Fontane in Pommern, verliebte sie sich in den Amtsrichter Emil Hartwich. Sie blieb diesem auch treu, als ihr Mann 1884 ins Kriegsministerium nach Berlin versetzt wurde. Armand Ardenne schöpfte eines Tages Verdacht, verschaffte sich Zugang zu den versteckten Briefen und reichte die Scheidung ein. Zudem forderte er Hartwich zum Duell. Das fand in Bonn statt. Hartwich erlag kurz darauf seinen Verwundungen. Seine Geliebte wurde Pflegerin in einer Heilanstalt.

Noch wird die Eins von Wäldern begleitet, da erreicht sie fast unvermittelt die Vorstädte Brandenburgs an der Havel, bald das Industrierevier, wo für »Stahl – Draht – Profile« geworben wird. Das ist also die Stadt, die einem Fürstentum seinen Namen gab. Seitdem Erzbischof Wichmann und Markgraf Albrecht 1157 Burg und Bistum von den Wenden zurückerobert hatten, bürgerte sich der Name ein, und er hielt sich auch, als Berlin beziehungsweise Cölln längst Residenz geworden waren. Zwischen Elbe und Oder lebten zu Zeiten des Thüringer Reiches germanische Stämme, zumal die Semnonen (Sueben). Es gab Beziehungen zu diesem Königreich und den Sachsen; doch der Vormarsch der Slawen (Liutizen und Sorben), verdrängte die Stämme oder ließ sie im Slawentum aufgehen. Die Christianisierung durch die Franken nach 789 war wenig erfolgreich. Erst in der ersten Hälfte des 12. Jahrhunderts konnten sich die eingesetzten Markgrafen durchsetzen. Zwar hatte Otto der Große um 940 die Brandenburg erobert; der bärbeißige Markgraf Gero hatte die sächsische Macht auch soweit festigen können, daß 948 die Bistümer Brandenburg und Havelberg gegründet werden konnten. Doch der Slawenaufstand von 983 zerstörte wieder fast alle Herrschafts-, Missions- und Besiedlungsversuche. Erst Lothar III., der Supplinburger Kaiser aus Königslutter, konnte nach 1106 die Grundlage einer erfolgreichen »Ostpolitik« legen. Zum einen ließ er christianisierte slawische Fürsten wie Pribislaw-Heinrich von Brandenburg oder Wirikind von Havelberg gewähren, zum anderen belehnte er einen Wettiner mit Meißen und der Niederlausitz (Ostmark) sowie einen Askanier mit der Nordmark, damit auch dem Havelraum.

Albrecht der Bär heißt dieser Askanier, ein Graf aus dem Harzvorland, Neffe Heinrichs des Löwe, wie dieser verwandt mit den feindlichen Staufern. Ein geschickter Mann, der zunächst den Brandenburger Slawen-Fürsten Pribislaw-Heinrich zum Patenonkel seines Sohnes Otto machte. Er ahnte wohl schon, daß ihm das zugesicherte Fürstentum nach Pribislaws Tod (1150) nicht so einfach in den Schoß fallen würde und besetzte die Brandenburg, die ihm auch tatsächlich drei Jahre später der verprellte slawische Erbe Jacza de Copnic, (woraus später Köpenick wird) entriß. Erst 1157 erstürmte der Bär zusammen mit dem Magdeburger Erzbischof Wichmann neuerlich die Burg und besiegte den Liutizen. Wiewohl so Albrecht der Bär zum ersten Markgrafen von Brandenburg wurde, blieb er im Reich aktiv und wohnte auch nie an der Havel.

Erst Sohn Otto I. war residierender Markgraf und trieb planmäßig die Besiedlung voran. Das tat er im übrigen nicht in Feindschaft zu den Slawen. Die Nähe zu jenen dokumentierte seine Frau aus dem polnischen Piasten-Haus. Otto integrierte die verschiedenen Stämme, was sich durch slawische Namen und Siedlungsformen bis heute erhalten hat. Allerdings war sein Fürstentum noch klein, erstreckte sich nur auf den größten Teil der Altmark, das Havelland und die Region Zauche, wo er 1180 das Kloster Lehnin gründete. Der Sohn, Otto II., berief Lokatoren und sorgte für die planmäßige Gründung von Dörfern. Dessen Erbe schließlich, Albrecht II., versuchte das Reich zu arrondieren und stieß dabei im Westen auf Magdeburger Ansprüche und im Norden auf die Stettiner Pommernherzöge sowie die dänischen Könige. Als Albrecht II. 1220 starb, waren übrigens auch die Grundlagen für die spätere Stadt Berlin gelegt. Die Chronisten sprechen von etwa 100 neuen Stadtansiedlungen im 12. und 13. Jahrhundert und etwa 2500 Dörfern, die von Adligen gegründet und so zu Stammsitzen gemacht wurden. Das stärkte die Aristokratie, während die Fürsten wegen ihrer Expansionspolitik geschwächt wurden. Feindliche Koalitionen machten das Ausbreiten schwer. Die Askanier starben aus. Die Wittelsbacher (1323 bis 1373) konnten sich nach außen und innen nicht durchsetzen. Es fehlte auch an Geld.

Da nutzte Kaiser Karl IV. den noch zusätzlich heraufbeschworenen Bruderzwist zweier Wittelsbacher und gliederte Brandenburg seiner Hausmacht an. Mit 500 000 Gulden zogen die Brüder entmachtet aber entschädigt ab. Für den Kaiser, der vom fernen Böhmen aus als Regent seiner Söhne herrschte, war die Provinz Brandenburg zwar nur eine Landschaft unter vielen im großen Reich, gleichwohl bot sie dem Kaiser macht- und handelspolitisch den Zugriff auf die Ostsee. Das gab ihr Gewicht. So ließ er an der Handelsstraße nach Norden die Elbeburg Tangermünde ausbauen und

Brandenburg. Das Kurfürstenhaus am Marktplatz.

schuf damit nach Brandenburg und Berlin ein drittes Zentrum im Land. In seiner Zeit bürgerte sich durch das 1375 entstandene Landbuch über steuerliche Abgaben die Trennung in drei Teilgebiete ein: Altmark, Mittelmark und »Mark über der Oder«, später Neumark. Nach innen konnte die kaiserliche Herrschaft nicht integrierend wirken, was nach Karls Tod 1378 zur vorübergehenden Auflösung Brandenburgs führte. Mehrere Herrschaften konkurrierten miteinander, doch die Familie von Quitzow gab bis zur Machtübernahme der Hohenzollern 1411 dieser Epoche ihren Namen. Der »alte Räuber« Kuno war nicht nur in der heimatlichen Prignitz unumstrittener Herr; von seinem »Raubhaus« in Kletzke aus schlug er selbst die Soldaten der Herzöge von Lüneburg und Sachsen-Lauenburg. Seine Söhne herrschten über die Quitzow-Burgen in der Mittelmark. Erst König Sigmund bereitete dem ein Ende. Er setzte auf Bitten einer märkischen Gesandtschaft am 8. Juli 1411 den Burggrafen

Friedrich von Hohenzollern als »obersten Hauptmann und Verweser in der Mark« ein. Einigen Herren, zumal den Quitzows, ging diese Machtvollkommenheit zu weit. Es gab Krieg. Doch der Hohenzoller siegte. 1415 erhielt er die Mark und das Kurfürstentum mit Kurrecht und Erzkammeramt als erblichen Besitz. So blieb es bis zum 9. November 1918.

Auf der Eins läßt sich das alte Brandenburg nicht erschließen. Doch sie weist die Richtungen. Als Magdeburger Straße erreicht sie den Ort und als Potsdamer verläßt sie ihn nach Osten. Einst ging der Durchgangsverkehr durch die Hauptstraße und damit die Neustadt, die 1170 planmäßig erbaute Marktsiedlung. Sie ist die erste und einzig sichere askanische Stadtgründung aus diesem Jahrhundert östlich der Elbe. Die Neustadt wurde Lieblingssitz der damaligen Herrscher, durchlief eine eigene Geschichte. Erst 1715 vereinigten sich Alt- und Neustadt unter einem Magistrat. Der Havelübergang an der »Brendanburg« gilt als erste durchgehend besiedelte Stätte in der Mark. Die erste Burganlage im ältesten Teil der Stadt, der heutigen Dominsel, wird schon im 9. Jahrhundert als Sitz eines slawischen Fürsten nachgewiesen. Dieser Platz wurde 948 von Otto I. für seinen Bischofssitz ausgesucht. Von ihm ist nichts mehr erhalten, fiel doch die Burg ziemlich bald wieder an die Slawen zurück. Allein der Unterbau der Petruskapelle stammt noch aus der Zeit von Slawenfürst Pribislaw, der hier 1150 beigesetzt wurde. Der einschiffige romanische Dom entstand im zweiten Teil des 12. Jahrhunderts. Von den erhaltenen Glasmalereien im Chor läßt sich das älteste Fenster auf das 13. Jahrhundert zurückführen, genauso wie das romanische Kreuz. Der Dombezirk blieb bis 1930 eine selbständige Gemeinde.

Über den Damm am Mühlenturm vorbei gelangt der Spaziergänger zum umtriebigen Hauptplatz der Neustadt, wo die Geschäfte sind, die Post, wo die Autos parken und Straßenbahnen in ihren in die Straße eingefressenen Schienen quietschen. Hier ist den meisten der Bratwurststand an der Katharinenkirche wichtiger als die dreischiffige Backstein-Hallenkirche, die größte Brandenburgs. Die prachtvollen Fassaden der Nord- und Südkapelle, zumal die Giebel

Brandenburg. Die Lange Brücke über die Havel, im Hintergrund die Johanniskirche.

sind bevorzugter Landeplatz der Tauben. Und das sieht man auch. Einst stand der sechs Meter hohe Roland von 1474 auf dem neustädtischen Markt. Nach dem Krieg wanderte das Symbol der bürgerlichen Eigenständigkeit vor das gleichaltrige Rathaus der Altstadt, die sich jenseits der Havel über Haupt- und Plauer Straße erreichen läßt. Am Rande der Altstadt erinnert St. Gotthard an den Hildesheimer Bischof von einem anderen Abschnitt der Eins. Der erste Bauabschnitt dieser Kirche geht auf Bischof Wigger zurück, der auf Wunsch des zum Christentum übergetretenen Slawenfürsten Pribislaw-Heinrich zwischen 1138 und 1150 Prämonstratensermönche aus Leitzkau bei Magdeburg nach Brandenburg holte. Das bronzene Taufbecken stammt noch aus der romanischen Zeit und wurde wohl 1200 in Halberstadt gegossen. Ein burgundischer Gobelin von etwa 1463 stellt die Einhornjagd dar.

Furchteinflößend ist der Verfall der Häuser am Kirchhof. Der

Krieg hatte diese Häuser, ähnlich wie die Johanniskirche, verschont. Für den Verfall ist die mangelnde Pflege während der SED-Zeit verantwortlich. In den letzten Jahren jener Ära sollte der Reisedevisenfonds für DDR-Bewohner dazu beitragen, Brandenburg in einem Modellprojekt neben Stralsund, Meißen, Weimar und Halberstadt instandzusetzen. Um DDR-Bewohnern die Reise in den Westen zu ermöglichen, durften sie Beträge von Ost- in Westmark umtauschen. Der Ost-Mark-Gegenwert, man sprach von zwei Milliarden in zwei Jahren, sollte die Städte sanieren helfen. Die Währungsunion kam früher als diese Erste Hilfe.

Im 14. und 15. Jahrhundert erlebte Brandenburg als Hansestadt seine wirtschaftliche und kulturelle Blüte. Der Dreißigjährige Krieg verheerte den Ort, der erst wieder mit dem Zuzug von Siedlern aus Frankreich zu einigem Wohlstand kam. Im Jahre 1705 wurde für den adligen Nachwuchs in der Garnisonstadt eine königliche Ritterakademie gegründet. Die Namen jüngerer Kadetten lassen sich heute im Torgang auf dem Weg in die Kirche lesen. Hier wird die Erinnerung an Preußentum und den Widerstand gegen die NS-Zeit wach. Man muß leise sein. Musiker spielen die Matthäus-Passion; Künstler von fern und Sänger aus der Stadt. Das Kirchenschiff ist bis zum letzten Platz besetzt, auch der obere Chor, dessen Holzboden knarrt und so die Solostimme durchbricht. Geschichte und Kunst haben Brandenburg nur die kürzeste Zeit geprägt; zum Glück auch nicht die Strafanstalt in Görden, in der viele Widerstandskämpfer gegen den Nationalsozialismus umkamen. Auch die SED-Zeit verwahrte in Brandenburg ihre Opfer hinter hohen Mauern.

Prägend ist vielmehr die Metallindustrie, die mit den Brennaborwerken der Gebrüder Reichstein seit Mitte des letzten Jahrhunderts vorherrschte. Schiffslager- und Maschinenbau verdrängten die Textilindustrie. In den zwanziger Jahren unseres Jahrhunderts kamen die »Mitteldeutschen Stahlwerke« nach Brandenburg. Opel verlegte 1935 den LKW-Bau von Rüsselsheim an die Havel. Ein Jahr später öffneten die Arado-Flugzeugwerke einen Zweigbetrieb. Die Nähe Berlins förderte Brandenburgs wirtschaftliche Bedeutung. Residenz war die Stadt schon seit 1470 nicht mehr. Damals hatten die Kurfürsten ihr neues Schloß im späteren Berliner Stadtteil Cölln bezogen. Heute gibt es immerhin das Bundesland Brandenburg wieder. Ein Drittel des Vorkriegslandes gehört allerdings unwiderruflich zu Polen. Oder und Neiße sind Grenzflüsse. Die Stadt bewahrte zunächst zumindest ihre industrielle Bedeutung. Doch auch das ist heute nur graustaubige Fassade, denn die Industrie funktioniert nicht. Das Neue wächst erst nach. Hunderttausende wurden arbeitslos. Die Schlote, einst Wahrzeichen des industriellen Brandenburg, haben ausgedient; ein trauriger Rest aus großer Zeit.

Von der Eins zweigt bald hinter Brandenburg die 102 nach Süden ab, nach Belzig und zur Lutherstadt Wittenberg. Die Hauptstraße zieht durch die Havelniederung an Wust, Gollwitz, Jeserig und Götz vorbei, durch Erholung bietende Gegenden, bis sie nach gut 27 Kilometern Groß-Kreutz erreicht, wo das Herrenhaus einen ersten und bescheiden-bürgerlichen Vorgeschmack auf das höfische Sanssouci in Potsdam bietet. Ein Knobelsdorff-Schüler mag 1765 diesen Bau errichtet haben. Die Dorfkirche stammt aus romanischer Zeit und erinnert an die frühe Geschichte der Kolonistensiedlung in slawischer Umwelt. Alleen wie zu Fontanes Zeiten haben überlebt. Befremdlich wäre dem Dichter wohl diese Berliner-Ring-Autobahn, deren westlicher Abschnitt die Eins zwischen Derwitz und Glindow kreuzt. Durch ihren Bau ist das slawische Zolchow nordnordwestlich von Plessow zerstört worden. Immerhin blieb das barocke Herrenhaus der Familie von Rochow erhalten, die seit 1335 in Plessow gelebt hat. Eine Schule zog in SED-Zeiten in den Bau. In ungewohnter Zweisamkeit versuchen sich ein sowjetischer Soldat und ein deutscher Schüler als Anhalter. Bisher konnte man nur bei offiziellen Anlässen »deutsch-sowjetischer Freundschaft« miteinander reden. Jetzt radebrecht der sächselnde Deutsche auf Schulrussisch seine Alltagsbefindlichkeiten dem Gleichaltrigen zu. Er seinerseits wolle lieber in »deutsches Land« bleiben, entgegnet der Uniformierte. Potsdam sei wie Petersburg. Von dieser Stadt hatte der Ex-DDRler noch nichts gehört. »In der Heimat spricht man nicht mehr von Leningrad«, behauptet der Unteroffizier.

Die Eins kreuzt Flüsse, die ältesten Verbindungswege für den

Handel. Seit Mitte des 19. Jahrhunderts gibt die Straße immer mehr Lasten an die Eisenbahn ab. Im 20. Jahrhundert gewann der Verkehr eine weitere Dimension, die Luftfahrt. Doch bevor diese Handelswege am Himmel richtig genutzt werden konnten, fuhr Otto Lilienthal immer wieder zwischen 1891 und seinem Absturz im August 1896 auf der Eins von Berlin über Werder nach Derwitz, um dort auf dem Windmühlenberg seine eigentümlichen Flugversuche zu unternehmen. Ein paar Fotos halten dies Taumeln fest. Sie sind verwackelt; und doch sieht man die zerbrechlich weiten Flügel, wie die einer Riesenfledermaus. Zwei Beine, zwei Füße in Schnürschuhen, die sich gegen den Himmel abheben, erinnern daran, daß hier ein Mensch die natürlichen Kräfte von Luftwiderstand und Auftrieb für seine Fortbewegung nutzen will.

Die meisten lachten über die Brüder Lilienthal, die ihr gesamtes Vermögen in den Wind zu schreiben schienen. Nur die Brüder Wright, die dann den Motorflug entwickelten, würdigten die Berliner Eigenbrötler. Und der französische Flugpionier Ferber konzedierte später: »Der Tag des Jahres 1891, an dem Lilienthal die ersten 15 Meter in der Luft durchmessen hat, gilt für mich als der Augenblick, in dem die Menschheit das Fliegen erlernte.« Doch diesem ersten Versuch gingen mühevolle Jahre des Studiums voraus. Otto Lilienthal, aus Anklam in Pommern, Ingenieur und Maschinenfabrikant, studierte zunächst den Flug großer Vögel und zeichnete die Flugbewegungen eigens gezogener Störche auf. Erst dann begann er, tragfähige Segelapparate zu konstruieren. Bruder Gustav half mit Auftriebs- und Widerstandsversuchen. 1889 erschien Lilienthals Buch »Der Vogelflug als Grundlage der Fliegekunst«. Eine neue Wissenschaft war begründet.

Lilienthal war ein kräftig gebauter Mann, Mitte vierzig, mutig und stark genug, selbst den Vogelflug nachzuahmen. Vorsichtig experimentierte er mit den ersten Flügelkonstruktionen, stehend am Boden, und er befand, »daß schwerlich jemand die Hebewirkung des Windes sich so stark vorgestellt haben wird... Ohne vorherige Übung reicht eben die menschliche Kraft gar nicht aus, mit solchen Flügeln im Winde zu operieren«. Und dann sprang er in

Sichtweite der Eins bei Derwitz mit diesem Gerät aus Weidenruten und gelacktem Baumwollstoff von einem allenfalls sechs Meter hohen und kahlen Hang und erreichte Gleitflugstrecken von zwanzig und fünfundzwanzig Metern. Später nutzte er höhere Hügel im Berliner Raum. 1936 ließ Luftwaffengeneral Hermann Göring proklamatorisch feststellen: »Der erste Flieger war ein Deutscher.« Etwas kleinlauter bliebe anzufügen: ... und er taumelte im Schatten der Reichsstraße 1.

Über Glindow, das wegen seiner Tonvorkommen durch Ziegeleien zu Wohlstand kam, erreicht die Eins das Ausflugsziel Werder. Dieser Ort erinnert während der Obstbaumblüte an das Alte Land um Stade. Von hier brachte der erste Raddampfer »Marie Luise« 1853 Obst nach Berlin. Ein Moselstädtchen läßt sich in Werder nicht erkennen, auch wenn neben den Ziegeleien und der Fischerei der Weinanbau zu seinen ältesten Wirtschaftszweigen gehört. Der märkische Humanist Georg Sabinus sah das 1508 noch anders und schrieb, die Havel sei von Weinbergen bekränzt wie die Mosel. Ein markgräflicher Vasall mit Namen Sloteke verkaufte Werder 1317 an das Kloster Lehnin. Dem gehörte die Stadt bis 1542. Erst 1782 erhielt Werder eine eigene Verwaltung. Der Turm der Kirche »Zum Heiligen Geist« gilt als Wahrzeichen von Werder. Er ist neugotischen Stils; wurde wie die Kirche in den fünfziger Jahren des 19. Jahrhunderts von Friedrich August Stüler gebaut, gründet sich aber auf Fundamenten des 13. Jahrhunderts. Noch erreicht die Eins Potsdam nicht, wohl schon den Stadtkreis, doch sie hält in Geltow noch einmal inne. Dieses Dorf ist als »Geliti« zusammen mit »Poztupimi« (Potsdam) in der frühesten Urkunde von 993 erwähnt. Wo zu jener Zeit die slawische Burg gelegen haben mag, ist zwar nicht bekannt, doch mutmaßlich lag sie genau am seichten Havelübergang, den auch die Reichsstraße nutzt. 1660 erwarb der Große Kurfürst den früher adligen Besitz zur Erweiterung seines Wildparks.

Der Alte Fritz, die Hauptstadt und das Oderbruch

Von Potsdam bis zur polnischen Grenze

Eichen stehen längs der Straße; dann ein militärisches Terrain. Schließlich öffnet sich vor der Eins Potsdam: lang erwartet – zunächst eine Enttäuschung. Falb erscheint die Stadt; grau und müde; voller Industrie. Vom höfisch preußischen Glanz der fritzischen Zeit zunächst keine Spur. Doch wie hätten die Bürger von Potsdam allein als Museumswärter überleben können? Schon Fontanes Wanderungen durch die Mark erscheinen wie ein wehmütiger Abschied von der »guten alten« Zeit, in der das Preußentum geistige Anspannung mit äußerer Genügsamkeit verband. Die Kaiserzeit entleerte diese Werte. Die junge Großmacht empfand ihre märkischen Wurzeln als beengenden Hemmschuh. Der Übergang von der agrarischen zur industriell bestimmten Gesellschaft entwickelte sich sprunghaft, scheiterte schließlich in der Weimarer Republik. Die nachzuholende Modernisierung verknüpfte der Nationalsozialismus mit dem Versuch, aus der preußisch-brandenburgischen Tradition Legitimität für die eigene Ideologie zu schöpfen.

Was dann der Zweite Weltkrieg in Potsdam nicht zerstörte, wurde in der SED-Zeit – außer dem Rathaus – aus Arroganz gegenüber der eigenen Geschichte niedergewalzt wie 1960 das Stadtschloß und die Garnisonkirche. Erst Ende der siebziger Jahre schöpfte die »sozialistische Geschichtsforschung« Mut zu einer differenzierteren Betrachtung. Das begann mit einer neuen Biographie über Friedrich II., der allerdings noch nicht »der Große« genannt werden durfte. Durch ihn und seine Schlösser, die in allen DDR-Jahren viele Tausend Touristen anlockten, war Potsdam immer ein bißchen offener geblieben als andere SED-Städte. Doch erst jetzt kann

Potsdam wieder frei anknüpfen, aufbauen und retten, was sich zu retten lohnt, um 1993 einen würdigen Geburtstag zu feiern, wenn es als Landeshauptstadt Brandenburgs tausend Jahre alt wird. Das Glockenspiel der Garnisonkirche »Üb immer Treu und Redlichkeit«, das der Krieg zum Verstummen brachte, klingt schon wieder, wenn auch noch auf dem Vorplatz einer westdeutschen Bundeswehreinheit.

Während von Anfang bis Herbst 1990 Magdeburg und Halle über den Rang der Landeshauptstadt stritten, lief in Brandenburg die Entwicklung von vornherein auf Potsdam zu, seitdem einmal der Beschluß gefaßt worden war, ein selbständiges Berlin zu schaffen. Allein Brandenburg wäre wohl die Alternative zu Potsdam gewesen. Damit wäre an eine große Tradition angeknüpft worden. Doch die war schon fast ein halbes Jahrtausend zuvor zu Ende gegangen. Nun findet Potsdam aus dem Schatten Berlins, ähnlich wie es der Leipziger Publizist und Theatermann Heinrich Laube schon im vorigen Jahrhundert gefordert hatte.

Heinrich Laube hatte »nie begriffen, warum nicht Potsdam zur Hauptstadt Preußens wurde. Es liegt an einem See und an der bedeutenden, direkt in die Elbe mündenden Havel und hat eine viel hübschere Umgebung als Berlin. Außerdem liegt es vier kleine Postmeilen näher am alten Deutschen Reiche. Man vergleicht es gewöhnlich mit Versailles, wozu der französische Stil der Schlösser und Anlagen berechtigt, aber als Position hat Potsdam eine viel größere Bedeutung als Versailles. Versailles ist bloß ein Audienzsaal, Potsdam könnte eine Handelsstadt sein. Die Kaufleute hier sagen: Wenn die Eisenbahn fertig wird, so wird Potsdam der Hafen von Berlin. Ich verschweige indessen nicht, daß erfahrene Leute die anspruchslose Spree der Havel vorziehen. Sie hat ein stets zuverlässiges und befahrbares Wasser, während die Havel mehr von den Malern verehrt wird. Malerei und Schiffahrt harmonieren aber doch selten in ihren Ansprüchen,« meinte der Journalist in den dreißiger Jahren des letzten Jahrhunderts.

Kaiser Otto III. schenkte seiner Tante, der Äbtissin von Quedlinburg, die Orte »Poztupimi und Geliti«, eben Potsdam und das erwähnte Geltow an der Eins. Die dazugehörige Urkunde von 993 ist der Grund zur Tausendjahrfeier. Großherzig war diese Gabe nicht. Denn der Slawenaufstand von 983 hatte den Zugriff zu diesen beiden Siedlungen wohl zunichte gemacht. Erst im 12. Jahrhundert konnte Albrecht der Bär die Ostkolonisation fortsetzen. Er baute am Havelübergang von Potsdam eine Burg. Urkundlich erwähnt wurde sie erst 1375 in dem schon genannten Landbuch von Kaiser Karl IV. über die Abgaben in den drei Marken. Zwar galt es damals schon als Stadt; doch von Bedeutung war Potsdam nicht. Das Gebiet zwischen Havel und Spree war voller Sümpfe. Die Handelswege gabelten sich hier vielfach und suchten je nach Jahreszeit eine angemessene Trasse nach Osten. Zu den Zeiten, als Potsdam in die Geschichte trat, wickelte sich der Ost-West-Verkehr nördlich der Stadt ab. Brandenburg orientierte sich als Hansestadt nach Norden und zur Ostsee. Dann wurden zunächst Cölln und Berlin wichtiger als Potsdam, das erst durch die Jagdleidenschaft von Kurfürst Friedrich Wilhelm, der von 1640 bis 1688 regierte, zur Residenz bestimmt wurde. 1662 begann der Bau des Stadtschlosses.

Von da an war alles in fürstlicher Hand. Nicht der Bürgerwille entschied, wie in anderen Städten jener Zeit; Patrizier gab es in Potsdam nicht, sondern den absolutistischen Willen des Großen Kurfürsten, der für den Bau seines Schlosses 39 Bürgerhäuser am Alten Markt niederreißen ließ. Zur Wirtschaftsförderung holte er Handwerker und Manufakturunternehmer in den Ort. Mit dem Edikt von Potsdam antwortete er Ende 1685 auf die Aufhebung des Edikts von Nantes. Die aus Frankreich fliehenden Hugenotten fanden in Brandenburg, zumal in Potsdam, Aufnahme. 1731 stand Friedrich Wilhelm ihnen sogar eine eigene Verfassung zu. Der Wille zur Großmacht äußerte sich nicht nur im Lokalen. Der Kurfürst errichtete ein stehendes Heer, zentralisierte die Verwaltung, schränkte die Befugnisse der Stände ein, so ihr überkommenes Recht zur Steuerbewilligung. Der Adel hatte sich der Staatsräson unterzuordnen; dafür wurden ihm soziale und ökonomische Privilegien zuteil.

Außenpolitisch nutzte der Große Kurfürst den kaiserlich-französischen Gegensatz, um Brandenburg zur neuen europäischen Großmacht zu schmieden. Zunächst hielt er sich im Bündnis mit Österreich den Rücken frei, so daß er aus dem schwedisch-polnischen Krieg als souveräner Herr über das Herzogtum Preußen herauskam (Frieden von Oliva 1660). Dann unterstützte er eine bourbonische Bewerbung um den Kaiserthron, um mit Frankreichs Hilfe Stettin und die Odermündung zu gewinnen, die mit Wiener Absegnung bei Schweden bleiben sollten, so wie es der Friede von Nimwegen (1679) analog zum Friedensschluß von 1648 gefordert hatte. Mit dem Edikt von Potsdam wechselte er neuerlich die Fronten. 1686 schloß der Kurfürst einen Geheimvertrag mit dem Kaiser und sicherte ihm Brandenburgs Hilfe bei einem Konflikt mit dem französischen König zu.

Der Sohn gewann wegen des Machtzuwachses des Vaters und in derselben Allianz die Königskrone. Diese Rangerhebung ging mit der Einrichtung einer neunten Kurwürde einher, die 1692 an den Welfen in Hannover gefallen war. Das Gleichgewicht der Kräfte mußte gewahrt bleiben. Mit Rücksicht auf das polnische Westpreußen wurde Friedrich III. am 18. Januar 1701 zum König Friedrich I. »in Preußen« gekrönt. Das geschah in Königsberg; denn noch verband sich die Krone nur mit dem außerhalb des Kaiserreiches liegenden Preußen.

1713 übernahm Friedrich Wilhelm I. die Macht. Zu seines Vaters Zeiten war Potsdam nicht gewachsen. Es besaß gerade wieder die Einwohnerzahl wie vor dem Dreißigjährigen Krieg. Unter dem Soldatenkönig begann Potsdams »klassische Zeit«. Er baute die Stadt nicht wie andere Herrscher der Zeit so aus, als wäre die Residenz auch architektonisch das Herz des Gesamten. Sie wuchs vielmehr, dem Nützlichen verpflichtet, am Rand des Alten, um neuen Bürgern und vielen Soldaten Platz zu bieten. Noch im Sommer 1713 marschierten die Grenadiere aus Brandenburg in Potsdam ein. Die Bürger mußten sie, zu je zwei, vier oder gar sechs Mann in ihre Häuser aufnehmen. Dann wurden die »erste Neustadt«, bald die »zweite Neustadt« gebaut, klar gegliederte, zwar barocke aber doch einfache Anlagen. Für die Einwanderer, zumeist Handwerker zur Produktion von Uniformtuch und Gewehren, folgte zwischen 1737 und 1742 das Holländische Viertel. Jan Boumann errichtete in vier Kar-

Potsdam. Blick von der Freundschaftsinsel über die Lange Brücke auf Stadtschloß und Nikolaikirche.

rees insgesamt 134 Backsteinhäuser, abwechselnd Traufen- und Giebelbauten, weiße Fenster und Türen, grüner Schmuck. Nur 72 Familien konnte der Soldatenkönig damals locken. Die Touristen, die heute durch dies Viertel gehen, ahnen schon, daß es in ein paar Jahren chic sein wird, hier zu wohnen. Noch lastet der Verfall. Oft ist nicht erkennbar, ob noch abgerissen oder schon gebaut wird. Bei Klempner Schmidt hingegen ist das klar. »Hier bleiben wir. Ich habe alles selbst gemacht. Es funktioniert.« Schmuck ist sein Haus, außen wie drinnen. Schmidts zogen zu Honeckers Zeiten in dies Viertel. Der hatte, – es verstrichen Jahrzehnte bis zu dieser Einsicht –, den Wert des Holländischen Viertels erkannt.

Potsdam scheint einen neuen Anfang zu spüren, so als sei der Soldatenkönig noch in der Stadt. Während seiner Regierung wurde die 1981 wieder instandgesetzte Nikolaikirche gebaut, aber auch die »ehemalige« Garnisonkirche, – wie DDR-Führer es ausdrückten –,

Das Jägertor in Potsdam.

deren Glockenspiel in der Bombennacht zum 15. April 1945 verbrannte. 1968 wurde die Turmruine als Symbol des verhaßten Preußen gesprengt, so als habe in dieser Grabkirche des Alten Fritz nur der unwürdige »Tag von Potsdam« stattgefunden. An jenem 21. März 1933 organisierten die Faschisten ein chauvinistisches Schauspiel. In seiner Rede in der Garnisonkirche feierte Hitler in einem »Staatsakt« die Vermählung der alten »Größe« Preußen mit der jungen »Kraft« des Faschismus, hieß es in einem DDR-Reiseführer.

Am 31. Mai 1740 starb der Soldatenkönig. Ganz im Sinne seines Vaters übernahm Friedrich II. das Regiment. Am 27. Juni schrieb er an Voltaire: »Fürs erste habe ich die Macht des Staates mit 15 Bataillonen, 5 Schwadronen Husaren und einer Schwadron Garde du Corps vermehrt.« Er machte Potsdam aber nicht nur zur größten Garnisonstadt Preußens, sein Baumeister Georg Wenzeslaus von Knobelsdorff gab der Stadt und ihren Plätzen – wie dem Alten Markt – ein repräsentatives Gesicht. Das Stadtschloß wurde umgebaut. Vor allem aber entstanden der Park und das Schloß Sanssouci (1745/1747), fast zwanzig Jahre später das Neue Palais. Die Geschichte des Lustschlosses »Ohne Sorge« begann mit der Terrassierung des »Wüsten Berges« vor dem Brandenburger Tor. Ein Weinberg wurde zunächst daraus. Auf ihm errichtete Knobelsdorff für Friedrich das zierliche Palais; nicht für höfischen Prunk, sondern um den königlichen Hobbies nachzugehen. Draußen regnet es. Man kann die Bäume unter der Terrasse kaum mehr erkennen. Im Konzertzimmer scheint alles aufeinander ausgerichtet zu sein. Die Decke, wie eine Gitterlaube, nimmt die Weinreben von draußen wieder auf. Putten klettern schwerelos in dem Geäst. In den Nischen gegenüber den Fenstern vervielfältigt sich der Raum in Spiegeln. In eine Mythenwelt entführen auch die Bilder von Hofmaler Antoine Pesne: Pygmalion und Galathea, Diana und ihre Nymphen beim Bade, Bacchus und Ariadne.

1747. »Er soll den Hammerflügel so recht intonieren«, sagt der König und weist dem Gast den Silbermann-Flügel zu. Sein »retraite« ist gerade fertig und bezogen worden. Ein paar Jahre der

Ruhe nach den Schlesischen Kriegen und vor dem Siebenjährigen. Draußen geht ein langer Regentag früh zu Ende. Der kleine Hof hat sich zum Cammerkonzert versammelt. Der König will, wie fast immer, selbst die Flöte spielen. Da wird ein Offizier mit dem Rapport gemeldet, daß der »alte Bach« das Stadttor passiert habe, um bei seinem Sohn, dem am Preußenhof angestellten Carl Philipp Emanuel, einzukehren. Der Offizier verläßt das Konzertzimmer mit der Weisung, den berühmten Kantor der Leipziger Thomaskirche nach Sanssouci zu holen. Der Alte, 1685 geboren und nun drei Jahre vor seinem Tod, hat nicht die Zeit, sein Reisekleid gegen den schwarzen Cantor-Rock einzutauschen; da verbeugt er sich schon vor dem König mit weitschweifigen Entschuldigungen über seinen Aufzug. Und der läßt ihn an diesem Abend nicht nur an einem Silbermann-Piano fantasieren. Es gibt mehrere in Sanssouci. Bach entwickelt auch eine Fuge, deren Thema ihm der König vorgibt. Es ist schwer, und die Ausarbeitung will dem »Meister der Fuge« nicht ganz gelingen. Womöglich haben der König und Bachs Sohn dies Thema »ausgeknobelt«. So berichtet der Biograph Johann Nikolaus Forkel in seinem Buch 1802 über Johann Sebastians letzte Reise. Nach seiner Rückkehr arbeitete der Kantor in Leipzig das vom König erhaltene Thema drei- und sechsstimmig aus, fügte verschiedene kanonische Ergänzungen an und dedizierte es dem König, in Kupfer gestochen, als »Musikalisches Opfer«. Der König hat das Paket aus Leipzig nicht einmal auspacken lassen.

Eine herrische Erscheinung, dieser Königg, jeden Zweifel, jede Rührung verdrängt er. Man muß ihn kennen. Sonst würde man ihn für launisch halten. Er ist leicht verletzbar; doch nur durch seinesgleichen, die er nach Adel und Bildung an sich zieht. Wenn sie nur gebildet sind, dürfen sie sich keine Blöße geben. Sind sie nur von Adel, müssen sie immer tapfer sein. Später wird man von ihm sagen, er sei krank gewesen. Der Konflikt mit dem Vater habe den Kronprinzen zu einem seelisch verkrümmten Menschen gemacht. Andere werden ihn auch für körperlich krank halten, weil ihm in jungen Jahren wegen einer Geschlechtskrankheit die Mannbarkeit wegoperiert worden sein soll. Die Unfähigkeit, einen Thronfolger zeugen zu können, soll er vor seinem Vater verborgen gehalten haben. Es mußte ihm lieber sein, als homoerotisch zu gelten. Wegen dieses Irrtums, wenngleich nicht nur deshalb, wird der Freund des Kronprinzen, Hans Hermann von Katte, sterben – in Küstrin an der Eins. So sehr verfolgten die Zeitgenossen den König mit Ehrfurcht und Liebe, daß sie bei diesem gespannten Augenmerk müde wurden und am 17. August 1786 erleichtert den einsamen Tod des 73 Jahre alten Greises zur Kenntnis nahmen. »Alles ist düster, niemand ist traurig, alles ist geschäftig, niemand betrübt«, schrieb der Jakobiner Graf Mirabeau, gerade zu Besuch in der Stadt. Für ihn hatte sich der Alte Fritz überlebt. Für viele Preußen lebte er später in dem Maße wieder auf, wie Brandenburg im preußisch geführten Kaiserreich auf- und unterging. Potsdam, von keinem König so stark geprägt wie von Friedrich dem Großen, wurde zum Mekka dieser fritzischen Gesinnung, Stein gewordene Erinnerung. In diesem Sommer sollen Friedrichs sterbliche Überreste endlich dort beerdigt werden, wo er es immer haben wollte: Auf der Terrasse von Sanssouci neben seinen geliebten Hunden, den Windspielen, die gesiezt werden mußten.

In den dreizehn Regierungsjahren Friedrich Wilhelms II. begann der Niedergang von Potsdam; zu viele Soldaten – zu wenig Handel und Produktion. Berlin wurde statt dessen immer wichtiger. 1790 begann der Bau der Chaussee dorthin. 1838 wurde auf dieser Strecke die erste Eisenbahnlinie Preußens eingeweiht. Zwischen beiden Residenzen, und fast nur hier, wird die spätere R 1 wirklich zur ersten Straße des Reiches. Anfang 1990 schrieb die Leiterin des Potsdamer Stadtarchivs: »Die alte Reichsstraße war immer die günstigste Verbindung zwischen Potsdam und Berlin und hat seit dem 9. November 1989 wieder ihre ehemalige Bedeutung zurückerlangt. Die Berliner Straße – Glienicker Brücke ist nun wieder, wie eh und je, eine pulsierende Ader zwischen beiden Städten.« Das stimmt. Hier und anderswo muß man schon genau hinsehen, um den »früheren« Grenzverlauf erkennen zu können. Die längste Zeit seit dem

Potsdam. Blick über die Breite Straße zur Garnisonkirche.

Krieg hatten die Potsdamer einen Umweg zurückzulegen, um von Südosten ihr »Berlin – Hauptstadt der DDR« zu erreichen. Die Benutzer der Transit-Autobahn durften dagegen bei Potsdam nicht von der Autobahn abfahren und kamen nach dem Abzweig Drewitz in Dreilinden zum Grenzkontrollpunkt und erreichten dahinter Nikolassee.

Heute verbindet die Glienicker Brücke wie früher die Berliner Vorstadt Potsdams mit dem Berliner Südwesten. Sie ist nicht mehr der Übergabepunkt von Spionen im Kalten Krieg, Kulisse spannender Filme, in denen Wannsee-Boote in nebliger Nacht für gruselige Untermalung sorgten. »Auf Wiedersehen in Brandenburg«, steht in großen Lettern vor der Brücke, auf der noch die Straßenbahngleise instandgesetzt werden, die Jahrzehnte nicht genutzt und überteert worden waren. Das letzte Haus links vor der Brücke ist ein Kindergarten, eine prunkende Villa. Ein Grenzerhäuschen steht einsam da und erinnert an böse Zeiten. Dann die Bogen der Brücke, wohl angepaßt an herübergrüßende Kolonnaden im Glienicker Park. Im alten »West-Berlin« wird die Eins zur Königsstraße und läuft zwar nur zweispurig aber als breite Chaussee durch Park und Grün nach Wannsee. Als der Große Kurfürst Potsdam zu seiner zweiten Residenz machte, erwarb er 1677 das Gut jenseits der Havel und führte die Eins gleich nebenan über eine neue Havelbrücke, so daß die alte Trasse westlich über Kohlhasenbrück, der Heimat von Michael Kohlhaas, zweitrangig wurde. Südlich der Eins errichtete er 1682 für den Kronprinzen Friedrich ein Jagdschlößchen. Klein-Glienicke erlebte nach 1814 unter dem Staatskanzler Fürst Hardenberg eine neue Blüte. Er kaufte Gelände beim Fluß, das sein Schwiegersohn, Graf Pückler-Muskau, und Joseph Peter Lenné in einen englischen Park verwandelten. Carl von Preußen erbte das Hardenbergsche »Schloß« und ließ es nach Schinkels Ideen in den klassizistischen Bau unserer Tage verwandeln.

Was soll zu Berlin gesagt werden? Die Bücher füllen mehr als nur ein paar Regale. Soll aufgezählt werden, wer von Rang und Namen einst an der innerstädtischen Eins wohnte oder heute dort wohnt? Berlin sei die bestverleumdete Stadt der Welt, »und dies um so mehr, als es sich diese Verleumdung durch seine eigenen Organe meist selbst besorgt«, meinte 1877 der liberale Berliner Abgeordnete Ludwig Loewe im Reichstag mit einem Seitenhieb auf die Presse der Stadt. Mit dem Ausruf »sehr wahr« antwortete laut Protokoll das Plenum. Berlins Geschichte ist ohne Anfang. Urkunden fehlen. Als die sächsische Fürstenchronik um 1280 berichtet, daß die beiden Markgrafen-Brüder Joachim und Otto III. viele Städte erbauten, steht Berlin ganz oben auf der Liste. Deutsche Kaufleute legten wohl um 1200 an einem schmalen Spreeübergang beim Mühlendamm zwei Siedlungen an: Berlin etwa beim heutigen Nikolai-Viertel und Cölln am anderen Spreeufer um die Petrikirche. Hier trafen sich zwei Handelswege von Magdeburg nach Frankfurt und weiter nach Polen sowie die Süd-Nord-Straße von Meißen nach Stettin.

Schon vor 1230 umgab man Berlin und Cölln mit etwa sieben Meter hohen Wehranlagen. Davon sind an der Gaststätte »Zur letzten Instanz« Reste erhalten. Die Berliner Keimzelle lag am »Olden Markt«, dem späteren Molkenmarkt. Niedrige Fachwerkhäuser prägten das Bild. Patrizier regierten die Stadt, Handwerksmeister hatten Mitspracherechte. Die askanischen Markgrafen setzten als Landesherren den ersten Rat und den ersten Schultheiß von Berlin ein. Sie erhoben Steuern und Zölle und hatten Anspruch auf Gerichtsabgaben. Bald nach Verleihung der Stadtrechte an Cölln und Berlin entstand als zweiter Berliner Siedlungskern der »Nye Markt«. Dort wurde im damaligen Berliner Zentrum »up der nyen bruggen« das zweite Rathaus errichtet, etwa dort, wo heute das Rote Rathaus steht. Die wirtschaftliche Kraft beider Orte machte sie zu den wichtigsten der Mark; kaufmännische Vernunft begrenzte das Konkurrenzdenken und führte 1307 zur Union unter Bürgermeister Konrad von Beelitz. 1486 wurde Berlin kurfürstliche Residenz.

Im nächsten Jahrhundert wurde der Spreekanal schiffbar gemacht. Nach dem Dreißigjährigen Krieg waren von mehr als 1000 Wohnstellen in Cölln und Berlin 450 wüst, von 12 000 Einwohnern kaum 7000 geblieben. Erst die Einwanderung französischer Hugenotten belebte Berlin wieder, das mittlerweile mit wehrhaften Wällen und Mauern umgeben worden war. »Beinahe jeder dritte Berliner redet in einer des Landes fremden Sprache«, berichtet ein Zeitgenosse. 1701 hielt Friedrich I., »begleitet von 63 sechsspännigen Kutschen«, nach seiner Krönung in Königsberg Einzug in Berlin. Bald darauf werden die Magistrate von Berlin, Cölln, Friedrichswerder, Friedrichstadt und Dorotheenstadt zusammengelegt. 57 000 Einwohner zählte die Residenz. Um 1800 waren es schon 172 100. Manufakturen belebten die Wirtschaft. Für die Arbeitskräfte wurden Massenquartiere gebaut, so vor dem Rosenthaler Tor.

Gleichzeitig entfaltete sich das bildungsbürgerliche Leben. Aufklärung und Judenemanzipation sind mit den Namen Moses Mendelssohn (1729–1786) und Gotthold Ephraim Lessing (1729–1781) verbunden. Der Radierer und Maler Daniel Chodowiecki (1726 bis 1801) hielt das Leben dieser Zeit in Zeichnungen fest. Der Bildhauer Johann Gottfried Schadow (1764–1850) schuf die Quadriga auf dem Brandenburger Tor. Die Militärreformer August Graf Neidhardt von Gneisenau (1760–1831) und Gerhard Johann von Scharnhorst (1755–1813) suchten nach Lehren aus der Niederlage Preußens gegen Napoleon, der nach seinem Sieg von Jena und Auerstedt Ende Oktober 1806 für vier Wochen in das Berliner Schloß eingezogen war. Zwei Jahre dauerte die Besetzung. 1810 wurde die Humboldt-Universität gegründet. Kurz darauf entstanden als Voraussetzung für die Industrialisierung Maschinenbauanstalten, Gewerbeinstitute, Gasanstalten.

Dann führte die gesamteuropäische Wirtschaftsdepression im März 1848 zu einer Revolution, auf deren Kraft die Regierung nicht vorbereitet war. Während der Barrikadenkämpfe floß Blut. Zensur und politische Verfolgung kennzeichneten die Zeit danach. Immerhin wurde die soziale Lage in den ärmlichen Quartieren durch den Aufbau einer modernen Wasserversorgung verbessert. Die kommunale Feuerwehr gebot den Bränden Einhalt. Unter Bismarck wurde die märkische Stadt zum Zentrum des Reichs. Die ländlich-preußische Gesinnung erwies sich als offen für die Einflüsse aus dem »Reich«. Zugleich ging das Ursprüngliche verloren. Eine Mischung aus Provinz und Großmannssucht beseelte das mittelständische Leben. Die Wirtschaft florierte zwar; doch die sozialen Segnungen entwickelten sich erst ganz allmählich. Berlin war die »größte Mietskasernenstadt der Welt« mit ihren von Käthe Kollwitz und Heinrich Zille gezeichneten Nöten in Hinterhöfen und »Gartenhäusern«. Die Stadt wurde für den Verkehr erschlossen. 1875 nahm die Stadtbahn den Betrieb auf. 1920 wurde Berlin aus acht Städten, 59 Landgemeinden und 27 Gutsbezirken zu einer Stadtgemeinde zusammengefügt. Alt-Berlin oder Berlin-Mitte betrug nur noch 1,2 Prozent der Gesamtfläche. 1923 wurde der Flughafen Tempelhof eröffnet. Gleichwohl rollte der Verkehr weiter vornehmlich auf Schiene und Straße. Mehrere Reichsstraßen durchquerten Berlin: Die 2, 5, 96, 101, 103 (5), 158. Doch nur eine dieser Straßen führte nicht nur durch das Reichszentrum, sondern verband auch die Krönungsstadt deutscher Könige, Aachen, mit der Krönungsstadt der Preußen, Königsberg. Sie wurde, obwohl in vielen Abschnitten bedeutungslos und allemal unwichtiger als die Strecken von Berlin nach Hamburg oder Leipzig, 1934 zur ersten Straße des Reiches.

Die Eins erreicht in Nikolassee als Potsdamer Chaussee und Königstraße den früheren Westteil der Stadt. In Zehlendorf heißt sie Potsdamer-, nach der Kreuzung mit der Clay-Allee Berliner Straße. »Unter den Eichen« heißt sie in Steglitz, wo sie am Botanischen Garten vorbei zum Steglitzer Kreisel führt. Von hier an strebt die Eins als Schloßstraße nach Friedenau, wo sie nach dem Abzweig der Bundesallee zur Rheinstraße wird. In Schöneberg ist sie »Hauptstraße«. Sie überquert den Innsbrucker Platz und wird an der Einmündung der Grunewaldstraße wieder zur Potsdamer Straße. Sie passiert das ehemalige Kontrollratsgebäude am Kleistpark und überbrückt den Landwehrkanal. Danach durchzieht sie in Berlin-Mitte den einst belebtesten Teil der Reichshauptstadt am Potsdamer und Leipziger Platz und zielt als Leipziger Straße auf den Spittelmarkt, den sie als Gertraudenstraße verläßt. Sie überquert einen Seitenarm der Spree und ist somit im alten Cölln. Über den Köllner Fischmarkt führt sie als Mühlendamm-Brücke zum Molkenmarkt. Als Gruner Straße geht die Eins, unter der S-Bahn hindurch, im Alexanderplatz auf. Zu SED-Zeiten bog sie dann als Karl-Marx-Allee (früher Große Frankfurter Straße) nach Osten ab zum Strausberger Platz in Friedrichshain. Hinter dem Frankfurter Tor wird sie zur Frankfurter Allee. Sie führt durch Lichtenberg und Alt-Friedrichsfelde und verläßt Berlin in Richtung Frankfurt an der Oder.

Der Potsdamer Platz und das nördliche Ende der Potsdamer Straße lagen – und liegen nun wieder – im Herzen Berlins. Schon vor hundert Jahren zeugten sie von Geschichte, Weltoffenheit und Lebensfülle der Stadt. Drei Zitate machen den Stadtplan lebendig, so unterschiedlich ihre Akzente auch gesetzt sein mögen.

Theodor Fontane schildert in seinem 1886 erschienenen Roman »Cécile«, der in der Offiziers- und Adelswelt des zeitgenössischen Berlin spielt, die folgende Marktszene:

>»Der Potsdamer Platz war auch heute wieder wegen Kanalisation und Herstellung eines Inselperrons unpassierbar. Wenigstens in seiner Mitte. So mußte Gordon denn an seiner Peripherie hin sein Heil versuchen, was ihn freilich nur in neue Wirrnisse brachte. Denn es war gerade Markt heute, der, wie gewöhnlich an dieser Stelle, zwischen Straßendamm und Häuserfront abgehalten wurde. Hier saßen die Marktfrauen in einer Art Defilee ›gekeilt in drangvoll fürchterliche Enge‹, durch welche Gordon nun hindurch mußte. Wirklich, das war nichts Leichtes, aber so schwer es war, so vergnüglich war es auch, und auf die Gefahr hin, überrannt zu werden, blieb er stehen und musterte die Szenerie. Weithin standen die Himbeertienen am Trottoir entlang, nur unterbrochen durch hohe kiepenartige Körbe, daraus die Besinge blauschwarz und zum Zeichen der Frische noch mit einem Anfluge von Flaum hervorlugten. In Front aber, und zwar als besondere Prachtstücke, prangten unförmige verspätete Riesenerdbeeren auf Schachtel- und Kistendeckeln, und dazwischen lagen Kornblumen und Mohn in ganzen Bündeln, auch Goldlack und Vergißmeinnicht, samt langen Bastfäden, um, wenn es gewünscht werden sollte, die Blumen in einen Strauß zusammenzubinden. Alles primitiv, aber entzückend in seiner Heiterkeit und Farbe. Gordon war ganz hingenommen davon, und erst als er sich satt gesehen und ein paar kräftige Atemzüge getan hatte, ging er weiter.«

In die gleiche Zeit gehört auch Wilhelm Raabes Liebeserklärung an Berlin, nachzulesen in der »Chronik der Sperlingsgasse«:

»*Ich liebe in großen Städten diese älteren Stadttheile mit ihren engen, krummen, dunkeln Gassen, in welche der Sonnenschein nur verstohlen hineinzublicken wagt. Ich liebe diesen Mittelpunkt einer vergangenen Zeit, um welchen sich ein neues Leben in liniengeraden, parademäßig aufmarschirten Straßen und Plätzen angesetzt hat, und nie kann ich um die Ecke meiner Sperlingsgasse biegen, ohne den alten Geschützlauf mit der Jahreszahl 1589, der dort lehnt, liebkosend mit der Hand zu berühren. Hier in diesen winkligen Gassen wohnt das Volk des Leichtsinns dicht neben dem der Arbeit und des Ernsts, und der zusammengedrängtere Verkehr reibt die Menschen in tolleren, ergötzlicheren Scenen an einander, als in den vornehmeren, aber auch öderen Straßen. Hier giebt es noch die alten Patrizierhäuser, – die Geschlechter selbst sind freilich meistens lange dahin – welche nach einer Eigenthümlichkeit ihrer Bauart, oder sonst einem Wahrzeichen unter irgend einer naiven merkwürdigen Benennung im Munde des Volkes fortleben. Hier sind die dunkeln, verrauchten Comptoire der alten gewichtigen Handelsfirmen, hier ist das wahre Reich der Keller- und Dachwohnungen. Die Dämmerung, die Nacht produziren hier wundersamere Beleuchtungen durch Lampenlicht und Mondschein, seltsamere Töne als anderswo. Das Klirren und Aechzen der verrosteten Wetterfahnen, das Klappern des Windes mit den Dachziegeln, das Weinen der Kinder, das Miauen der Katzen, das Gekeif der Weiber, wo klingt es passender – man möchte sagen dem Ort angemessener, als hier in diesen engen Gassen, zwischen diesen hohen Häusern, wo jeder Winkel, jede Ecke, jeder Vorsprung den Ton auffängt, bricht und unverändert zurückwirft! –*
Die Sperlingsgasse ist ein kurzer, enger Durchgang, welcher die Kronenstraße mit einem Ufer des Flusses verknüpft, der in vielen Armen und Kanälen die große Stadt durchwindet. Sie ist bevölkert und lebendig genug, einen mit nervösem Kopfweh Behafteten wahnsinnig zu machen und ihn im Irrenhause enden zu lassen; mir aber ist

sie seit vielen Jahren eine unschätzbare Bühne des Weltlebens, wo Krieg und Friede, Elend und Glück, Hunger und Ueberfluß, alle Antinomien des Daseins sich widerspiegeln.«

Ein ganz anderes Berlin, das der Salons und der Gesellschaft, begegnet uns in den 1893 veröffentlichten autobiographischen Erinnerungen von Ludwig Pietsch. Der Zeichner, Schriftsteller und Kritiker beschreibt die – am Potsdamer Platz gelegene – Wohnung des Arbeiterführers Ferdinand Lassalle (1825–1864), in der sich während der fünfziger Jahre eine Schar illustrer Gäste versammelte:

>»*Ferdinand Lassalle bewohnte bis zum April 1859 die Parterrewohnung in der Potsdamer Straße an der östlichen Ecke der Eichhornstraße. Trophäen von orientalischen Waffen, Kupferstichen aller Hauptscenen der großen Revolution, Fragmente antiker Marmorarbeiten, die er in Italien und Paris erworben hatte, und einige Gipsabgüsse bildeten die Elemente der künstlerischen Decoration seiner Räume.*
>*In dem Speisesaal dieser seiner ersten Wohnung versammelte Lassalle an manchen Abenden zum späten Souper eine ziemlich große Versammlung von Persönlichkeiten, die sehr verschieden nach Beruf, Stellung, politischen Anschauungen, Alter, Charakter, doch das Gemeinsame hatten, daß sie durch Bildung, Talent, Leistung und Lebensschicksal weit über das Durchschnittsniveau hervorragten. Da sah ich den dreiundsiebzigjährigen Varnhagen von Ense, dessen Erscheinung, Sprache, Manieren noch immer wie vom Duft der Zeit des Wiener Congresses umweht waren; seine milde ironische Schalkhaftigkeit verriet nie und keinem außer seinem Freunde Alexander von Humboldt, welcher Haß gegen die in Preußen und Deutschland herrschenden Mächte und Persönlichkeiten in seinem Busen kochte, während er auch gegen die Regierenden ganz Ergebenheit war, lächelte und lächelte... Ein vollendeter Künstler der Causerie. Da erschien Hofrat Friedrich Förster, der sogenannte ›Hofdemagoge‹ und Waffengefährte Theodor Körners. Die beiden großen deutschen Geistessterne, Goethe und Hegel, hatten ihm noch per-*

sönlich gestrahlt, ersterer ihm bekanntlich sogar ›die Waffen gesegnet‹, die der junge Lützower Freischärler, zum heiligen Kampf ausziehend, führte. Der Dritte im Bunde dieser Alten war der siebenundsiebzigjährige General von Pfuel, der Jugendfreund Heinrich von Kleists, ehemals preußischer Ministerpräsident im ›Ministerium der Schande‹ von 1848, welches dann dem ›Retter Preußens‹ Brandenburg-Manteuffel, weichen mußte. Hier traf ich auch wieder mit Ernst Dohm zusammen, dem Redakteur des ›Kladderadatsch‹, Lassalles sechs Jahre älterem Breslauer Landsmann und Freunde, den ich noch vom demokratischen Klub im Jahre 1848 her kannte. Später trat auch seine junge dunkellockige Gattin, Hedwig Dohm, aus deren großen, sammtweichen Märchenaugen schwungvoller Geist und reiche Phantasie strahlten, mit dem Zauber ihrer fremdartigen Schönheit in den Lassalleschen Kreis ein. Hans von Bülow, der philosophische Musiker, schon damals, im siebenundzwanzigsten Jahr, ein Meister des Klavierspiels, schloß sich Lassalle mit enthusiastischer Sympathie an. Mit jenem gemeinsam stand er in der ersten Reihe der Kämpfer für das neue musikalische Evangelium Richard Wagners, dessen Thannhäuser bei seiner ersten Aufführung in Berlin 1856 den leidenschaftlichen Streit der Meinungen in der hiesigen Gesellschaft entfesselt hatte. Von dem Umgang mit Lassalle ließ sich auch durch sein preußisches Offiziersbewußtsein einer der schneidigsten Reiteroffiziere der Armee, der freilich auch als einer der gescheidtesten und gebildetsten Köpfe bekannt war, Baron von Korff, Rittmeister im 2. Gardedragoner-Regiment, nicht zurückhalten. Bei Lassalle sah ich auch Lothar Bucher wieder, den ehemaligen Steuerverweigerer der preußischen Nationalversammlung, der hier seine Tätigkeit als Feuilletonist der Nationalzeitung fortsetzte, ohne eine Ahnung von seiner späteren großen Carrière zu hegen. Früher noch als Lothar Bucher gab Karl Marx, der für einige Wochen aus England herübergekommen war, in Lassalle's Hause gleichsam Gastrollen. Man sah den gefürchteten Prediger des allgemeinen Umsturzes und der Vernichtung der alten Gesellschaftsordnung, der sich hier als ein heiter behaglicher, sarkastischer, vollkräftiger Herr zeigte, mit einer aus Scheu, Grauen, Neugierde *und Wohlgefallen eigentümlich gemischten Empfindung an. Eine noch größere Genugthuung aber schien Lassalles demokratisches Herz zu empfinden, wenn gelegentlich ›Semilasso‹, ›der Verstorbene‹, der damals noch sehr lebendige Fürst Pückler-Muskau bei ihm eintrat. Welch ein feingeschnittenes Aristokratengesicht zeigte dieser mit kurzem, wie oxydiertes Silber glänzendem Haar geschmückte, zierliche Kopf, welche einfache, natürliche Vornehmheit und Verbindlichkeit auch in diesem Kreise, in welchem so manche Figuren ihm doch in innerster Seele ein Gräuel sein mußten.«*

»Oh, Berlin, wie weit ab bist Du von einer wirklichen Hauptstadt des Deutschen Reiches!«, klagte Theodor Fontane. »Du bist durch politische Verhältnisse über Nacht dazu geworden, aber nicht durch Dich selbst.« Aus Gemeinem sei der Mensch gemacht, zitiert er den Klassiker Friedrich von Schiller. Der habe gewiß an den »Berliner Spießbürger« gedacht, der sich »inzwischen zum Bourgeois abwärts entwickelt hat«. Vielleicht erinnerte sich Fontane auch einer fünfzig Jahre älteren Formulierung Heinrich Heines, der in den »Reisebildern« befand: »Berlin ist gar keine Stadt«; sie biete bloß einer Menge Menschen, und auch vielen von Geist, Gelegenheit, sich zu versammeln, Menschen, »denen der Ort ganz gleichgültig ist. Diese bilden das geistige Berlin.«

Der durchreisende Fremde, sagte Heine, sehe nur langgestreckte uniforme Häuser, lange breite Straßen, die nach der Schnur und meistens nach dem Eigenwillen eines einzelnen gebaut seien und nichts darüber aussagen könnten, was hier gedacht werde. »Es sind wahrlich mehrere Flaschen Poesie dazu nötig, wenn man in Berlin etwas anderes sehen will als tote Häuser und Berliner.« Den Reisenden in den zwanziger Jahren kam Berlin ein wenig wie New York vor, selbst wenn auf dem Kurfürstendamm »noch etwas von den Winden von Schmargendorf« wehe, meinte 1942 der Journalist Paul Fechter. Bei aller Bedeutung sei Berlin auch nicht so wie Paris oder London, denen etwas Ehrwürdiges anhafte. Berlin sei vielmehr eine stets junge Stadt. Friedrich Sieburg nach dem Krieg: »Sich nicht unterkriegen lassen, widerstehen, überleben! Mehr als das – angespannt sein, nicht stehen bleiben, weiter, weiter: das war die Botschaft der Stadt an den Menschen, der mit der Last seiner Zeit rang.«

Als Symbol der Spaltung zwischen Ostblock und westlichem Bündnis, zumal nach dem Mauerbau am 13. August 1961, bewahrte sich Berlin von 1945 bis zum Fall der Mauer am Abend des 9. Novembers 1989 den Rang der unbestrittenen Hauptstadt, jeder Teil für sich, allemal beide Teile zusammen. Berlin wurde eine Parabel für Freiheit. Der amerikanische Präsident John F. Kennedy prägte dafür die Formel, als er sich mit der gespaltenen Metropole identifizierte: »Ich bin ein Berliner!« So stolze Worte benutzen Berliner nicht. Mal frech, mal unterkühlt, – und wehe, jemand sieht eine Träne der Rührung. »Det is Sekt aus dem HO«, meint der junge Mann aus Treptow in jener Novembernacht, als er das erstemal in seinem Leben das Brandenburger Tor von Westen aus sieht und wischt sich das Naß von den Augen. Im Oktober 1990 ist Berlin dann plötzlich wieder vereint. »So viel Sekt kann man gar nicht saufen«, heißt es. Doch diese zweite Feier hat schon weniger Dynamik als die im Vorjahr. Das Brandenburger Tor ist wieder geschlossen: die Reichsreliquie wird repariert. In ihrem Schatten verkaufen Berliner, auch viele Türken, Uniformstücke der Nationalen Volksarmee und der Roten Armee; die Mütze mit Rotem Stern fünf DM. War nicht vor wenigen Monaten noch ein Mann in so einer Uniform ein Hindernis zu normalem menschlichem Umgang? Ein Leninkopf aus schlechter Bronze 15 DM. Dazwischen der Sonderdruck der Deutschen Bundespost zum Tag der Deutschen Einheit. Am Ku'damm ist wohl keiner mehr. Das Berliner Zentrum ist wieder »Unter den Linden«. Im Grand-Hotel gibt es Café à la Frédéric II., mit Pfeffer.

Die Eins (gemeinsam mit der Fünf) zieht derweilen unbekümmert weiter ihren Weg nach Osten. Sie erreicht Berlin-Lichtenberg. Karl Gutzkow, der spitzzüngige Kritiker und führende Kopf des Jungen Deutschland, erinnert sich in seinem Werk »Aus der Knabenzeit« an Lichtenberg. Es ist die Zeit des Biedermeier:

»Man wandert zum Landsberger Tore hinaus. Flach, flach, kahl, kahl ist der Weg nach Lichtenberg. Und doch lebt er im

Jugendgedächtnis nur als ein eitel wogendes, sonnenbeglänztes Kornfeld, als Schmetterlingstummelplatz, als blauer Cyanen- und roter Mohnblumengarten. Die Männer ziehen die Röcke aus und tragen sie auf Stöcken. Die Frauen drängen zur Eile, um bei einem Bauern noch einen guten Gartentisch oder einen Sitz dicht unter seinem strohgedeckten Giebeldach zu gewinnen. Endlich sieht man das Dorf mit seinem Kirchturm und dem seit Jahren bekannten großen Storchennest, das so unvordenkliche Rechte und Erbpachtsansprüche der dort hausenden Storchenfamilie zu haben scheint, wie sie einst nur der alte General Möllendorf hier in seinem Schloßparke am Ende des Dorfes hatte. Kleine niedrige Lehmhäuser mit dichten Strohdächern, eine düster schattende Linde vor dem Tor, Räder, Deichseln, Latten den Eingang hemmend. Die Tracht nur ländlich, kurze Jacken, lederne Hosen, bunte Nachtmützen, die Sprache plattdeutsch. Der Knabe steckte die Nase in alle düngerduftenden Ställe, in alle so eigentümlich trockenluftigen Scheunen, kletterte auf die würzigatmenden Heuböden, sammelte im Garten an den Kirschbäumen vergessene gedörrte von den Vögeln angepickte süße Reste, sammelte Harz, das man mit den Fingern zu kunstvollen Geweben abspann und dämmerte hin in jener traumseligen Gedankenlosigkeit der Kinder, die das Große und Wichtige übersieht und sich an einer kleinen aus Steingeröll hervorgesuchten Blume oder einem Brombeerheckengewirr, durch das sich blaßrote oder blaue Winden schlängeln, die größten Welten ausspinnt.«

In Berlin-Lichtenberg steht zwar noch immer der alte Dorfkern mit seiner Kirche; doch modernere Mietshäuser prägen das Bild. Hinter Kaulsdorf und Mahlsdorf sind die Stadtgrenzen überwunden. In der mittelalterlichen Dorfkirche von Dahlwitz stehen die Särge mehrerer Angehöriger der Familie von Marschall. Dann erreicht die Straße schon Hoppegarten, einst Teil von Dahlwitz; zumindest postalisch gehört's noch dazu. Doch 1867 pachtete der »Union-Klub« das gesamte Gelände für eine Pferdebahn. Im Mai 1868 fand das erste Rennen in Anwesenheit des Königs statt. Noch ist Berlin nah. Vorstadtbusse bringen Pendler von Bollensdorf und Vogels-

Die Autobahn-Osttangente des Berliner Rings bei Neuenhagen.

dorf ins Zentrum. Bald unterquert die Eins den Berliner Ring und erreicht als Buchenallee Tasdorf beim Stienitz-See. Seit jeher wird hier Kalkstein abgebaut. Ein Herr von Marschall auf Tasdorf ging nach 1728 wegen seines gegen den Staat geführten Prozesses um Kalksteinflöze unter seiner Feldmark in die Rechtsgeschichte ein. Bis zur Abzweigung nach Strausberg, wo das Ministerium für Verteidigung der DDR saß, ist die Eins ausgebaut; danach zunächst wieder Kopfsteinpflaster. Das nahe Rüdersdorf ist bis heute Zentrum der Zementindustrie. Hier ließen schon im 14. Jahrhundert Mönche angeworbene Tagelöhner in den Kalkbrüchen arbeiten. Friedrich der Große baute Arbeitern, die nicht aus Preußen kamen, kostenlos Wohnungen. Ein neueres Arbeiterwohnheim direkt an der Straße, neben dem verlassenen Kreiskrankenhaus, das in einem schmucken Bau der Jahrhundertwende untergebracht war, erinnert an die traurige Arbeitswelt in der DDR. Schon der Alte Fritz hatte für den

Transport des Kalks Kanäle angelegt. Heute greift man auf Förderbänder zurück, die sich über Kilometer erstrecken. Eines überspannt auch die Fernstraße Eins. Im 17. Jahrhundert war Rüdersdorf schon Poststation auf der Strecke zwischen Berlin und Frankfurt. Die Industrialisierung, Staub und Eisen, prägen die Region, haben sich bis Herzfelde ausgedehnt.

Zu Herzfelde vermerkt der Brockhaus 1904 in seinem Supplement: »Dorf im Kreis Niederbarnim des preuß. Reg.-Bez. Potsdam, an der Kleinbahn Strausberg-H. (8 km), hat (1900) 2783 E., darunter 184 Katholiken und 14 Israeliten, Post, Telegraph, Kriegerdenkmal, evang. Kirche; Ziegeleien.« Das meiste gilt davon bis heute. Es hat den Eindruck, als wolle das Dorf daran auch nicht rütteln. Nur die jüdische Gemeinde ist nicht mehr. Der spätgotische Taufstein in der Dorfkirche besteht aus dem Kalkstein der Region. Vom Gottesacker an der Kirche blieb ein barocker Grabstein für einen Johann Christoph Zimmermann übrig. Große Schläge sandigen Bodens, Wälder für Pilzesammler wechseln sich später ab. Selbst im Straßenweiler Lichtenow hat sich ein Gebrauchtwagenhändler aufgetan. Das Dorf Heidekrug und ein zweiter Ort namens Hoppegarten verkürzen den Weg nach Müncheberg.

Das im frühen 13. Jahrhundert auf einem annähernd trapezförmigen Grundriß angelegte Müncheberg hat aus seiner Geschichte nur die knapp 1,8 Kilometer lange Stadtmauer aus Feldstein behalten sowie den Berliner und Frankfurter Torturm. Die Stadtpfarrkirche St. Marien auf einem Hügel aus der ersten Hälfte des 13. Jahrhunderts ist – bis auf den neugotischen Westturm von Schinkel – seit 1945 Ruine. Die Türen sind verriegelt; doch durch die Sparren kann man sich hineinwinden. Schutt und Holz, Bäume und Sträucher breiten sich zwischen Chor und Turm aus. Nur noch ein Grabstein an der Chorwand läßt sich erkennen. Am Haupteingang der Kirche wird die Ruine als Denkmal ausgewiesen. Nach Tasdorf/Rüdersdorf war das zwanzig Kilometer entfernte Müncheberg die nächste Poststation. Das »Hotel zur Stadt Müncheberg« ist heute alles andere als einladend. Hier biegt die Chaussee, die heutige B 5, nach Frankfurt ab. Das macht die Eins noch unbedeutender. In Müncheberg wechselte auch der Kornett Friedrich August Ludwig von der Marwitz auf seinem viereinhalb Stunden währenden Ritt von der Garnison in der Berliner Wilhelmstraße nach Friedersdorf ein zweites Mal die Pferde, bevor er zum Frühstück zu Hause war. In Jahnsfelde, wo ein Eis-Café von sich reden macht, geht links der 11 Kilometer lange Weg nach Marxwalde ab, was wohl bald wieder Neu-Hardenberg heißen dürfte. Dort läßt sich gegen Entgelt das Herz des Reichskanzlers Karl August Fürst von Hardenberg besichtigen, der die Steinschen Reformen zu Ende führte und 1822 starb. Bald folgen Worin und Diedersdorf: noch immer eine viel zu große landwirtschaftliche Genossenschaft. Das alte Gutshaus von Diedersdorf mit seiner gegenüber dem schlichten Bau überbordenden Freitreppe hat die Zeiten gut überstanden.

Bald hinter dem Meilenstein mit dem preußischen Posthorn kommt schon das Ortsschild von Seelow. Dies dörfliche Städtchen entstand in der ersten Hälfte des 13. Jahrhunderts. In der weitgehend slawisch geprägten Umgebung lehnte es sich an die Bischöfe von Lebus an, die diese Gegend vor der Gründung von Frankfurt beherrschten. Polens König Mieszko (oder sein Sohn) hatte Lebus noch vor dem Jahre 1000 mit einem festen Wall umgeben und zum Zentrum eines piastischen Verwaltungsbezirks gemacht. Erst im 13. Jahrhundert fiel die Region an die Askanier und den Erzbischof von Magdeburg. Nachdem der Bischofssitz 1384 von Lebus ins fernere Fürstenwalde verlegt worden war, fand Seelow zu einer eigenen Entwicklung, die freilich von Kriegen und Bränden immer wieder behindert wurde. So blieb Seelow ein karges Städtchen, ganz Provinz, und keineswegs mehr der romantische Weinberg und Obstgarten der Mark. Natürlich gab es nach der Öffnung zunächst ein »Autohaus Seelow«. Fleischer Kurt Schöning in der Wilhelm-Pieck-Straße preist »Spezialitäten aus Bayern« an.

Wem Seelow gehörte, der beherrschte den im Nord- und Südosten sich ausdehnenden Oderbruch unterhalb der Seelower Höhen. Der Blick ist frei bis fast nach Küstrin jenseits der Oder. Bei Zorndorf, noch ein Stück hinter Küstrin, zwang Friedrich II. 1758 die Kosaken zum Rückzug. Im Februar 1945 gelang das nicht. Die sowjetischen Truppen rückten über die Oder vor. Zehn Wochen später kam es hier zu einer der letzten großen Verteidigungsschlachten vor Berlin. Die DDR gedachte später freilich nur der 30 000 gefallenen russischen Soldaten und setzte eine »Gedenkstätte der Befreiung« mit einem überlebensgroßen Sowjetsoldaten an den Abhang, mit Restaurant und Museum. Wie geht jetzt die Geschichte weiter? Wird man sich der deutschen Soldaten erinnern, der Bauernsöhne und Gutserben, die verzweifelt daran glaubten, sie könnten das Schicksal noch wenden? In den Bauernhöfen wohnen heute zuweilen die Enkel. Die Gutshäuser mußten im Stich gelassen werden. Wind weht durch Fensterhöhlen, wenn die »Schlösser« nicht ganz verbrannten oder wie das Marwitzsche Friedersdorf gesprengt wurden. Manche haben die Zeiten überlebt, werden als Schulen, Verwaltungsgebäude oder als Lagerhaus genutzt, wie das Gusow des Alten Derfflinger. Diese Häuser stehen nun in einer anderen Tradition, die allerdings blaß und freudlos erscheint, voller Mangel und geheimer Hoffnungen.

Von Seelow ist Friedersdorf nur drei Kilometer nach Süden entfernt. Eine enge Allee deutet dort auf die frühere Lage des Schlosses hin. Sonst nichts. Die Dorfkirche ist verriegelt. Ein paar Häuschen daneben, verwahrlost. Gepflegt wurde auf der anderen Seite der Kirche ein Grabplatz für sowjetische Soldaten. Dahinter erhebt sich eine frisch gestrichene Mauer. Die eingelassene Tür ist ebenfalls verriegelt. Wer darüber hinwegsteigt, befindet sich in der Grablege der Familie von der Marwitz. Der überdachte älteste Teil ist ein Trümmerfeld. Die Grabsteine, die sich noch finden, zerborsten oder am Boden, lassen sich nur schwer lesen. Wo ist der Grabstein für Johann Friedrich Adolf von der Marwitz? »Wählte Ungnade, wo Gehorsam nicht Ehre brachte«, stand darauf zu lesen. Dieser Marwitz war in Ungnade aus dem Heer des Alten Fritz geschieden, weil er sich geweigert hatte, in Retorsion einer sächsischen Plünderung nun seinerseits Schloß Hubertusburg auszurauben. Friedersdorf ist auch die Heimat von Friedrich August Ludwig von der Marwitz, dessen »Erinnerungen aus meinem Leben« 1989 Günter de Bruyn noch kurz vor dem Ende der DDR in Ost-Berlin herausbrachte.

Im Sommer 1990 fehlten die Ausflugslokale im Oderbruch noch, gab es nirgends den frischen Obstkuchen mit Schlagsahne, wie er vor den SED-Zeiten in Sachsendorf, Manschow – dem niedrigsten Punkt des Bruchs, in Friedrichsaue oder Zechin bestimmt angeboten wurde. Nirgends könnte es einladender sein. Doch niemand lädt ein. Stolz waren die alten Siedlerfamilien, die als Fischer im unfruchtbaren, hochwassergefährdeten Bruch ausgeharrt hatten, und die Kolonisten, die Friedrich der Große in dreißig neue Orte holte: so Neu-Langsow, Neu-Drewitz, Neulewin und schließlich 1776 Broichsdorf bei Hohenfinow. Dämme und Drainagen wurden gebaut. Der Kanal von Güstebiese bis Hohensaaten verkürzte den Oderlauf. 1753 wurde die »Neue Oder« eingeweiht. 130 000 Morgen Land waren urbar geworden. 1763 kam der Alte Fritz zur Besichtigung und meinte stolz: »Hier habe ich im Frieden eine Provinz erobert.« Jetzt konnte man plötzlich Getreide anbauen, Raps und Obst. Vielleicht blieben ein paar Störche aus, doch dafür war das Erntedankfest ein Tag der Freude; Mückenschwärme und Sumpfzecken vermißte niemand. Bald wurden die Häuser nicht mehr mit Stroh sondern mit Ziegeln gedeckt. Die bisherigen Holzkirchen entstanden in rotem Backstein neu.

Der letzte Ort vor der Oder heißt Kietz. Diesem Namen begegnet man vielfach in den Anfangshistorien brandenburgischer Orte, so auf der Dominsel in Brandenburg, in Spandau und Köpenick. Kietze erinnern an frühgeschichtliche Siedlungen bei einem slawischen Herrenhof. Da wohnten Burgmannen und Handwerker, Halbfreie und zu Frondiensten Verpflichtete. In diesem Fall wurde der alte Begriff einem neuen Siedlungsdorf zum Namen gemacht. Kietz ist der letzte Bahnhof vor der Oder. Hier herrscht Leben, denn die Züge können über die Oder. Die Straße zieht in Schleifen ein wenig weiter, bis sie einen Vorfluter der Oder erreicht. Eine Brücke aus Panzerplatten führt hinüber. Drüben haben sowjetische Soldaten in einer Zitadelle des letzten Jahrhunderts ihr Lager. Die Straße endet an ihrem Tor. Von Küstrin sieht man zwei Schlote. Sonst nichts.

Nicht weit davon entfernt, hinter dem Deich auf den Mauern einer anderen Zitadelle, lebt Imker Kruse mit seiner Familie. Er stammt aus einem Fischerhaus in Küstrin. Mit den letzten Kriegshandlungen kam er auf das westliche Ufer und blieb. Er war wohl einmal wieder drüben. Doch ist ihm dort alles fremd. Ob es wenigstens den Sockel des Denkmals für Markgraf Johann von Küstrin noch gibt, des einzigen Regenten, unter dem Küstrin Hauptstadt der Neumark war? Hinter den verschiedenen Armen von Oder und Warthe, über die acht Brücken für Eisenbahn- und Kraftverkehr ziehen, sei Brandenburg einmal weitergegangen. Tatsächlich erstreckte sich schon 1415 das Kurfürstentum fast genauso weit östlich wie westlich des Flusses, der schon deshalb nicht trennen konnte, weil er in vielen Betten durch das Bruch floß. Furten und Dämme gab es überall. Auch lief die Eins bis zu Friedrichs Zeiten einen südlicheren Kurs und veränderte doch auch – je nach Jahreszeit – ihre Trasse. Heute ist die Oder Grenzfluß, wird es bleiben. Sie trennt aber nur, weil sich in ihrem dreckigen Wasser Leben kaum halten kann. Die wenigen Fische, »einst war der Fisch Reichtum dieser Region«, sagt Kruse, sind ungenießbar. Bald sollen aber die Brücken wieder offen sein und Küstrin (Kostrzyn) erreichbar. Schon sind die Landvermesser unterwegs.

Anders als die Elbe, die jahrhundertelang Germanen und Slawen trennte, war die Oder von vornherein vor allem ein Handelsweg in nord-südlicher Richtung. Der Fluß lag bis zur Ostkolonisation unter den Askaniern in slawischer Hand. Piastische Einflüsse aber reichten schon Jahrhunderte zuvor über die Oder nach Westen. Damals gab es den slawisch-germanischen Gegensatz nicht. Behäbig zieht die Oder nach Norden; der Fluß ist bisweilen kaum ein paar Meter tief. Nichts erinnert mehr an die Vertriebenen im Winter 1945, die über das Eis nach Westen flüchteten. Die Spuren der Oderschlacht sind verwachsen. Die Bilder des Grauens hat eine milde Natur überdeckt. Ein Kahn wippt im Schilf. Ein Fischer zieht an seiner Angel. Ein Fischreiher fliegt mit seiner Beute davon. Theodor Fontane beschrieb den Dampfschiffverkehr auf der Oder. Von Frankfurt bis Schwedt bereiste er einmal den Fluß, erzählte von Schleppschiffen, Flößen und Flößern. Heute gibt es diese Geschäftigkeit nicht mehr. Doch das Auge träumt von einer heilen Welt.

Oben: Magdeburg. Blick auf Elbe und Dom.

Seite 226: Der Magdeburger Reiter vor dem Rathaus der Stadt.

Seite 227: Das Altstädter Rathaus in Brandenburg an der Havel.

Seite 228: Werder an der Havel.

Seite 229: Schloß Sanssouci in Potsdam.

Seite 230: Die Glienicker Brücke in Berlin.

Seite 231: Berlin. Dom, Spreepromenade und der ehemalige Palast der Republik.

Seite 232: Berlin. Der Französische Dom am Platz der Akademie, dem ehemaligen Gendarmenmarkt.

Küstrin, Frau Reiter und die Kinder des Schultheißen
Zwischen Oder und Nogat

Ein unscheinbares Nest liegt auf der anderen Seite der Oder, die hier Odra heißt, als erste polnische Stadt an der erfundenen Ersten Straße des Reiches: Küstrin. Um 1000 wird es nur ein Dorf slawischer Fischer gewesen sein. Damals, nach der Völkerwanderung, in der die Germanen über die Oder nach Westen gezogen waren, galt die Bemerkung des zeitgenössischen Adam von Bremen: »Qui trans Oddaram sunt, Polonos.« Doch schon das Interesse Adams deutet an: Unter den Sachsenkaisern drangen die Germanen wieder über die Oder nach Osten vor und vermischten sich mit den Slawen. Um 1200 ist bei Küstrin von einem Flecken, 1317 von einem oppidum, einer Stadt, die Rede. Nach 200 Jahren askanischer Herrschaft brachte der Hohenzoller Markgraf Johann für Küstrin eine erste Blüte. Er hatte als zweiter Sohn Joachims I. die Neumark und Teile der Lausitz geerbt und ging als »Regent von Küstrin« in die Geschichte ein. Obwohl er dem Vater Joachim am Totenbett versprochen hatte, Katholik zu bleiben, reiste Johann im Jahr nach der Hochzeit mit der überzeugt katholischen Katharina von Braunschweig zu Luther nach Wittenberg, um sich für die Neumark eine Kirchenordnung zu erbitten. Der Kaiser bedrängte ihn. Doch selbst auf einem Reichstag widerrief er den neuen Glauben nicht. Daheim in Küstrin schrieb er über die Tür seines Arbeitszimmers:

> Hast Du Feind' und fehlt Dir Glück,
> hab guten Mut, weich nicht zurück.
> In steter Hoffnung leb und trag,
> was dir auf Erden begegnen mag.

Dieser Mann hatte nicht nur für den norddeutschen Protestantismus seine Bedeutung und für die märkische Bevölkerung, die – nach einem alten Spruch – keine Heiligen hervorgebracht, aber auch keine Ketzer verbrannt hat. Auch in der Sagenwelt lebte Markgraf Hans weiter. »In den Kasematten von Küstrin«, so kolportiert Theodor Fontane, »steht sein Bett. Das hängt an Ketten«, und ein altes Mütterchen müsse die Schlafstätte jeden Tag sorgfältig herrichten. Morgens sei »jedesmal eine Grube darin und eine warme Stelle, so als hätte wer darin gelegen«.

Der aktuelle Reiseführer der früher halbamtlichen polnischen Presseagentur Interpress weiß über Kostrzyn nichts zu berichten. Nicht einmal als Grenzübergang spielte das Städtchen seit 1945 eine Rolle. Der internationale Fernverkehr mußte bis vor kurzem entweder über Frankfurt an der Oder nach Polen einreisen oder über Stettin. Dazwischen dienten die Brücken nur örtlichem Verkehr. Und der war zumindest bis 1990 schwach. Schließlich fürchtete die DDR den Ausverkauf ihrer Waren an die Polen und verschärfte Ende 1989 noch die Zollbestimmungen, die jeden Einkauf, der über Reiseproviant hinausging, verleideten. Im Sommer 1990 kehrte sich das plötzlich um. Nach der Währungsunion hatten die DDR-Bewohner DM, und damit ließ sich günstig auf dem Ostufer einkaufen. Seit kurzem hängt es von den Waren ab: Die einen sind im Osten, die anderen im Westen billiger. Der freie Grenzverkehr belebt den Markt, ähnlich wie vor Jahren noch – vor der Einführung des europäischen Binnenmarktes – am westlichen Ende der Reichsstraße an der belgischen Grenze. Doch bei Kostrzyn liegt nicht einmal eine verlockende Einkaufsstadt auf der westlichen Oderseite, und die Bäcker von Kietz sind meist ohne Sonderangebote. Vor allem aber erschwert die Visumspflicht den Reiseverkehr für die Polen: ein hoffentlich bald überwundener Rest des wirtschaftlichen Gefälles zwischen Ost und West.

Als »Festung und Waffenplatz ersten Ranges« galt Küstrin vor der Jahrhundertwende. In den dreißiger Jahren redeten dann allerdings die hier stationierten Soldaten nur noch von einer »befestigten Kantine«. Es war wohl eher eine zeitgenössische Mode als ein besonderer Grund, wodurch Markgraf Johann 1536 veranlaßt wurde, in dem Morast zwischen Warthe und Oder mit dem Bau einer Festung zu beginnen. Sie hätte auch im nahen Königsberg in der Neumark entstehen können; doch der weitwinklige Zusammenstoß der beiden Flüsse bot Küstrin schon nach zwei Seiten Schutz. Der italienische Baumeister Giromella sollte bauen, sparsam – und doch zugleich nach dem Vorbild der Sumpffestung Mantua. So entstand zunächst ein länglich unregelmäßiges Viereck aus Erd- und Torfwällen, das, durch vier Eckbastionen gegliedert, den Ort von allen Seiten umschloß. 1543 brachte man Geschütze an. Rasch zeigte sich aber, daß die über ihre Ufer tretenden Flüsse im Frühling jeweils Torf und Erde wegspülten, so daß man in den sechziger Jahren die Wälle durch Steinmauern ersetzte. Durch zwei Tore kam der Besucher in die Stadt. Das Berliner Tor (oder Lange-Damm-Tor) im Norden öffnete den Weg zur Langen Vorstadt auf der westlichen Oderseite, wo 1934 die Friedrich- und Detlefsen-Straße zur R 1 wurden. Nach Osten wies das Kurze-Damm-Tor zur Warthe und weiter nach Zorndorf und Landsberg. Die Landsberger Straße wurde später auch R 1. In dem Torhäuschen am Langen Damm verbrachte Katte seine letzte Nacht vor der Hinrichtung.

Die Befestigungen und Tore stehen nicht mehr. Den alten Stadtkern hat der Krieg zu neunzig Prozent zerstört. Die Festung ist geschliffen. Im Alltagsleben der 11 000 polnischen Einwohner erinnert nichts an jenes Ereignis, das am 6. November 1730 kurz nach sieben Uhr das vorläufige Ende einer diplomatischen Krise von europäischer Reichweite bedeutete. Die Vorgeschichte: Der preußische Kronprinz wollte dem überaus strengen Regiment von Vater Friedrich Wilhelm I. entkommen. Seine Flucht hatte er zwar langfristig, jedoch unvorsichtig vorbereitet. In mehreren Schreiben offenbarte er seine Pläne, bei denen es vor allem darum ging, bei den königlichen Verwandten in den Nachbarstaaten Aufnahme zu finden. Eine gemeinsame Reise mit dem Vater durch süddeutsche Residenzen nutzte der Achtzehnjährige schließlich. Am 5. August 1730 verließ er in aller Frühe das provisorische Nachtquartier in Sinsheim-Steinsfurt bei Mannheim. Doch er hatte das Pferd, das man ihm zum

Küstrin; Blick über die Oder.

»Lerchennest« brachte, noch nicht bestiegen, da wurde er auch schon gestellt. Der Hof war gewarnt worden, der Vater vorbereitet. Zurück auf preußischem Territorium, wurde der Kronprinz im niederrheinischen Wesel festgenommen und vor ein Kriegsgericht gestellt.

Derweilen wurde in Berlin gegen seinen Freund und Mitwisser ermittelt, den sechs Jahre älteren Leutnant Hans Hermann von Katte. Er hätte die Chance zur Flucht gehabt. Doch er nutzte sie nicht. Getrennt wurde gegen beide verhandelt. Der König ließ sich jedes Gerichtsprotokoll zeigen. Für ihn war das Bild eindeutig. Sein Sohn hatte sich nicht über Frankreich vorübergehend nach England in eine »retraite« zurückziehen wollen, wie dieser sagte. Ihm war »désertion« vorzuwerfen. Die Verhöre leiteten so in ein Verfahren vor dem Kriegsgericht über, das auf Schloß Köpenick bei Berlin tagte. Friedrich kannte den väterlichen Zorn, seine Heftigkeit. Doch er sah nur das zwischenmenschliche Problem. Wohlgesinnte spielten dem isolierten Häftling Papier und Bleistift zu. »Le Prisonier« schrieb an Schwester Wilhelmine, »... es bedarf nicht mehr, um als Erzketzer zu gelten, als daß man nicht in jeder Sache mit den Gefühlen des Meisters übereinstimmt.« Friedrich achtete die Dimension von Flucht und Prozeß gering. Während die Engländer und Franzosen in dem Ruch standen, dem Kronprinzen womöglich geholfen zu haben, konnte sich der kaiserliche Gesandte in Berlin, Reichsgraf von Seckendorff, unbeschwert für Friedrich einsetzen. Sein Leben mußte gerettet werden, um einen möglichen Thronfolgestreit zu verhindern.

Das Kriegsgericht entschied für Katte auf »ewige Festungshaft«. Im Falle des Kronprinzen erklärte es sich für unzuständig. Dies sei »Staats- und Familiensache« und müsse so bei der väterlichen Gnade des Königs entschieden werden. Friedrich Wilhelm nahm an dieser Zurückhaltung nicht Anstoß. Doch während er das Urteil über seinen Sohn herauszögerte, kritisierte er die Milde der Richter bei Katte. Er wisse nicht, warum ihm das Kriegsgericht das Leben zugesprochen habe. »Se. Königl. Majest. werden auf die Art sich auf keinen Officier noch Diener, die in Eyd und Pflicht seyn, sich verlaßen können, denn solche Sachen, die einmahl in der Welt geschehen seynd, öffters geschehen können, es würden aber alsdann alle Thäter den praetext nehmen, wie es Katten wäre ergangen.« So entschied er, der Katte gehöre »wegen des begangenen crimen laesae Majestatis mit glühenden Zangen gerißen und aufgehänget«, und nur mit Rücksicht auf seine Familie solle er mit dem Schwert zu Tode gebracht werden.

Der Vater ordnete die Enthauptung »vor den Fenstern des Kronprinzen« an. Katte mußte dazu von Berlin nach Küstrin gebracht werden. Das Kommando unter dem Major von Schack, so berichtet Theodor Fontane, bestand aus dreißig Pferden, einem Rittmeister, einem Leutnant und zwei Unteroffizieren, die Kattes Wagen in ihre Mitte nahmen. Darin saßen außer dem Delinquenten der Major, der pietistische Feldprediger des Regiment Gensdarmes, Johann Ernst Müller, und ein weiterer Unteroffizier. Auf dem Weg von Berlin nach Küstrin durfte nur in kleinen Dörfern Station gemacht werden. Pro Tag wurden nur vier Meilen zurückgelegt, so daß man erst am dritten Tag gegen Mittag Küstrin vor sich liegen sah. Auf der Oderbrücke ließ endlich der Regen nach. Die Sonne trat hervor und Katte frohlockte: »Das ist mir ein gutes Zeichen. Hier wird mir die Gnadensonne anfangen zu scheinen.« Doch er irrte. In einer Stube im Torhaus mit zwei Pritschenbetten verbrachte er mit dem Beistand von Prediger Müller die letzte Nacht. Fontane beschreibt sie in aller Ausführlichkeit. Er malt auch Skizzen, um genau den Platz zu bestimmen, an dem Katte enthauptet wurde. Dieser Platz mußte vom Fenster des Kronprinzen aus zu sehen sein. Er mußte aber auch die nötige Breite haben, um die Kreisaufstellung von 200 Mann möglich zu machen.

Dann läßt Fontane Major von Schack berichten: »Im Kreise ward ihm nocheinmal die Sentenz vorgelesen, ich kann aber hoch versichern, daß ich vor Betrübnis nichts gehöret habe, und wußt auch nicht drei Worte zusammenzubringen. Bei Vorlesung der Sentenz stund er ganz frei: wie solches vorbei, fragte er nach den Offiziers der Gensdarmes, ging ihnen entgegen und nahm Abschied. Hernach ward er eingesegnet. Darauf gab er die Perücke an meinen Kerl, der ihm eine Mütze darreichte, ließ sich den Rock ausziehen und die Halsbinde aufmachen, riß sich selbst das Hemd herunter, ganz frei und munter, als wenn er sich sonsten zu einer serieusen Affaire präparieren sollen, ging er, kniete auf den Sand nieder, rückte sich die Mütze in die Augen und fing laut selbst an zu beten. Weil er aber meinem Kerl gesagt, er sollt ihm die Augen verbinden, sich aber hernach resolvieret, die Mütze in die Augen zu ziehen, so wollte der Kerl, der schrecklich konsternieret, ihm immer noch die Augen verbinden, bis von Katt ihm mit der Hand winkte und den Kopf schüttelte. Darauf fing er nochmalen an zu beten: »Herr Jesu!«, welches noch nicht aus war, so flog der Kopf weg, welchen mein Kerl aufnahm und wieder an seinen Ort setzte.«

Küstrin. Innenhof des Markgrafenschlosses.

Was Schack nicht berichtete, trug Garnisonsprediger Besser nach. Katte habe gleich, an dem Sandplatz angekommen, »lang und sehnlich« umhergesehen, bis er den Kronprinzen hinter dem Schloßfenster erkannt habe. »Mon cher Katte«, habe der Kronprinz gerufen: »Ich bitte tausendfach um Entschuldigung.« Worauf Katte mit Reverenz antwortete: »Point de pardon, mon prince: je meurs avec mille plaisirs pour vous.« Major von Schack, Besser und die Nachwelt wurden nicht müde, Kattes »presence d'esprit bis zur letzten Minute« zu würdigen. Das geschah zu Lebzeiten seiner gestrengen Majestät mit geducktem Seitenblick auf ihn. Hatte der König nicht stets dem Sohn und seinem Freund weibisches Getue vorgeworfen? Und nun so ein stolzer Tod! Das Schwert von Scharfrichter Coblentz wurde bis 1945 von Kattes Familie aufbewahrt. Ein zweites mit weniger sicheren Referenzen tauchte später auf. Als die Kattes, Heimatforscher und Historiker von Ost und West erstmals im Sommer 1990 an dem einfachen Eichensarg von Hans Hermann von Katte im altmärkischen Wust ein gemeinsames Kolloquium veranstalteten, zeigte sich, daß zumindest in Kattes Heimat der ungerechte aber tapfere Tod nicht vergessen worden war.

Nach Kattes Tod am 6. November 1730 sah sich der Kronprinz als nächstes Opfer väterlicher Wut. Doch der Zorn des Königs legte sich. Womöglich trug dazu auch ein persönlicher Brief des Kaisers bei, den Seckendorff überbrachte. Wien bat Berlin um Gnade für den Kronprinzen. Gewiß aber erkannte auch Friedrich Wilhelm bald, daß eine neue Erbfolgeregelung nur Schwierigkeiten mit sich bringen würde. So folgte die schrittweise »Pardonierung« von Friedrich, die allerdings nicht ohne Demütigungen blieb. Wenige Tage nach Kattes Tod erhielt Feldprediger Müller den königlichen Auftrag, mit dem Kronprinz »zu raisonniren und Ihm vorzustellen, daß wer Gott verließe und seinen Segen abzöge, der Mensch nichts Gutes, sondern Böses täte«. Der Geistliche sollte den »verschlagenen Kopf« zu »zerknirschtem Herzen« und »wahrer Reue« bewegen. Der Historiker Theodor Schieder meint in seiner Biographie Friedrichs des Großen, in der Küstriner Festungshaft sei der Grund für die »rätselhafte Doppelnatur« gelegt worden, für »das oft übergangslose Nebeneinander von politischem Machiavellismus, soldatischer Lebensweise, philosophisch-moralischer Spekulation und spielerischem, aber auch ernstem Umgang mit den Künsten.« Daraus sei nach härtesten Prüfungen nicht ein »seelisches Gleichgewicht« erwachsen, sondern eine »Form des Ausgleichs im Stoizismus«. Der König und Wiens Botschafter verfaßten einen Plan zur »Resozialisierung« des Häftlings. Er mußte noch einmal den Eid ablegen, sich fürderhin wohlzuverhalten, andernfalls er der »königlichen und Churfürstlichen Succession gänzlich und auf ewig verlustig« gehe.

Allmählich durfte Friedrich sich wieder freier bewegen. Er verließ die Festung, wohnte in der Stadt und wurde »Auskultator« der Küstriner Kriegs- und Domänenkammer. Als Verwaltungsbeamter ohne Stimmrecht sollte er sich bewähren. Fritz hatte nichts mit der großen Politik zu tun. Engherzige Vorgesetzte hätten ihm das Leben schwer machen können. Doch Präsident von Münchow war genauso umgänglich wie Kammerdirektor Hille; es blieb nur das argwöhnische Auge des Vaters, der dem »Windmacher« harte Arbeit und »solide Sachen« befahl. Jedes französische und englische Wesen habe er sich aus dem Kopf zu schlagen, nichts als preußisch zu sein und dem Vater treu, und ein deutsches Herz zu haben. Der Kronprinz mimte den artigen Volkswirt.

Am 15. August 1731, des Königs Geburtstag, kam der Vater nach Küstrin zur offiziellen Versöhnung. Doch heiter wurde dieser Tag nicht. Friedrich konnte seine Freiheit von der Küstriner »Galeere« nur dadurch erkaufen, daß er in die Heirat mit der »unbeholfenen«, gerade 16 Jahre alten, Prinzessin Christine von Braunschweig-Bevern einwilligte, einer Cousine der Kaiserin. Ihm war von vornherein klar, daß diese, »wenn man mich zur Ehe mit ihr zwingt, verstoßen werden wird, sobald ich Herr sein werde«. So kam es dann auch, wiewohl er später sein Urteil über Madame etwas milderte. Zunächst aber linderten sich seine Lebensumstände. Er erhielt das Stimmrecht in der Kammer, durfte in die Ämter reisen und die Landwirtschaft in Augenschein nehmen. Der König erlaubte ihm das Jagen; doch hatte er danach das Gewehr selbst zu putzen. Zu Tisch durfte er zwei Gäste laden, jedoch niemals Frauen. Am 4. April 1732 konnte der Kronprinz Küstrin verlassen. Er wurde als Offizier rehabilitiert und in den Garnisonen von Nauen und Ruppin als Regimentschef eingesetzt.

In den Jahren darauf wuchs in der neumärkischen Hauptstadt vor allem die Festung. Der Bildhauer Wilhelm Haverkamp schuf für die Stadt eine Marmorbüste von Friedrich dem Großen. Als Knabe stand auch der Große Kurfürst auf dem Postament. Friedrichs Vater wurde die Ehre eines Denkmals nicht zuteil. Um die Jahrhundertwende lebten gut 16 000 Bürger in dem Militär- und Industrieort. Von dieser Vergangenheit ist heute nichts mehr zu spüren. Eine Papierfabrik ist wichtigster Arbeitgeber. Dort, wo einmal das Zentrum war, steht eine moderne Kirche. An der Eisenbahn entlang, seit 1857 Verbindung von Berlin nach Schneidemühl, führt die Straße auf Kopfsteinpflaster weiter nach Osten.

Nur unter Markgraf Johann stellte die Neumark zwischen 1535 und 1571 ein selbständiges Fürstentum mit der Hauptstadt Küstrin dar. Kern der Herrschaft waren das Land Sternberg (Torzym) südlich der Warthe, das zu Lebus (westlich der Oder) gehörte, sowie die »Mark über Oder«, ein vierzig bis sechzig Kilometer breiter Streifen nördlich der Warthe bis zur Drage (Drawa), der erstmals – wie berichtet – 1397 bei der Aufteilung Brandenburgs unter Kaiser Karl IV. genannt wird. Als böhmische Lehen gehörten zur Neumark noch das Fürstentum Crossen (Krosno Odrzańskie) und die Herrschaft Cottbus, sowie die schon 1319 zur Neumark geschlagenen Bezirke Schwiebus (Swiebódzin) und Züllichau (Sulechow), die allerdings erst 1742 von Österreich an Preußen abgetreten wurden. Vor der Zeitenwende hatten in diesem Raum östlich der Oder Burgunder gelebt. Als diese zu größeren Teilen abzogen, vermischten sich die nachfolgenden Slawen mit den übriggebliebenen Ostgermanen. Ob es sich bei diesen Neuzuwanderern um Pommern oder Polen handelte, läßt sich nicht nachweisen. Das Land blieb aber auch nur schwach besiedelt und war deshalb ein lockendes Ziel für die erstarkenden Mächte aus West und Ost. Das Jahr 963 verzeichnet den erwähnten Zusammenstoß des ersten polnischen Königs

Mieszko mit dem Markgrafen Gero unter Kaiser Otto I. Der Raum zwischen mittlerer Warthe und Oder, Kernstück der Neumark, wurde polnischer Besitz unter kaiserlicher Oberherrschaft. Mieszko mußte für das »Land bis an den Fluß Warthe« Zins bezahlen.

Im 12. Jahrhundert geriet die Neumark unter die widerstreitenden Einflüsse der Pommern und Polen. Strittiger Besitz wurde der Kirche und den Orden als Schenkung vermacht. Die Piasten holten sich um 1235 vom südlich gelegenen Schlesien aus ihren Teil der Neumark. In Übereinstimmung mit den Polen übernahmen 1250 die Brandenburger die Herrschaft Lebus westlich der Oder, wo Polen 125 Jahre früher das Bistum gegründet hatte. 1253 wurde Frankfurt a. d. Oder südlich von Küstrin gegründet. In der zweiten Hälfte des 13. Jahrhunderts drangen die Brandenburger über die Oder bis zur Drage vor. Es beginnt die Zeit der meisten Ortsgründungen, die sich durch ihre deutschen Namen ausweisen, deren Blüte freilich bald wieder zu Ende war. Nach dem Aussterben der Askanier verfällt das Land, blutet in inneren Kriegen und polnischen oder pommerschen Überfällen. Ein Dorfregister von 1337 weist mehr als hundert »wüste« Orte aus. Was die Quitzows für das Havelland waren, wurde auf – allerdings friedlichere Weise – die Familie von Wedel in der Neumark, die einen eigenen Bezirk bildete. Kaiser Karl IV. hielt zwar die Zügel wieder straffer in seinen Händen als vor ihm die Wittelsbacher Herren, doch dabei blieb es nur kurze Zeit. Trotz seiner »Goldenen Bulle« von 1356, in der er die Königswahl und Kurfürstenrechte festlegte sowie die Unteilbarkeit von Kurlanden, trennte er Brandenburg und vererbte die Neumark seinem jüngsten Sohn. Dessen Bruder verkaufte sie 1402 an den Deutschen Orden.

Erst 1455 konnte Kurfürst Friedrich II. die Kurmark wieder vereinen. Damit sie nicht über den Orden oder andere Mächte polnisch werde, schrieb er in einem Memorandum, »das sulch lant die Neumark by deutschen landen und dem heiligen romischen reich und by dem wirdigen kurfurstentumb der marg zu Brandenburg, der es by ansetzung der kure ingeleibet ist, blibe und nicht zu undeutsch gezunge gebracht werde, das deucht sin gnade gottlich, erlich und rechtlich«. Daran bestand spätestens seit 1535 kein Zweifel mehr, als Fürst Johann die Neumark als selbständiges Lehen von seinem kurfürstlichen Vater erhielt. Nach seinem Tode fiel das Land zwar wieder an das Kurland zurück. Gleichwohl behielt es seine eigene Gerichtsregierung, Kriegs- und Domänenkammer sowie selbständige Kirchenbehörden. Größer als im Dreißigjährigen Krieg waren die Verluste im Siebenjährigen. 57 000 Menschen sollen gestorben, 2000 Häuser eingeäschert worden sein. Die Zeit Friedrichs des Großen verbindet sich aber eben auch mit dem Landgewinn und dem Kanalbau. So verband seit 1772 der Bromberger Kanal die Netze mit der Weichsel und zog ein gutes Stück des Handelsverkehrs ab, der sonst vielleicht über die preußische Poststraße gegangen wäre.

An ihr liegt, kurz hinter Küstrin, ein kleiner Ort, dessen Geschichte sich mit lichteren Jugenderlebnissen von Kronprinz Friedrich verbindet. In Tamsel (Dabrosyzn) hatte der Internierte in den letzten Küstriner Monaten 1731/1732 gelegentlich bei der Familie von Wreech Aufmunterung gefunden. Die Hausfrau Luise Eleonore mag es dem Kronprinzen wohl angetan haben, ihr mag seine Anbetung mehr lästig als lieb gewesen sein. Der spätere Eigentümer ließ 1840 an der Stelle im Park ein Denkmal errichten, wo die alten Leute sich zu erinnern meinten, den Kronprinzen gesehen zu haben, eine Statue der »Victoria« von Christian Daniel Rauch. Auf dem Postament waren unten drei Reliefs angebracht, die auf die Zeit Friedrichs in Küstrin Bezug nahmen: ein Studierzimmer mit Büchern; ein strahlender Prinz, der den Wagen zur Sonne lenkt, und Küstrin mit der alten Oderbrücke. Überdies las man: »Hier fand Friedrich II. als Kronprinz von Preußen in seinem Duldungsjahre 1731 erwünschte Aufheiterung in ländlicher Stille.« Zwischen jenen Monaten und der Errichtung des Obelisken ereignete sich 1758 die Schlacht von Zorndorf (nördlich von Küstrin), fast eine Generation nach der Romanze. Der König hatte die Russen zwar geschlagen, doch Tamsel war ausgebrannt. Friedrich besuchte den Ort. »In verdrießlicher Lage« schrieb er von dort an Madame und bat um Pardon. Er versprach zu helfen. »Empfangen am 30. August 1758« quittierte die alternde Frau von Wreech, »in demselben Jahr, in dem ich alles verlor, das ich mein nannte...« Das rechts der Straße liegende Schloß stammt von 1680, erhielt aber erst im 19. Jahrhundert sein heutiges Gesicht, das alle Stilepochen von der Romanik bis zur Renaissance in sich vereint. Obwohl es gut erhalten ist, kann es den vergangenen Glanz nicht mehr wachrufen. Auf dunklem Schotter gelangt man zum Herrenhaus. Das erscheint nackt, und die nachempfundenen Zinnen auf dem Flachdach erinnern nicht an eine stolze Ritterburg. Gardinen hinter den offenen Fenstern wiegen sich im Wind. Ein paar Kleidungsstücke trocknen davor. Der Park, der sich einst – laut Fontane – in einen äußeren und einen Innenpark teilte, »reich an Statuen und Gedenksteinen«, ist wild. Früher dürfte ein Friedhof die Kapelle – in ähnlichem Stil mit spitzem Turm – umgeben haben. Man grub ihn wohl nach 1945 um. Die Kapelle ist verschlossen.

Auf der anderen Straßenseite zieht seit etwa 1857 nicht weit entfernt und parallel die Eisenbahn nach Osten. Eine urtümliche Dampflok verpestet die Luft. Und diese Straße soll die erste im Reich gewesen sein? Die Natur scheint sie bald zu überwuchern. Sie führt durch Gänseherden und über Wildwechsel. Auf den Wiesen stehen Störche, und Milane kreisen am weiten Himmel. In Klein-Cammin mag Aachen vielleicht siebenhundert Kilometer zurückliegen. Die »Erfundene« ist noch einsamer als am Niederrhein vor Grevenbroich, wo die Autobahn ihr den meisten Verkehr abnimmt, noch verträumter als im Lipperland, wo sie doch immerhin breit über die Höhen und Täler führt. Sie ist weniger befahren als zwischen Burg und Brandenburg. Ab und zu dröhnt allerdings ein Lastwagen der früher staatlichen polnischen Firma Pekaes vorbei. Die frühere Eins ist eine Ortsverbindung niedriger Ordnung geworden, für die Polen namen-, nummern-, womöglich auch geschichtslos. Kinder spielen auf ihr, rechts und links sind Kühe angepflockt.

Als Lindenallee führt die Straße zu den Gewächshäusern am Ortseingang von Witnica, früher Vietz, das schon zum Landkreis Landsberg gehört. Der Templerorden besaß einst den Ort wie so viele andere in der Neumark. Mutmaßlich ist er sogar eine Gründung des Ordens. Allein die Handelsstraße brachte dann später einigen Aufschwung. 1747 wurde eine Strumpf- und Leinenfabrik gegründet; wenige Jahre später ein königliches Eisenhüttenwerk mit zwei Hochöfen, das bis 1842 vor allem Artilleriegeschosse herstellte. Um 1850 war Vietz zur größten Landgemeinde der Provinz geworden. 1935 erhielt der Ort sogar Stadtrecht. Bei Bielcz, früher Balz, steht eine für das Dorf viel zu große Kirche abseits der Straße. Zwei Kinder kehren mit einem Besen den Steinboden vor dem Portal. Ein weiteres sieht die Gäste kommen und läuft mit verheißungsvoller Miene ins Gotteshaus. Wenig später locken einladende Orgeltöne.

Im Herbst 1935 wurde die Einheit des späteren Generalinspekteurs der Bundeswehr Ulrich de Maizière nach Landsberg verlegt. Seine Beförderung zum Oberleutnant stand kurz bevor. In seinen Memoiren erinnert er sich der Stadt mit einer nüchternen Bemerkung. Landsberg sei seit 1918 nicht mehr Garnison gewesen. »Die Bevölkerung begrüßte daher das Bataillon mit großer Freude und Zustimmung. Als D-Zug-Station an der Eisenbahnstrecke Berlin–Königsberg war Landsberg Einkaufsstadt für ein größeres Einzugsgebiet, günstig gelegen, Berlin nur 130 Kilometer entfernt, in eineinhalb bis zwei Stunden erreichbar. Eine eindrucksvolle gotische Stadtkirche beherrschte den Marktplatz. Die Stadt besaß sogar ein kleines Theater mit einem ständigen Ensemble, das in der Wintersaison dem Publikum jede Woche ein anderes Stück vorspielte.«

Landsberg heißt heute Gorzów Wielkopolski und ist eine nützliche Ortschaft geblieben, ohne Schönheit aber Hauptstadt der Woiwodschaft. Vorgeschichtliche Funde weisen auf einen frühen Kiez hin. Daneben ließ Markgraf Joachim 1257 durch einen Albert v. Luge die Stadt Landisberch nova nach brandenburgischem Recht gründen. Landsberg sollte Brandenburg als Grenzburg gegen das nahe polnische Zantoch verteidigen helfen. Zantoch (Santok), zwölf Kilometer östlich, ist nur noch als aufgewühlter Wall erhalten. Bei Grabungen in den dreißiger Jahren ließen sich zwölf aufeinanderfolgende Burgen nachweisen. Doch die Bedeutung Zantochs beschränkt sich auf Geschichte. Landsberg dagegen wurde bald

Landsberg. Blick über die Warthe auf den Turm der Stadtkirche St. Marien.

Mittelpunkt eines Kreises mit 40 Dörfern (1337). Als Zentrum der Tuchmacher erhielt Landsberg internationale Bedeutung. Im 19. Jahrhundert traten eine Jutespinnerei, Maschinenfabriken und eine Eisengießerei dazu.

Seit 1816 war Landsberg Kreisstadt, 1892 wurde es selbständiger Stadtkreis. Weil hier der evangelische Theologe und Pädagoge Friedrich Schleiermacher 1794 bis 1796 Pfarrer war, stand im Zentrum einmal sein Standbild. 1857 kam die Eisenbahn; ein hohes Viadukt erinnert noch daran. Auch eine Hufbeschlag-Lehranstalt mag zu nennen sein. Vor dem Krieg hatte Landsberg knapp 50 000 Einwohner. Nach dem Wiederaufbau wuchs der Ort zur Hauptstadt der Woiwodschaft mit 100 000 Bürgern heran. Der Dom steht heute im übrigen der erfundenen Eins im Weg, so daß diese vor der Kathedrale eine Linkskurve nehmen muß. Einst passierte sie vom Mühlentor im Westen zum Zantocher Tor im Osten die Richtstraße und führte links am Dom vorbei. Er beherrscht heute wie immer, nur jetzt als überlebtes Relikt aus einer längst vergangenen Zeit, den Hauptplatz aus Straßen ohne Grün in einer fast gesichtslosen Ansammlung kaum alter, meist neuer Häuser. Maizières Theater gibt es auch wieder; in der Regel auch das eigene Ensemble. Gorzów lebt von einer Textilfabrik und dem Chemiewerk »Stilon«, früher IG-Farben.

Die Touristen steigen meist im Mieszko-Hotel ab, dem Haus des bisher staatlichen Touristenbüros Orbis. Der Name erinnert an den ersten polnischen König Mieszko I. (960–992). Sonst erinnert in dieser Stadt nichts an ihn, wiewohl das alte Kiez im Delta des hier in die Warthe fließenden Kladow-Baches zu seinem Reich gehörte. Eine slawische Burg ließ sich nicht nachweisen. Mieszko führte seinen Stammbaum auf einen Bauern namens Piast zurück, dessen Sohn es nach dem Untergang einer älteren Dynastie zum ersten Herzog der Piasten brachte. Seine Familie beherrschte Polen bis zur Übernahme durch die Jagellonen Ende des 14. Jahrhunderts. Mieszko konsolidierte das Reich, dessen wichtigste Orte damals Posen und Gnesen waren, dazu Wloclawek südöstlich von Thorn sowie Giecz, ein unbedeutendes Nest südöstlich von Posen. Er

Landsberg an der Warthe.

drang nach Westen vor und stieß dabei 963 zunächst an der mittleren und unteren Oder auf Truppen des abenteuernden sächsischen Grafen Wichmann, dann auf den Vertreter kaiserlicher Macht: Markgraf Gero. Das trug Mieszko und dem Staat der Polen die erste schriftlich belegte Erwähnung ein, in der Chronik des Widukind von Corvey. Mieszko geriet allein in Bezug auf die Gebiete, die man später Neumark nennen würde, in ein vages Lehnsverhältnis zum Kaiser. Aus eigenem Entschluß ließ er sich 966 oder 967 taufen. Damit entgingen er und sein Volk dem Schicksal anderer am Heidentum festhaltenden Elb- und Ostseeslawen. Polen wurde Teil des mitteleuropäischen Reiches, wurde wie Böhmen und später auch Ungarn Glied der christlichen Staatengemeinschaft. Mieszkos Entscheidung zeichnete die gesamte Geschichte Polens bis heute vor. Es wurde zum östlichsten Land des westlichen Europas. Die Öffnung Polens für westliche Siedler, die Städte nach lübischem und Magdeburger Recht gründeten, ist genauso eine Folge dieser Politik wie die Hilfe des polnischen Königs Jan Sobieski beim »Entsatz« von Wien und dem Sieg über die Türken 1683. Dazu gehört auch die Begeisterung der deutschen Liberalen von 1848, die die Polen wegen ihres Kampfes gegen die zaristische Unterdrückung bejubelten. Mieszko und sein Sohn erschienen auf den illustren Hoftagen von Kaiser Otto dem Großen in Quedlinburg. Vielleicht zogen sie dabei ein Stück auf der Trasse der späteren Reichsstraße entlang zum Harz. Mit den Jahrhunderten zerfiel das Reich der Piasten (Groß-Polen, Schlesien und Klein-Polen) in kleine Fürstentümer. Mieszkos Urenkel schätzten wie er offenbar deutsche Fürstentöchter. Man heiratete untereinander. Und so wurde zumindest Schlesien mit dem Brautschleier »germanisiert«. Die Neumark mit dem Bistum Lebus fiel 1250 einvernehmlich an Brandenburg.

Die kühle schmucklose Halle des Landsberger Mieszko-Hotels lädt nicht zu historischen Betrachtungen ein. Busse entladen immer häufiger Touristen aus dem Westen. Schon lange reichen die Betten nicht mehr für den Andrang. Die freundlichen Mädchen, sie sprechen längst alle Deutsch, verweisen zunächst auf das Stilon-Hotel gegenüber der Fabrik, oder – in höchster Not – auf Cousine oder Tante, die noch ein privates Zimmer zu vermieten hätten. Wer mehr als hundert Mark für ein Bett mit durchgelegener Matratze bezahlen müßte, wer die hellhörigen Zimmer dieser modernen polnischen Bettenburgen ohnedies nicht schätzt, wer sich nicht entscheiden kann für eine Nacht in trockener Heizungshitze oder bitterer Kälte, bei Straßenlärm, geht gern auf so ein Angebot ein.

Pani Reiter stammt aus Litauen. Aus einem Dorf bei Wilna wurden ihre Eltern zunächst in den Osten der Sowjetunion und dann durch die Heimat und weiter in den Westen vertrieben. »In meiner Erinnerung riecht Litauen nach Kartoffelfeuer und Most«, sagt die Frau. »Ich war zu klein, um etwas zu wissen. Mein Heimweh ist nicht das der alten Leute. Es ist mehr Neugier.« Sie habe deshalb Verständnis für die deutschen Heimwehtouristen, werde bald selbst in die Heimat reisen. »Doch für Lydka ist Lituania fremder als Berlin«, fügt sie mit Hinweis auf die Nichte an der Hotelrezeption hinzu. Pani Reiter war mit Pan Reiter verheiratet, einem Mann aus Thorn, den die prosperierende Chemie nach Gorzów zog. Er hat nicht viel davon gehabt. In den letzten Berufsjahren wurde er krank. Krebs raffte ihn nach schmerzvollen Monaten hinweg. Pani Reiter – und anderen in der Stadt – ist der Nachweis nie gelungen, daß ihre Männer und Väter an beruflich bedingten Krankheiten starben.

Im Ehebett ist Platz für die Nacht. Pani Reiter schläft schon seit längerem auf einer Liege im Zimmer ihres Sohnes, der eines Tages in den Westen ging. »Seitdem schickt er bisweilen Pakete mit Zahnpasta und Seife aus New York. Nach dem Regierungsantritt von Tadeusz Mazowiecki in Warschau rief er an; er werde bald zu Besuch kommen. Noch kam er nicht«, sagt Frau Reiter. Er arbeitet wohl in einer polnisch kontrollierten Handelskette, sagt die Mutter. »Der ging wie viele andere in den Westen, als Polen noch Osten war. Jetzt könnte er eigentlich wiederkommen. Na, ja, – kennen Sie Chopin? Der emigrierte auch und kam nicht wieder.«

Das Haus der Pani Reiter liegt in einer ansehnlichen Villenstraße, allerdings umgeben von uniformen Mietskasernen. Es sei Zufall, daß sie hier wohne und nicht in diesen Nachkriegskästen, fügt sie an, als sei ihr dieser Vorteil peinlich. Die Nachbarn beneiden sie vielleicht. Doch die wissen nicht, welche Mühe es Pani Reiter kostet, die deutsche Beamtenvilla instandzuhalten. Zeitweise sei Zement bald so teuer wie Gold gewesen, sagt sie. Seit dem Frühjahr 1990 sei bei den meisten Baustoffen endlich eine »Normalisacja« festzustellen. »Nun bin ich nicht mehr auf die Leute in Deutschland angewiesen, die hier einmal wohnten, und deswegen ein Interesse daran haben, daß ›ihr‹ Haus gepflegt ist.« Bisweilen gebe es Probleme mit dem Wasser, erklärt sie dann. Die alten Rohre machten es nicht mehr. Nicht weit entfernt, nur die Straße hoch und dann rechts auf der Hauptstraße, liegt das Hotel Stilon. Dort befindet sich auf jedem Zimmer ein Zettel. »Szanowny Goscin (verehrte Gäste). Aus Gründen, die nichts mit uns zu tun haben, sollte das heiße Wasser in den Uhrzeiten von 5 bis 9, von 13 bis 17 und 19 bis 23 Uhr benutzt werden.« Dies Werkshotel steht allen offen. Doch Gäste von Stilon wohnen hier bevorzugt.

»Ich steige hier seit Jahren ab«, sagt ein Einkäufer aus dem Ruhrgebiet. Er wartet vor dem Hotel auf ein Taxi. Das soll ihn zu polnischen Freunden bringen. Die hätten ein Schwimmbad und eine Sauna. Da ließe sich ein Wochenendvormittag gemütlich überbrücken. Es handelt sich bei dem Gastgeber offenbar um einen führenden Mitarbeiter der Chemiefabrik. Der Handel mit dem Unternehmen sei selbst in der schlimmsten Zeit – damit meint er die Monate vor und nach dem Kriegsrecht, 1980 bis 1982 – nie unterbrochen worden, hebt der Mann wieder an. Er fühlt sich mittlerweile in Landsberg wie zu Hause, weiß, daß das »Steak schrabowy« im Piast-Hotel das beste am Ort ist. »Doch wenn Sie richtig bezahlen, dann gibt es in mehreren Restaurants auch Kaviar und Lachs.« Noch zählt nur westliches Geld. Doch schon sinkt die bisher dreistellige Inflation auf Werte unter zehn Prozent. Bald soll der Zloty frei konvertibel sein. Neben dem Hotel im Park gebe es im übrigen einen recht ordentlichen Tennisplatz, sagt er noch, bevor er in ein Taxi steigt. Der Platz ist schnell gefunden. Er sieht bespielbar aus. Doch offenbar müssen die Spieler ihre Netze selber mitbringen.

Die nächste Tankstelle auf der Eins liegt in Strzelce Krajeńskie, 26 Kilometer weiter nordöstlich, früher Friedeberg. Markgraf Konrad von Brandenburg erhielt 1260 zur Hochzeit mit einer polnischen Prinzessin das Amt Zantoch als Mitgift. Auf dessen Gebiet, am Übergang der damals schon bestehenden Straße zur Hochzeiter Höhe, über einer Niederung zwischen zwei Seen errichtete er wenig später eine Burg, unweit der slawischen villa Strzelecz, die Friedeberg heute seinen Namen gibt. Die Burg, die schon früh durch ihre Lage strategische Bedeutung erhielt, da sie nicht nur eine Ost-West-Achse zu bewachen hatte, sondern auch eine Straße, die sich von hier zur Ostsee nordwärts wandte, wurde mehrfach von den Polen bedrängt und auch einmal zerstört. 1286 wird auch erstmals der Ort erwähnt, dem die Familie von Friedeberg ihren Namen gab, die an der Saale zu Hause war und mit dem Markgrafen gekommen war. Mit ihr konnten hier viele Siedler von der unteren Saale und dem Harzvorland eine neue Heimat finden.

Um 1337 war Friedeberg ähnlich groß und wichtig wie Landsberg. Seine »terra« umfaßte genauso viele Dörfer. Schwere Leiden brachte der Dreißigjährige Krieg. 1758 plünderten die Russen den Ort aus. Dann wurde die Straße in den Befreiungskriegen zwischen 1806 und 1813 jahrelang immer wieder von preußischen und napoleonischen Truppen benutzt, und so geriet Friedeberg einmal mehr in die Wirren eines Krieges. 1816 wurde der Ort preußische Kreisstadt und Sitz eines Landrats. 1938 schlug man den Kreis zur Provinz Pommern.

In der gotischen Marienkirche, ihre Geschichte ist mit dem Deutschen Orden verbunden, dem die Neumark seit 1402 gehörte, versammelt sich die Gemeinde zur Sonntagsmesse. Der Innenraum, der 1945 fast völlig ausbrannte, ist heute vom Katholizismus geprägt. Die Gläubigen kommen aus den alten Häusern innerhalb der teilweise noch erhaltenen Stadtmauer. Einst besaß die alte Ringmauer 38 Türme. Schon im 18. Jahrhundert fiel ein Teil davon. Doch die Erinnerung an die gesamte Anlage läßt sich wachrufen. Ein idyllisches Bild ergäbe sich, wäre hinter der Kirche nicht schon längst alles Alte gefallen. Doch dort ist der urwüchsige Kern plötzlich wie weggesprengt. Rasch in die Höhe zementierte Kästen verdrängten das Mittelalter. Das gotische Driesener Tor aus dem 14./15. Jahrhundert mit seinen zwei Bögen steht noch immer, als Durchlaß für die alte Straße. Um die Jahrhundertwende hatte die Kreisstadt Friedeburg gut 6000 Einwohner. Die sieben Kilometer zwischen Stadt und Bahnhof legte eine Straßenbahn zurück. Es gab ein königliches Gymnasium, eine höhere Mädchenschule, ein Lehrerseminar und eine »Präparandenanstalt«, Landratsamt und Amtsgericht. Die Reste kleinstädtischen Lebens finden sich heute in bäuerlicher Umgebung. Auf unbebauten Plätzen wuchert Grün. Dort suchen Hühner nach Nahrung, auch Karnickel über und Maulwürfe unter der Erde.

Wieder 18 Kilometer weiter liegt Dobiegniew (Woldenberg) am Osiek-See. Sein polnischer Name erinnert an eine markgräfliche Urkunde, die 1297 in »Dubgnew« ausgestellt wurde. Der polnische Herzog hatte diese Siedlung um 1250 dem Zisterzienser-Kloster Ovinks vermacht. Wenig später drangen die Askanier bis hierher vor. Markgraf Woldemar regierte Anfang des 14. Jahrhunderts in Dubegnewe, verkaufte 1313 an die offenbar reiche Bürgerschaft eine Mühle bei der Stadt für 550 Mark Silber. 1333 tauchte erstmals der Name Waldinborg als Stadtname auf und setzte sich in der lang schon durch Siedler eingedeutschten Umwelt durch. Hier kreuzten sich die Handelsstraßen und brachten den Bürgern reichlich Gewinn. Die »Reichsstraße« wurde 1829 befestigt. Seit 1847 besaß der Ort einen Eisenbahnanschluß nach Stargard und Posen. Das ist auch heute noch so. Auch ist der Obstanbau wie eh und je ein wichtiger Wirtschaftszweig, neben der Viehzucht und der dahinsiechenden Textilindustrie. Doch die moderne Siedlung hält den Reisenden nicht.

Wenig später stößt die Eins an die Furt der Drawa (Drage), den Grenzfluß der Neumark Alt-Brandenburgs. Dahinter lag polnisches, später Ordensland. Hochzeit hieß der Ort an diesem Kreuzungspunkt, eine volksetymologische Verwandlung des slawischen Osieczno. Die alte Heerstraße stieß hier auf den Salzweg, der von der Ostsee über Kolberg (Kołobrzeg) durch Pommern nach Wieleń (Filehne) und Posen (Poznań) führte. Die Dragefurt war also einst von hoher Bedeutung und wohl schon früh besiedelt. 1238 schenkte Herzog Wladislaw Odonicz von Polen den Ort, zu dem wohl auch eine Burg gehörte, an den Tempelorden. 1261 mußten die Ritter den Askaniern weichen. 1273 berichtet eine Lehensurkunde von einer Brücke über die Drage. Nachdem Markgraf Otto 1368 das Land um Deutsch Krone (Wałcz), zu dem schon das nahe Schloppe (Czlopa) gehörte, an Polen abgetreten hatte, wurde Hochzeit wieder heiß umkämpfte Grenzfeste zwischen den Markgrafen, dem Deutschen Orden und Polen. Noch im Siebenjährigen Krieg und in den napoleonischen Kriegen spielte der Drage-Übergang eine militärische Rolle. Die taktische Beurteilung der Lage macht das bis heute verständlich.

Als die Straße 1934 zur Ersten im Reich gekürt wurde, gehörten der Kreis Deutsch Krone (Wałcz) mit den Kreisen Flatow (Złotów) und Schlochau (Człuchów) sowie dem posenschen Kreis Wschowa (Fraustadt – südwestlich von Posen) zur künstlich zusammengefügten Provinz »Grenzmark Posen-Westpreußen«. Das übrige Westpreußen war nach dem Versailler Vertrag vom 28. Juni 1919 ohne Volksbefragung zu Polen geschlagen worden. Die Eins zog fast parallel zur »Korridor-Grenze« nach Nordwesten, bis sie ihn bei Konitz erreichte. Czlopa (Schloppe) heißt heute das erste größere Städtchen nach der Durchquerung einer waldreichen Seenlandschaft um das alte Zützer, wodurch es so scheint, als habe sich eine Art Niemandsland zwischen dem alten Brandenburg und Preußen erhalten. In Czlopa kreuzte der Ost-West-Handelsweg die zweite Trasse (die erste lief durch Hochzeit) des von Norden nach Süden verlaufenden Salzweges oder »alten Polenweges«, die Kołobrzeg (Kolberg) an der Ostsee mit Wieleń (Filehne) an der Netze verband. Diese Straße ist heute offenbar noch unwichtiger als die R 1, läßt sie sich auf Karten doch nur als spindeldürrer Faden durch die Geographie erkennen. Schon 1245 war Schloppe »oppidum«, eine Stadt. Bodenfunde und Burgwälle weisen auf eine bedeutende Siedlung in früher Zeit hin. 1900 hatte der Ort am Salmbach gut 2200, 1939 fast 3000 Einwohner, heute sind es weniger als 1900. Nach weiteren, bis auf das Badeparadies Straczno (Stranz) kaum besiedelten 32 Kilometern, gebietet Wałcz (Deutsch Krone) Aufmerksamkeit.

Der Ort zwischen zwei Seen geht auf ein slawisches Fischerkiez zurück, das den Namen Wałcz trug. 1249 wird ein villa Cron im Eigentum des Templerordens erwähnt. 1303 genehmigte der Markgraf zwei Edelleuten die Gründung einer Stadt, die erst Arnescrone heißen sollte, doch dann bald »Theutzsche Krone« genannt wurde. Mutmaßlich gründet sich diese Namensgebung auch auf dem polnisch-deutschen Gegensatz zwischen der später polnischen Obrigkeit und dem bürgerstädtischen Freiheitsstreben auf der Grundlage des deutschen Stadtrechts; denn schon seit 1368 vertrat ein polnischer Starost den polnischen Landesherren. 1772 kamen die Ackerbürger von Deutsch Krone, wie Westpreußen insgesamt, unter die preußische Krone. An diesem Sonntag durchziehen Ruderboote einen der Seen. Kinder spielen an seinem Ufer. Das modische Soft-Eis rinnt über manche Hände. Bei der Schule, sie erinnert an Kaisers Zeiten, hängen noch an einem Zaun Plakate des örtlichen Sejm-

Kandidaten von »Solidarnosc«. Er wurde längst gewählt. Die kommunistische Macht hat sich aufgelöst, mitsamt der Polnischen Vereinigten Arbeiterpartei (PVAP). Die beiden Neugründungen aus ihrer Mitte sind wenig beliebt. »Solidarnosc« zerfällt in Parteien. Mühsam ist Polens Entwicklung zum Parteienstaat.

Wałcz verbreitet wegen der beiden Seen Ferienlaune. Ein ewiger Friede scheint über dem Landstädtchen zu liegen. Nur wer fragt, erfährt von den schrecklichen Kämpfen, die sich hier Anfang 1945 die schwachen Kräfte einer weitgehend aus Hitlers Phantasie geschöpften 11. SS-Panzerarmee mit der 1. Weißrussischen Front unter Marschall Schukow lieferten. Die Deutschen sollten einen Gegenangriff führen, um in die Flanke der Roten Armee zu stoßen. Die hatte längst Brückenköpfe an der Oder genommen, so auch in Küstrin. Der Nachschub rollte ungehindert. In den Tagen vom 29. Januar bis zum 20. März gelang es Schukow, die deutsche Rumpfarmee von der Netze über Deutsch Krone bis nach Köslin und Kolberg an die Ostsee zu treiben. Die sowjetische Winteroffensive ist in Deutsch Krone längst vergessen. Auf den Schlachtfeldern östlich der Stadt sind die Toten begraben; Deutsche, Polen, Russen. Auf den Plätzen der Gemeinde wird Anfang 1990 noch der ruhmreichen Sowjetarmee gedankt, mutmaßlich dort, wo bis 1945 noch des Ersten Weltkrieges gedacht wurde. Jetzt denkt man auch schon nicht mehr gerne an die Rote Armee.

Ein Plakat, von innen an das Schaufensterglas eines Geschäfts geklebt, lädt die Wałczer Bürger aus dieser einstmals deutschen Stadt zu einer Einkaufsfahrt nach Berlin ein. Vor zwei Jahren kostete die Tour nach Ost-Berlin 21 000 Zloty und 3 DM für die Busfahrt in den Westteil der Stadt. Ein Jahr später war der Preis doppelt so hoch, und es wurden nur noch Devisen genommen. Heute kann die Reise nur antreten, wer über ein Visum verfügt, doch das mag sich bald ändern. Die DDR ging auf in der Bundesrepublik. Die bangen Gefühle über die Einheit müssen erfragt werden. Für die Polen vollzog sich in den letzten Monaten ein historisch natürlicher Prozeß. Bitter aber schmecken die kleinen Benachteiligungen: zunächst der Visumszwang, dann die ökonomische Verkoppelung mit dem brach liegenden östlichen Markt, schließlich der lange Weg ins historisch so nahe Europa. Von Wałcz an trägt die alte Eins erstmals seit der Oder wieder einen Namen: T 83. Sie bleibt bis Elbing (Elbląg) Landesstraße 83. Diese Aufwertung verdankt sie dem Wałczer Kreuzungspunkt dreier Straßen; so verschob sich offenbar der ehemals weiter westlich laufende »alte Polenweg« hierher in Gestalt der T 285. Diese Straße verbindet das südwestlich gelegene Piła (Schneidemühl) mit Kołobrzeg (Kolberg). Die andere Straße verknüpft Piła mit Szczecin (Stettin) an Polens Nordwestgrenze.

Vor Jastrowie, das einst Jastrow hieß, gut zwanzig Kilometer östlich von Wałcz, sind die Picknicks am schönsten. Im Westen spricht man vom »Biotop«, wenn zum Beispiel Tümpel und kleine Seen gemeint sind. Davon gibt es in dieser Region im Frühsommer viele. Ungemein laut ist das Quaken der Frösche zu jeder Tageszeit, und die Störche sind wohlgenährt. Sie lassen sich durch die wenigen Sommerfrischler nicht stören, sondern segeln in würdiger Gelassenheit an den Tümpelrand. Der nächste Ort ist weit, der Autolärm gering. Auf dem Brot liegt dick geschnitten die Wurst (kielbasa, was wie kiubaßa ausgesprochen wird), auf Butter (masło) aufgetragen. Der Tee ist der grusinische aus der Sowjetunion. Pani Reiter hat auch ein paar gekochte Eier mitgegeben und Essiggurken, süß-sauer und saftig. In der Luft ist ein Surren, nicht nur von Fliegen, Wespen und Bienen; eine Libelle sirrt vorbei. Es duftet nach Blüten und Grün. So stellt man sich gesunde Natur vor. Dieser Eindruck trügt hier auch kaum.

Im »Verzeichnis der Postcourse, wie solche im Julius 1838 vorhanden sind«, herausgegeben von der »Königl. Preuß. Kalender-Deputation«, ist nicht vom heute bedeutenderen Landsberg die Rede, wohl aber von Jastrow. Des Königs Dorf hatte 1602 das Magdeburger Stadtrecht erhalten, war 1772 sogar größer als Schneidemühl und Deutsch Krone und besaß natürlich Postanschluß. Von hier ging Montag 9 Uhr früh, Dienstag 6 Uhr 30 abends, Donnerstag 10 Uhr vormittags und Freitag 12 Uhr nachts die »Fahrpost« ab nach Flatow (Złotów), wo sie drei Stunden später ankam. Das Personengeld für jede preußische Meile betrug fünf Silbergroschen. Jastrow und Flatow liegen genau 16,8 Kilometer auseinander. Die preußische Meile betrug gut 7,34 Kilometer.

Jedermann weiß: Die Fürsten von Thurn und Taxis besaßen seit 1615 das erbliche Reichspostgeneralat. Doch die Hohenzollern, die 1867 dann die gesamte Postorganisation dieser Familie übernahmen, hatten gute Gründe, auf eine eigene Post zu sinnen. Dagegen konnte der Kaiser auch nichts einwenden; denn der preußische Teilstaat der Hohenzollern gehörte nicht zum Reich. Zudem war ihr Postweg besonders lang. Seit dem Frieden von Xanten 1614 mußten die Botschaften des Fürsten von »Rheinpreußen«, also aus Kleve, Ravensberg und der Mark, durch das seit 1648 zu Brandenburg gehörende Fürstentum Minden, die Mark Brandenburg und weiter über Marienwerder ins Herzogtum Preußen, nach Königsberg und schließlich bis nach Memel gebracht werden; und umgekehrt. Allein der Dreißigjährige Krieg verhinderte damals eine gründliche Organisation der preußischen Post. Sie umschloß die Einstellung und Betreuung des quasi beamteten Personals, nachdem man sich zuvor über Jahrhunderte auf Special-Couriere verlassen hatte oder auf mehr zufällige Boten. Dazu gehörten die Metzger, die sich als Briefträger dadurch anboten, daß sie genötigt waren, ihr Fleisch auf kürzestem Wege zu transportieren. So galten für die Metzger auch Briefe als eine schnell verderbliche Ware. Die Organisation betraf aber auch die Suche nach dem besten Postweg. Der direkte und schnellste Weg von Rheinpreußen nach Brandenburg – über Teile der späteren Eins – führte durchs Ausland: so durch das Lipperland, das Bistum Hildesheim, die Herzogtümer Braunschweig-Lüneburg oder Calenberg-Hannover. Berlin mußte die »Postverhältnisse« erst mühsam klären.

Am 21. April 1646 erließ der Kurfürst eine Verordnung zum Haupt-Postcours von Memel bis Kleve. Darin übernahm die Regierung nur die Oberleitung. Der bisherige Botenmeister von Königsberg wurde mit dem Aufbau der »Posten« betraut. Er konnte dabei im Preußischen auf alte Ämter und auch auf Mittel aus kurfürstlicher Schatulle zurückgreifen, zumal für die innerörtlichen Botengänger und die »Postenämter«. Zwischen Danzig, Königsberg und Memel verkehrte eine spezielle Reitpost, die dann in Richtung Riga von der Schwedischen Post übernommen wurde. Einfach war auch die Festlegung der »Posten« bis Berlin. Etwas nördlich bzw. südlich der späteren Eins wurden Ämter in Marienwerder, Tuchel, Ratzebuhr, Arnswalde, Soldin und Küstrin bestimmt. Schwieriger war dagegen die Kursbestimmung nach Kleve, sofern sie über fremdes Gebiet lief. Dort ließ sich nicht auf eine Poststruktur zurückgreifen, und es fehlte – wie die Quellen berichten – an postlicher Disziplin. Das bewog 1649 den Fürsten dazu, das Postwesen doch ganz zu übernehmen. Das Ende des Dreißigjährigen Kriegs erleichterte diese Entscheidung. Der beginnende Absolutismus legte sie nahe.

Der Geheime Staatsrat leitete nach sorgfältiger Inspektion den Cours nach Kleve über Spandau, Brandenburg, Barby, Halberstadt, Braunschweig, Hannover, Minden, Bielefeld, Lippstadt, Hamm und Wesel. Jede der einzelnen »Stationen« auf diesem Weg, die ein Postillion zurückzulegen hatte, war zunächst bis zu zwölf Meilen lang. Alle vier Meilen wurden die Pferde gewechselt. Später wurde sogar alle drei preußische Meilen, also alle 22 Kilometer, eine Poststelle eingerichtet. Es mußten Verträge mit den fremden Landesherren geschlossen werden; zum Beispiel auch darüber, daß der Post die nachts geschlossenen Stadttore geöffnet wurden. Postmeister und Postillione erhielten Patente mit Rechten und Pflichten. Man gab ihnen Karten an die Hand und »Stundenzettel«, natürlich Posthorn und Uniform. Zunächst ging nur einmal in der Woche die Post von Kleve ab nach Berlin; nach 1655 zweimal. Doch sprach »jedermann von fliegenden Posten«, denn ein Brief brauchte von Kleve nach Königsberg nur zehn Tage; von Berlin bis Königsberg vier. 1652 schrieb der Kurfürst an den staunenden Kaiser: »Meine Posten werden mit solchem sorgfältigem Fleiß und Eyfer bestellt, daß alle anderen Posten dadurch zu gleicher guten und schleunigen Bestellung aufgemuntert werden.« Anfangs behielten die Postmeister das Briefporto als Besoldung, mit der Maßgabe, es müsse billiger sein als vor der Postreform. Der Kurfürst bezahlte weiter die Beförderung; dafür waren seine Sendungen portofrei.

In den kommenden Jahren änderten sich die Course noch einige Male. Nachdem Magdeburg 1680 endgültig preußisch geworden war, ließ sich zum Beispiel Hannover umgehen. Statt dessen mußten aber Transit-Verträge mit dem Bistum Hildesheim abgeschlossen werden. Allemal kompliziert blieben die Verhältnisse in Westfalen und am Rhein. »Wenn ein Postcours von zwanzig Meilen nicht durch drei oder vier verschiedene Gebiete ging, so war das gewiß eine merkwürdige Ausnahme«, schrieb Heinrich von Stephan, der deutsche Generalpostmeister, unter dem erst nach 1871 das reichsdeutsche Postwesen vereinheitlicht wurde. »In diesen Gegenden bestanden Kurkölnsche, Stadtkölnsche, Kurpfälzische, Fürstlich Thurn und Taxissche, Fürstbischöflich Münsterische und Paderbornische, sowie Königlich Preußische Posten, zu schweigen von den conzessionierten Landkutschen, welche unter dem Schirm irgendeines Grafen oder Bischofs, an den sie einen bestimmten jährlichen Canon zahlten, die Landstraßen, sehr eifersüchtig auf ihr Privilegium, innehatten.« Für die Grafschaft Mark ließen sich erst 1782 klare Rechtsverhältnisse schaffen. Und dennoch: Wie die Postwege auch verliefen, mit der späteren Eins deckten sie sich stets nur teilweise. Auch »postalisch« blieb die Reichsstraße eher eine erfundene Eins.

Bald hinter Jastrow biegt nach links der Weg nach Szczecinek (Neustettin) ab. Die alte Reichsstraße erreicht bald Ledyczek (Landeck) und die südwestliche Spitze des früheren Ordensstaates. Wieder einmal ist die Trasse identisch mit dem Markgrafenweg, der via marchonis, zwischen der Mark Brandenburg und Ostpreußen, die hier ihr erstes Ziel an einem »Wildhaus« erreicht, das die Ritter quasi als Tor-Anlage zu ihrem Reich erbaut hatten. Schon im 17. Jahrhundert brannte dies Haus ohne Spuren ab. Die Eins bleibt auf historischer Trasse und erreicht nach gut 40 Kilometern Człuchów (Schlochau), ähnlich wie Deutsch Krone an zwei Seen gelegen. Die Steine, aus denen der Orden hier Anfang des 14. Jahrhunderts die wichtigste Wehranlage links der Weichsel baute, wurden nach zwei Bränden Ende des 18. Jahrhunderts zum Aufbau der Bürgerhäuser verwandt. Vom Schloß blieben nur ein paar Ruinen übrig,

Reste vom Bergfried, an den sich die früher evangelische Hauptkirche des Ackerstädtchens lehnt.

Die Besucher von Chojnice (Konitz), der »allzeit treuen Stadt« des Deutschen Ordens, empfängt das gotische Schlochauer Tor, das ein Regionalmuseum birgt. Die gotische Stadtkirche St. Johann steht noch, auch das barocke Gotteshaus der Jesuiten. Mit ihnen kam 1620 die Gegenreformation ins Städtchen. Zunächst entstand eine hölzerne Kirche; dann errichteten die Jesuiten ab 1718 das massive Bauwerk. Auch das alte Rathaus aus Backstein ist erhalten. Chojnice wahrt ein reicheres Erbe aus der Konitzer Vergangenheit als andere Orte im früheren Westpreußen. Wahrscheinlich hängt das nur damit zusammen, daß die Stadt das Glück hatte, in den Kriegen nicht zerstört zu werden. Doch es mag auch mit dem relativ starken Katholizismus zu tun haben, durch den sich die Polen hier mehr zu Hause fühlten. Freilich waren im Jahr 1905 von den 11 014 Einwohnern 9876 Deutsche. Oder hat es damit zu tun, daß seine polnische Geschichte – eine frühere slawische ließ sich nicht nachweisen – schon 1920 begann? Während die Kreise Deutsch Krone, Flatow und Schlochau nach dem Ersten Weltkrieg beim Reich blieben und zusammen mit dem posenschen Kreis Fraustadt (Wschowa) zur Provinz »Grenzmark Posen-Westpreußen« vereinigt wurden, schlug der Versailler Vertrag den Kreis Konitz zum wiedererstandenen Polen. Vielleicht fühlen sich deshalb die polnischen Bürger in stärkerem Maße verantwortlich.

In Konitz drang die Eins in den »Korridor« vor, der Ostpreußen vom »Reich« trennte, und wurde aus polnischer Sicht wieder einmal namenlos. Das alte Westpreußen links der Weichsel bis Konitz und das Culmer Land trennte Versailles ohne Volksbefragung ab. Danzig wurde zur Freien Stadt. Für die westpreußischen Kreise Stuhm, Rosenberg, Marienburg und Marienwerder sowie den ostpreußischen Regierungsbezirk Allenstein und den (masurischen) Kreis Oletzko beim heute sowjetischen Gumbinnen wurde eine Abstimmung über die Auflösung Westpreußens und die Aufteilung Ostpreußens angeordnet. Mehr als 90 Prozent der Bevölkerung stimmte für einen Verbleib beim deutschen Ostpreußen; doch die

Alliierten setzten den »Korridor« für Polen durch. So erhielt der wiedererstandene Staat seinen Zugang zur Ostsee; im Norden etwa 34 Kilometer, im Süden bis zu 225 Kilometer breit.

Hinter Konitz wird es an der Eins noch einsamer. Mit Überquerung der Brda (Brahe) bei Rytel, das seinen Namen nach dem Kriege nicht zu polonisieren brauchte, erreicht die alte Markgrafenstraße die Tucheler Heide. Diese gut hundert Meter hohe Sandebene gleicht nicht der vertrauten Lüneburger Heide. Kiefern und Birken herrschen in diesem hundert mal dreißig Kilometer breiten Raum von der Brahe bis zur Weichsel vor. Hier lebten von jeher besonders viele Polen. So blieben auch die alten Ortsnamen Rytel, Legbad oder Czersk nach dem Krieg unverändert. Aus Tuchel, der jenseits der Eins liegenden preußischen Poststation, wurde allerdings Tuchola. Hier gaben 1905 von 3448 Einwohnern nur 1965 an, Deutsch sei ihre Muttersprache. Im übrigen ist die Region dünn besiedelt. Zahlreich sind nur die Bienenvölker in der Heide. Im 14. Jahrhundert zahlte Tuchel einmal Honig als Zins an den Stadtvogt des Ordens.

Irgendwo in der Heide liegt Iwiec. Auf der Karte ist der Flecken schlecht auszumachen. Hinter Iwiec solle man einen »leicht zu findenden Feldweg« nach Wysoka nehmen, sagen die Leute. Doch die Welt dieser Heide besteht nur aus Feldwegen. Und es gibt wohl mehrere Weiler, die Wysoka heißen. Der »Soltys« – oder Schultheiß – wohne im letzten Haus hinter dem Wäldchen links. Der Mittag erreicht seine hellste Stunde. Die Luft steht, als der westliche Wagen vor dem »neuen« Haus des Ortsvorstehers hält. Niemand ist da, außer einem kläffenden Hund und vielem Federvieh, das nach erster Beunruhigung über den Besuch, das gesamte Terrain für sich zurückgewinnt und sogar unter dem Auto weiterpickt. Auf der anderen Feldweg-Seite liegt ein einfacher hölzerner Bau, die einfachste Form eines Bauernhauses: ein Vorraum als Windfang und ein Zimmer, Küche, Wohn- und Schlafraum in einem. Das Dach liegt schief über den niedrigen Außenwänden. Drinnen mag es gemütlich sein; doch es ist auch stets dunkel. So leben die Menschen hier seit Jahrhunderten. Das Wasser kommt aus einem Brunnen, den man mit dem Nachbarn teilt. Ein Verschlag am Gartenrand dient als WC.

Dagegen ist das Haus des Schultheißen von städtischer Pracht. Es ist einstöckig, massiv, mit einem Wintergarten. Über ein Treppchen gelangt man vom Hof dorthin. Nur dieser Teil rechtfertigt die Beschreibung »neues Haus«. Das übrige stammt aus der Vorkriegszeit. Von der verglasten Veranda geht es durch die Küche in drei Räume. Schließlich: aufwendig gefliest und gekachelt das geräumige Bad. Die Familie ist stolz auf dieses Haus. Die Mutter hat es zwar von ihren Eltern geerbt, doch es wurde danach kräftig ausgebaut. Sie ist die erste, die plötzlich erscheint. Nachbarn hätten den ausländischen Wagen gesehen. »Die wollen bestimmt zu uns«, habe sie da gedacht. Der Sohn sei noch im Nachbardorf, um zwischen deutschen Gästen und polnischen Gastgebern zu dolmetschen. Doch das könne nicht mehr lange dauern. Dann werde er kommen.

Die Familie des Schultheißen hat nicht häufig Gäste. Allein die Übersetzungskunst des Sohnes lockt bisweilen Ausländer in dies Haus. Und diese Gäste scheiden meist erschüttert. Die drei Kinder, der fast dreißig Jahre alte Jacek, die drei Jahre jüngere Slawka und der siebzehnjährige Mariusz sind körperbehindert. Sie leiden an einer angeborenen Stoffwechselkrankheit, die sich allerdings erst nach einigen Jahren bemerkbar macht. Die Gelenke versagen allmählich ihren Dienst und schrumpfen. Der Rücken verkrümmt sich. Seit einigen Monaten ist nun auch Mariusz an den Rollstuhl gefesselt. So leben hier drei Behinderte mitten in der einsamen Tucheler Heide, in der Beweglichkeit besonders wichtig ist. Mit eigener Hand ließ sich das Haus den Beschwernissen anpassen. Der Vater, ein Tischler, baute das Bad um und fügte den Wintergarten an, wo sich die Sonne am offenen Fenster genießen läßt, wenn die Rollstühle im Schnee oder Matsch versinken würden. Doch ein Auto kann man nicht selber bauen. Auch ein Telefon läßt sich nicht schnitzen. Und selbst ein Dorfschulze hat darauf kein Anrecht.

Die polnische Wirtschaft hat für derart behinderte Personen keine Arbeitsplätze. Die Schule schlossen die beiden Älteren mit Bravour ab; auch Mariusz kommt mit ein paar Hilfen über die Runden. Doch für den weiteren Lebensweg sind sie auf eigene Initiativen angewiesen. So lernte Jacek im Selbststudium Deutsch und trägt mit Übersetzungsarbeiten zum schmalen Budget der Familie bei. »Doch das reicht nur solange, wie Vater noch arbeitet«, berichtet er bekümmert. Seine Mutter hatte ihn vom »Draußenstuhl« die Treppe vor dem Haus zum »Innenwagen« hochgetragen; wie immer, wie bei allen dreien und seit Jahren schon. »Noch sind die Eltern stark. Doch das wird sich ändern.« Jacek ist zwar schmächtig, seine Gelenke sind spindeldürr; doch für die etwa sechzig Jahre alte Mutter sind die drei »Kinder« dennoch in jeder Hinsicht eine schwere Last. »Wir müssen sie tragen«, meint sie doppeldeutig und serviert Kaffee. Die Klopse, die für die Familie gedacht waren, werden nun sämtlich, mit frischen Tomaten verziert, den Gästen angeboten. Im Gegensatz zu ihren Kindern, denen die Bitterkeit ihres Schicksals ins Gesicht geschrieben steht, strahlt die Mutter Fröhlichkeit aus. »Es muß doch gehen«, sagt sie.

Ein großer Farbfernseher steht in einer Ecke des Wohnzimmers. »Das ist im Winter unsere Außenwelt«, sagt die wenig später auch heimkehrende Slawka. (Die Mutter trug sie herein.) Slawka hat ihre Fingernägel grün lackiert. Sie benutzt ein Parfum, das nach Flieder duftet. Ihre Haare sind sorgfältig frisiert. »Nur im Sommer sind wir mit unseren Rollstühlen beweglich.« Dabei handelt es sich nicht um automatisch betriebene Geräte, wie sie im Westen zu sehen sind. Die Räder werden über ein Zahnrad bewegt. Vor der Brust hat man so etwas wie die Pedalen beim Fahrrad und muß damit kurbeln. Selbst im Sommer kann es Probleme geben, wenn die Räder im Sand steckenbleiben. Die Krankenversicherung sorgte bisher im Prinzip nur für den akut Kranken. Für die drei Schultheiß-Kinder gibt es deshalb gerade einmal die kostenlose, regelmäßige Untersuchung und Hilfen beim bisher einmaligen Erwerb des Rollstuhls.

So wurden die drei ein Fall für die katholische Kirche. Der Bischof bot Jacek einen Redakteursposten bei einem Laien-Blatt an. Damit sind jetzt große Hoffnungen verbunden. Slawka hilft sich über ihre Langeweile mit Arbeitern an der Strickmaschine hinweg, die im Nebenraum aufgestellt werden kann, sobald ihr Bett wieder geklappt und in ein Sofa verwandelt worden ist. Wenn sich der Redakteurs-Traum erfüllen sollte, würde die Familie aus Wysoka wegziehen, »in ein Haus mit breiten Türen und ohne Treppen«. Doch das muß erst gefunden und auch bezahlt werden. Sie sei neulich eigens in Tschenstochau gewesen und habe zur Schwarzen Madonna um Hilfe gebetet. Zum Abschied sammelt sie einen Karton voll frischer Eier. Jacek wird noch einmal in seinen Außenstuhl gesetzt, die letzten Sonnenstrahlen zu genießen. Er weist den Weg zurück zur alten Reichsstraße. Die führt über das Dorf Czersk, Zbiewo (Hochstüblau) nach Starogard Gdański (Preuß. Stargard), wo schon 1198 urkundlich erwähnt wird, daß an dieser Stelle die »Kaufmannsstraße« das Flüßchen Ferse (Wieryzca) überquert.

Preußisch Stargard, Gründung des Deutschen Ordens, erinnert heute noch mit seiner gotischen Pfarrkirche und den Resten der Stadtmauer an seine mittelalterliche Geschichte. Außerhalb der Stadt werden englische Halbblutpferde gezüchtet. Auf einer kleinen Straße kann man in Starogard nach Norden in Richtung Gdańsk (Danzig) abbiegen. Diese Hansestadt ist wohl die wichtigste der Region; doch die Eins berührte sie nicht. Die alte Kaufmanns- und Markgrafenstraße zog vielmehr in nordöstliche Richtung weiter. In Swarozyn schlug sie auf ihrem Weg nach Malbork (Marienburg) einen »nördlichen Haken« und nahm Dirschau mit, das heutige Tczew. Eine Weichselbrücke für die Eisenbahn, die 1857 fertig wurde und mit 837 Kilometern Länge als »Wunder der Technik« galt, machte Dirschau zu einem Verkehrsknotenpunkt. Industrie wurde angelockt und prägt die Stadt bis heute. Tczew gehört zu den Städten im ehemaligen Westpreußen, die nach dem Krieg deutlich über ihre Vergangenheit hinauswuchsen. Das zeigt schon die Einwohnerzahl. Sie lag 1905 noch bei gut 14 000, stieg dann bis 1943 auf knapp 26 000 und ist heute gut doppelt so hoch.

Der starke Verkehr forderte eine südliche Umgehung von Tczew. So wurde etwa fünf Kilometer vor der Stadt eine Autobrücke errichtet, die die Polen heute als ihre längste feiern. Sie verkürzt den Weg von West nach Ost und bietet überdies einen eindrucksvollen Blick auf die Zulawy-Ebene und zurück zur Stadt, die vom hohen Westufer grüßt. Der Weg ist frei: Nur noch zwanzig Kilometer durch die Weichselniederung bis zur Nogat und der Marienburg.

Der heilige Wojtěch (Adalbert von Prag) und der Orden im Pruzzenland
Marienburg (Malbork)

Wenn der Zug die Nogat erreichte und auf dem rechten Ufer endlich die Marienburg zu sehen war, dann sei das wie der erste Gruß der ostpreußischen Heimat gewesen, berichtet nicht nur die langjährige »Zeit«-Herausgeberin, Marion Gräfin Dönhoff, die aus einer der prägenden Familien dieser Region stammt. Dann lag der Korridor hinter einem, und ein Herzstück ostpreußischer Geschichte schien den Heimkehrer in Geborgenheit aufzunehmen. 1274 hatten die Kreuzritter begonnen, direkt am Fluß eine wehrhafte Burg zu errichten; ein lang gestrecktes Rechteck. Die Burg war der Patronin des Ordens, der hl. Jungfrau Maria, geweiht, was ihr gegenüber den anderen Ordensburgen von vornherein einen besonderen Rang gab. Schon 1276 wurde dann südwestlich davon mit dem Bau der gleichnamigen Stadt begonnen. Rathaus und Kirche stehen dort heute noch so wie im 13. Jahrhundert; die übrige Stadt reicht höchstens ins 15. Jahrhundert zurück. Den letzten Krieg überstand sie im wesentlichen unbeschadet. Um 1280 war der erste massive Ausbau des Schlosses fertiggestellt. Als die Ordensregierung unter Hochmeister Siegfried von Feuchtwangen 1309 ihren Sitz von Venedig an die Nogat verlegte, gab es zudem schon die Vorburg, wo in Zeughaus und Wirtschaftsgebäuden die Alltagsarbeit der Ritter erledigt wurde. Das Mittelschloß mit den Verwaltungsräumen des Großkomturs und dem Spital im Nordflügel, mit dem Empfangsraum des Hochmeisters im westlichen sowie den Gästezellen im östlichen Teil, vor allem aber mit dem Palast des Hochmeisters zur Nogat hin, waren gegen Ende des 14. Jahrhunderts fertig geworden.

Der Eindruck bannt. Größe spiegelt Macht. Schlichtheit zeigt

Würde. Zinnen und Wachtürme bezeugen Wehrhaftigkeit. Doch das ist wie ein Irrtum. Sie dienen eher der Zierde. Es ist der Eindruck von Unantastbarkeit, der die Burg so wehrhaft macht. Schon die Nogat weist zurück, die hohen rotglühenden Mauern ebenso wie das architektonische Maß. Trotz der Größe wirken die feingliedrigen Reliefs; trotz des Schmucks überwiegt der Nutzen; trotz des backsteingotischen Stils hat die Marienburg etwas von Zeitlosigkeit. Und zeitlos ist der Bau, neu und alt zugleich. Er ist von polnischen Händen nach 1945 mühsam und bis in die jüngste Zeit hinein wiedererrichtet worden. Nach der sowjetischen Märzoffensive jenes Jahres waren vom Schloß nur die Mauern zur Nogat und das Dachgerippe übriggeblieben. Ähnlich sah es bei der Schloßkirche aus: Der Chor war völlig eingestürzt, der Turm zerschossen. Zunächst sicherten die Polen die Überreste. Aus dem Mittelschloß wurde ein Hotel. Erst nachdem dort im Herbst 1959 ein Feuer ausbrach, das vor allem am Dach des großen Remters neuen Schaden anrichtete, besann sich Warschau auf den kompletten Wiederaufbau. Der Gast heute befindet sich also nicht im Ordensschloß des 14. Jahrhunderts. Doch er fühlt so.

Es gibt hervorragende Führungen. Das Deutsch der Begleiter ist perfekt. Natürlich und zu Recht weisen diese Polen darauf hin, daß seit Einzug des polnischen Königs in das Schloß im Juni 1457 und bis 1772 der Bau als eines der drei westpreußischen Palatinate (bis auf die Befestigungen) gepflegt wurde. Erst die Hohenzollern hätten die Marienburg als Kaserne und Lagerhaus mißbraucht. Es sei der national gesonnenen Jugend, so dem Einspruch des 19 Jahre alten Romantikers aus Tilsit, Maximilian von Schenkendorf, in der »Berliner Zeitung« zu verdanken und später dem Schlesier Joseph von Eichendorff, daß König Friedrich Wilhelm III. den Erhalt der Burg befahl und daß zwischen 1817 und 1842 Friedrich Wilhelm IV., der Oberpräsident von Ost- und Westpreußen, von Schön, sowie die Architekten Schinkel und Gersdorff den Aufbau vorantrieben. Die Burgführer berichten auch, nicht ohne Grund habe die Märzoffensive der Roten Armee 1945 die Marienburg wieder zur Ruine gemacht. Die Deutschen hätten den stolzen Bau mit in ihre Rück-

Marienburg. Straßen- und Eisenbahnbrücke über die Nogat.

zugsgefechte einbezogen und nicht etwa als eine Tabuzone gemieden. 1991 will das wohl niemand mehr hören. Das neue Europa denkt in friedlichen Maßstäben. Es sieht Polen und Deutsche versöhnt, mithin etwa in einer Einheit, wie sie zwischen den christlichen Herrschern noch im 13. Jahrhundert bestand.

Infolge der veränderten politischen Verhältnisse wird bald eine immer größere Zahl von Touristen die Marienburg besuchen. Sie sehen einen gewaltigen Gebäudekomplex, und sie erfahren auch etwas über Faszination, Last und Lehren der Geschichte. Doch eben die Burg, die jahrhundertelang in den Köpfen und Herzen der Bewohner West- und Ostpreußens existierte, die Burg ist es wohl nicht. Sie lebt noch einmal auf in dem Text des Journalisten, Schriftstellers und Literarhistorikers Paul Fechter, 1880 in Elbing geboren. Der Burgbesuch, von dem er erzählt, liegt im letzten Jahrzehnt des vorigen Jahrhunderts. Vieles hat sich seither in der Burg und um sie herum verändert. Die Erinnerungen verblassen. Es ist nicht nur die Madonna, die man vergeblich in der Chornische der Kapelle sucht. Doch vieles ist auch nah und vertraut. Fechter schreibt:

> »An einem Mittwochnachmittag im September sind wir drei, Walter, Hans Steinhardt und ich, vierter Klasse nach Marienburg gefahren. Die Sonne schien, es war helles, blaues Wetter, die Niederung lag weit und fett im Grün der Wintersaat und ihrer Wiesen – und um $^1/_3$ 3 standen wir auf dem Bahnhof der kleinen Stadt an der Nogat. Wir wanderten durch die Straßen, über die hölzernen Bohlen unter den gewölbten Lauben, die Vater uns auch als eine Sehenswürdigkeit angepriesen hatte, worüber wir etwas verwundert waren: Wir fanden eigentlich nichts Sehenswürdiges an ihnen, und in den kleinen Schaufenstern, über denen sie sich erhoben, auch nicht. Da gab es bei uns, in der Großstadt Elbing, in der Schmiedestraße und am Alten Markt denn doch ganz andere Sachen.
> Aber dann kam ein Platz und kam wieder eine Straße; sie machte eine Biegung – und auf einmal ragte vor uns rot und riesenhaft das Schloß auf, um dessentwillen wir unsere Reise unternommen hatten – die Marienburg. Ein breiter, tiefer Graben umgab sie, grün bewachsen; jenseits von ihm aber stiegen Mauern auf, von einer Wucht und Größe, wie wir sie uns auch in unseren romantischen Träumen nicht vorgestellt hatten. Und als wir ein bißchen weitergingen – es war da, nach den hohen Fenstern zu schließen, so etwas wie eine Kirche oder eine große Kapelle –, da standen wir auf einmal zu Füßen eines riesigen, fast erschreckend großen Muttergottesbildes, eines Mosaiks aus großen farbigen und goldenen Steinen, das die Chornische der Kapelle – hoch wie ein Haus – bis oben hin ausfüllte. Maria hatte das Christuskind im Arm und starrte aus großen, beinahe unheimlichen Augen über das weite Land des Werders hinüber nach Osten, als ob von dort etwas von Angriff, Drohung, Pest oder Krieg kommen könnte. Das Bild hatte diesen Angriff und diese Drohung schon einmal überstanden, als die Polen ein Geschütz gegen die Schutzherrin des deutschen Ordens gerichtet hatten, um das Bild zu zerstören; aber das Schicksal hatte eingegriffen: das Rohr des Ge-

schützes war beim Abfeuern gesprungen, und die Trümmer hatten den Mann, der es auf die Muttergottes gerichtet hatte, des Augenlichtes beraubt. Wir verstanden nichts von Kunst und nichts von Mosaik: Wir empfanden nur dunkel einen großen dunklen Sinn und spürten wieder etwas von der drohenden, wortlosen, stummen Gewalt der Geschichte, die immer noch über diesem Lande lag und wartete.

Wir sind dann weiter um das Schloß herumgegangen, soweit man das konnte. Wir standen unten auf der Schiffbrücke über die Nogat, deren Konstruktion aus lauter miteinander verbundenen Schiffchen uns zunächst einmal viel mehr interessierte als das großartige Bild der alten Burg, die da vor uns, Sinnbild eines herrischen staatlichen Willens, über dem Nogatdamm sonnenbeschienen in das lichte Blau des Septemberhimmels wuchs. Das Wasser des großen Stroms, der erst ein Menschenalter später um sein gefährliches Leben gebracht und zu einem langen Teich degradiert wurde, schoß rauschend und glucksend zwischen den Booten hindurch, die die Brückenbahn trugen; die herrscherhafte Schönheit der Front des Westschlosses unter ihren Zinnen über dem Sommerremter des Meisters, die der jüngere Gilly noch in den Jahren des Verfalls in seiner wunderbaren Radierung festgehalten hat, kam uns nicht zum Bewußtsein, wohl aber, daß dies ein Schloß und eine Burg, eine Festung Gottes und der Jungfrau war und daß ein Mann wie Heinrich Reuß von Plauen recht daran getan hatte, diese Festung mit allen Mitteln zu verteidigen und nicht den Polen zu übergeben.

Wir sind dann wieder hinaufgeklettert zum Schloß und haben uns zuletzt auch hineingetraut, da der Einlaß ›für Schüler‹ nur 25 Pfennig kostete: Das konnten wir uns leisten. Wir gingen auf der schweren Zugbrücke über den Graben, standen in dem großen Hof des Mittelschlosses mit seinen Kreuzgängen und mit dem großen, ein bißchen neu wirkenden Brunnen – und dann sind wir, zusammen mit ein paar Erwachsenen und geführt von einem alten würdigen Kastellan, durch das Hochschloß und die Remter gewandert. Und da ist bei mir zum erstenmal so etwas wie ein Gefühl für die Schönheit der Architektur aufgewacht. Gewiß: die Kugel in der Wand vom Sommer-

remter des Hochmeisters, die die Polen einst bei der Belagerung nach der Tannenberger Schlacht abgefeuert hatten, um (beim Zielen gelenkt durch die am Fenster aufgehängte Mütze eines Verräters) die eine Säule, die allein das ganze Gewölbe trägt, zu zerstören und so den Meister und die Brüder alle auf einmal unter den Trümmern des stürzenden Gewölbes zu begraben –, diese Kugel, die fehlgegangen war, so daß Säule und Gewölbe stehenblieben und das Geschoß, frisch schwarzgestrichen noch heute in der weißen Wand des Remters zu sehen und zu besichtigen war: Diese Kugel interessierte uns um so brennender, als wir sie schon von Wichert her kannten und nun als nachträgliche Bestätigung der ganzen Lektüre seines Romans nahmen. Sie, die Kugel, gab uns die Sensation von Krieg und Kampf und Gefahr, ohne die Jungens nun einmal nicht leben können: wir betrachteten sie viel eingehender als die Bildnisse der Ordensbrüder, die da auf die Wände gemalt waren, und einige waren sogar von Menzel, wie der alte Kastellan behauptete. Menzel, das war der mit der Lupe am Rahmen seines Bildes in der Ausstellung in Elbing: Aber was war schon Menzel gegen eine polnische Kugel in der Wand, die beinahe die einzige Säule von Meisters Sommerremter getroffen hätte!

Wir sind dann weitergezogen, durch die Säle und Hallen des Schlosses. Wir waren in der Kapelle, in der viele der Hochmeister begraben liegen, darunter auch ›der ehrwürdige Meister Heinrich von Plawen‹, dessen Gebeine man von Lochstedt am Frischen Haff – wo der Pfleger von Balga gestorben und zuerst beigesetzt war – später nach der Marienburg gebracht hat. Wir lasen, so gut das Licht es noch erlaubte, die Tafel im Kreuzgang um den Hof des Mittelschlosses, die da meldete, daß hier – o weh, o weh, o weh und ach, Werner von Orseln seinen Hochmeister meuchlings erstochen hatte: Wir wanderten durch Jahrhunderte ferner Geschichte und konnten schließlich trotz Wichert und seinem Roman von dem großen Komtur von Schwetz keinen Zugang zu ihr finden. Gewölbe und Mauern, leere, riesige Räume, aus denen das Leben längst entwichen war; wir folgten dem alten Mann, hörten seine Erklärungen und überlegten heimlich, wie wir entweichen könnten.

Wir taten es aber nicht, und am Ende waren wir froh darüber. Denn auf einmal sagte der alte Führer, die Herrschaften, die sich vor Treppen nicht fürchteten, könnten jetzt, wenn sie wollten, den Aufstieg zu den Zinnen des Hochschlosses unternehmen. Wir fürchteten uns nicht, im Gegenteil, wir liefen voran – und dann traten wir aufatmend in den schmalen Gang, der hinter den Zinnen des Haupthauses unmittelbar über dem Sommerremter sich hinzieht, und sahen durch die Zwischenräume zwischen den schweren, aufragenden Zinnen hinab auf den Strom und über den Strom hinweg in das endlose, grüne, flache Land, das da unten friedlich unter der schon blassen, sinkenden Septembersonne lag, weit bis zum Horizont, an dem sich, fern im Glanz seiner warmen, abendlichen Farben, das Hohe Land von Elbing, von den Bergen am Haff bis zum Thumberg erhob, unter dem wir im leichten Dunst ihrer Essen die unsichtbar bleibende Vaterstadt ahnten. Drüben aber, vom Licht der Sonne zu durchsichtigen Schatten aufgelöst, ragten die Danziger Berge auf, das riesige Delta zwischen Weichsel und Nogat im Westen sichernd, wie die Elbinger Höhe es drüben im Osten tat.
Wir haben da oben gestanden, solange es irgend möglich war: Erst als eine rufende Stimme von unten klang, sind wir zögernd wieder die steinernen Treppen abwärts gestiegen. Die ungeheure Weite dieses Blicks ließ uns nicht los: Sie gab uns mehr von der heimatlichen Welt als die alten und neuen Mauern da in der Tiefe unter uns. Wir gingen wieder, wie so oft, in das Land ein und überließen uns seiner Weite und Freiheit, seiner endlosen Schönheit, die unsere Seelen weitete, während uns die Burg da unter uns einengte und bedrückte. Wenn wir Marienburg dachten: Wir haben immer zuerst diesen Blick von den Zinnen des Hochmeisterschlosses gesehen, das weite fruchtbare Land des Werders da unten in der Tiefe, mit seinen Gehöften und Dörfern, seinen fernen Strohdächern und Kirchtürmen...
Die Gasflammen in den Schaufenstern unter den Lauben brannten schon, als wir in die Stadt zurückkamen, und die Straßenlaternen wurden auch bald angezündet. Wir haben unsere Gelder zusammengezählt und sind noch in eine Konditorei gegangen, in der wir uns vorsichtshalber erst erkundigten, wie teuer eine Tasse Kaffe und

eine Schnecke waren: Beides war erheblich wohlfeiler als daheim bei Maurizio, und so stärkten wir uns, wenn auch ein bißchen einsilbig vor Müdigkeit, ehe wir zum Bahnhof pilgerten und wiederum vierter Klasse nach Elbing zurückfuhren. Den Weg vom Bahnhof dort nach Hause gingen wir zu Fuß: Der erste Einbruch in die Historie hatte bereits wesentlich mehr gekostet als sonst unsere Tagesausflüge zum Haff oder in die Grunauer Wüsten.«

Historie und Gegenwart vermischen sich bei der Lektüre eines Geschichtsbuches auf dem Rasen zwischen Schloß und Nogat. Der Autoverkehr läßt sich verdrängen. Die wenigen Spaziergänger stecken plötzlich in historischen Gewändern. Der Fischer in seinem Kahn grüßt hinauf und will wohl seinen Fang anbieten. Bald stakt er weiter nogataufwärts. Seerosen und Schilf begleiten das Ufer. Über die Fußgängerbrücke kommen Knappen und Knechte in Lederwams und Wollhosen; Frauen in dunkelblauen Röcken mit Kiepen auf dem Rücken. Alle wollen zur Burg. Die Einheimischen, die schon vor den Rittern hier wohnten, sind groß, blond, blauäugig; gelten als gastfreundlich und hilfsbereit. Die Urbevölkerung aus Pruzzen und Ostgermanen muß stolz gewesen sein. Ihre Götter waren zugleich Symbole ihrer Stammesfreiheit. Und so wollten sie nicht von ihnen lassen. Schon um die Jahrtausendwende hatte Adalbert von Prag versucht, die Pruzzen zu christianisieren. 997 erschlugen sie ihn. Der polnische Herzog Boleslaw Chrobry kaufte den Leichnam zurück und ließ ihn in Gnesen beisetzen. Wenig später wurde der Missionar selig-, dann heiliggesprochen. Sein Grab machte Gnesen zum Pilgerort. Als einer der ersten zog Kaiser Otto I., ein Freund des Heiligen, wohl ein Stück an der Eins entlang dorthin und kniete im März 1000 vor dem Sarge Adalberts, den die Slawen übrigens Wojtěch nennen. Das Erzbistum Gnesen wurde damals erste polnische Kirchenprovinz, damit Teil der Reichskirche. Aus dieser Provinz wuchs das polnische Staatswesen heraus. Der Kaiser nannte Boleslaw Chrobry seinen »Bruder und Mitarbeiter am Reich«. 1024 erhob er ihn zum König.

Erst um 1206 nahmen deutsche Zisterzienser aus Lekno bei

Marienburg. Markt am Rathaus.

Bromberg – die Eins traf schon in Dobiegniew (Woldenburg, um 1250) auf diesen Orden – die Pruzzenmission wieder auf. Christian von Oliva wurde 1215 erster Bischof der Pruzzen. Doch 1218 schlugen die Heiden zurück. Sie gingen sogar zum Gegenangriff über und bedrängten das angrenzende Herzogtum Masowien. Da rief Herzog Konrad im Winter 1225 den Deutschen Orden zur Hilfe. Hochmeister Hermann von Salza sah eine verlockende Aufgabe. Als Diplomat und Kirchenmann versah er sich geschickt mit zwei Sicherheiten. Sein Freund und Kaiser Friedrich II. garantierte ihm im März 1226 in der Goldenen Bulle von Rimini das von Konrad geschenkte Culmer Land als unabhängigen Staat. Darüber hinaus sollte dem Orden auch das Land gehören, das er von den Pruzzen erobern würde. Papst Gregor IX. lehnte zwar die gewaltsame Bekehrung ab; doch 1229 schloß er sich dem Kaiser an. Ein Jahr später bestätigte Gregor nicht nur den Verzicht des emigrierten preußischen Bischofs, Christian von Oliva; er schrieb auch Konrads Abtretung des Culmer Landes fest. So wurden Mission und Staatsbildung eins.

Damals war der Orden nicht einmal ein halbes Jahrhundert alt. Als »Orden des Spitals S. Mariens vom Deutschen Hause« war er 1198 aus einer acht Jahre alten Spitalbruderschaft von Hanse-Kaufleuten aus Bremen und Lübeck in Akkon im Heiligen Land gegründet worden. Als Vorbild dienten die überwiegend romanischen Orden der Templer und Johanniter. Kaiser Friedrich VI. und Herzog Friedrich von Schwaben förderten und beschenkten den »Deutschen Orden«. Er kam zu reichem Besitz im Heiligen Land. 1220 kaufte Hermann von Salza die Burg Montfort nordöstlich von Akkon als Sitz des Hochmeisters. 1271 mußten die Ritter vor den Mamelucken kapitulieren, durften aber mit Archiv und Ordensschatz abziehen. Seitdem zerfiel der Bau. Noch heute erinnert die Ruine über dem Wadi Quren mit trutzigen Mauern und Gewölben an einen zwar prächtigen aber gegenüber der Marienburg kleinen Bau. Der umtriebige Hermann von Salza war aber nicht nur im Heiligen Land aktiv. Er suchte auch weitere Unterstützung für seinen Orden in Europa. So ließ er sich 1211 vom ungarischen König den Schutz des Burzenlandes in Siebenbürgen gegen die heidnischen

Kumanen übertragen. Doch hier scheiterte er genau in dem Jahr 1225, als ihn Konrad von Masowien zu Hilfe rief. Nach der ungarischen Niederlage bereitete er das preußische Vorgehen gründlicher vor und wurde erst aktiv, nachdem er von Kaiser und Papst die einhellige Zustimmung erhalten hatte.

Hermann von Salza ist wohl nie im deutschen Ordensland gewesen. Doch er legte den Grundstein für den preußischen Ordensstaat, aus dem, zusammen mit Brandenburg, Jahrhunderte später die Hohenzollern und Reichskanzler Fürst von Bismarck das kleindeutsche Reich schmieden würden. Unter Hermann Balk eroberten die Ritter von der Weichselmündung her das Pruzzenland und gründeten Burgen. Um jene von Thorn (1231), Culm (1232) und Marienwerder (1233) siedelte man Deutsche an. Ende 1233 gab Hermann von Salza – er starb 1239 in Salerno – in der »Culmer Handfeste« den Bürgern von Culm und Thorn das Magdeburger Stadtrecht, Selbstverwaltung und Gerichtsbarkeit. Dem Adel wurden Lehnsrechte zugestanden. So förderte der Orden Gewerbe und Besiedlung, stärkte das handelnde und handwerkernde Bürgertum und gab den westdeutschen Rittern eine neue Heimat. 1239 tat sich Welfenherzog Otto, Gründer von Hannover, als Erbauer der Burg Balga an der Öffnung zwischen Meer und Frischem Haff hervor. Weitere Gründungen: Braunsberg (vor 1251) und Königsberg (1255) an der Eins, schließlich Memel (1254). Planvoll wurden bis zur Schlacht von Tannenberg 1410 mehr als tausend Zins-Dörfer rechts der Weichsel und 93 Städte gegründet. Die Pruzzen, 1295 endgültig geschlagen, wurden zwar von der deutschen Siedlungswelle weit zurückgedrängt und konnten nur dann ihr Eigentum wahren, wenn sie sich als Christen integrierten. Doch sie wurden nicht ausgerottet, wie man noch bis vor kurzem in polnischen Schulbüchern lesen konnte.

Gleichwohl bauten da nicht mildtätige »Spitalbrüder« einen Staat. Die Ritter waren Soldaten und Verwaltungsfachleute. Allerdings umschloß das Gebet ihren Tag. Jeder war mit einem Amt betraut, hatte einmal im Jahr Rechenschaft abzulegen, selbständig zu wirtschaften und alle Überschüsse an die Ordensleitung abzuführen. Das Gelübde verpflichtete zu unbedingtem Gehorsam, zu

Keuschheit und Armut. Wer sich bewährte, konnte über die Komtureien in den Burgen, in denen je zwölf Ritterbrüder einem Komtur unterstanden, zu den höchsten Würden der fünf »Großgebietiger« aufsteigen: zum Großkomtur als Vertreter des Hochmeisters; zum Marschall – Komtur von Königsberg als wichtigem Waffenplatz für die Litauen-Mission; zum Treßler, dem »Kassenwart« des Ordens; zum Drapier, der das Bekleidungswesen unter sich hatte, oder zum Spittler in Elbing, wo sich das Hauptspital des Ordens befand. Schließlich konnte er vom Generalkapitel in die fürstengleiche aber nicht vererbbare Position des Hochmeisters gewählt werden.

Die Ordensburgen – jeweils einen Tagesritt voneinander entfernt – erfüllten zwei Aufgaben. Sie waren wehrhafte Konventshäuser und Verwaltungszentren. In ihnen verband sich Zweckmäßigkeit mit Kunstsinn. Den Kastellen Friedrichs II. in Süditalien waren sie zwar nachempfunden; doch sie entwickelten bald ihren eigenen nicht verwechselbaren Stil. Zinserträge ermöglichten ein wohlhabendes Leben. »Moderne« Landwirtschaft und reicher Handel, aber auch die kulturelle Vielfalt, die viele Gäste aus Frankreich und England zum Orden zog, führten Preußen zu einer von den Nachbarn mißmutig beäugten Blüte. So braute sich seit der Union Polens mit Litauen 1386 Feindschaft zusammen. Die Mission des Ordens »gegen« die Litauer scheiterte endgültig. Litauen fühlte sich durch den Verlust seines Kernlandes Samaiten im Vertrag von Sallinwerder 1398 betrogen. Polens König, der litauische Großfürst Wladislaw II. stellte, gereizt durch die weitere Landnahme des Ordens in der Neumark, das Daseinsrecht des Ordensstaates überhaupt in Frage. Um der Einkesselung zu entgehen, wagte Hochmeister Ulrich von Jungingen den Krieg. Er verlor ihn und bezahlte wie eine Vielzahl seiner Ritter am 15. Juli 1410 in der Schlacht von Tannenberg mit seinem Leben.

Es setzte ein allgemeiner Abfall vom Orden ein. Die Culmer Ritter, Städte und Bischöfe versuchten, der einengenden Ordensherrschaft zu entgehen. Im 1. Thorner Frieden gelang es Hochmeister Heinrich von Plauen zwar 1411, bei Opferung der eingeäscherten Stadt die bedrängte Marienburg und fast den gesamten Staat zu halten, doch der Orden geriet nun in Geldnot; unter anderem, weil er für die gefangen genommenen Ordensritter ein hohes Lösegeld zahlen mußte. Plauen verstärkte den Druck auf die Stände. Zudem rüstete er 1413 auch wieder gegen Polen. Als Ordensmarschall Michael Küchmeister die abrückenden Truppen zurückrief, zog Plauen ihn vergeblich zur Rechenschaft. Er selbst wurde gestürzt. Als nächster Hochmeister hatte Küchmeister ebensowenig Glück wie seine beiden Nachfolger. Städte und Adel schlossen sich gegen den Orden im Preußischen Bund zusammen. Als dieser Papst und Kaiser um Hilfe ansuchte, brach ein 13 Jahre währender Aufstand aus. Die Stände baten schließlich – sie hatten vorher Brandenburgs, Dänemarks und Österreichs Herrscher befragt – den polnischen König Kasimir IV. um Schutz. Der wurde unter der Bedingung gewährt, die persönliche Oberhoheit von Kasimir anzuerkennen. Schnell verlor der Orden alle Burgen bis auf Marienburg, Stuhm und Konitz. In Geldnot mußte der Hochmeister wenig später die Marienburg verpfänden, um fremde, meist böhmische Söldner zu entlohnen. Heinrich von Plauen wich nach Königsberg aus.

Der 2. Thorner Frieden 1466, von Kaiser und Papst nie anerkannt, war schmachvoll. Der Orden verlor den westlichen Teil seines Gebiets an Polen: so das Culmer Land (etwa Westpreußen), Danzig, aber auch das Ermland und die Marienburg. Für den Rest des Ordensstaates mußte nun auch der Hochmeister dem polnischen König einen Treueid leisten. Von diesem Schlag erholte sich der Orden nicht wieder. Auch innere Reformen gegen verkrustete Strukturen halfen kaum. Der Orden söhnte sich zwar wieder mit den Ständen aus, die ja seine Stärke nicht mehr zu fürchten hatten. Doch zu einem Frieden mit Polen fand er nicht. Vielmehr schlug ein mit Hochmut gewagter weiterer Krieg gegen Polen, diesmal im Bündnis mit Ungarn, 1497 fehl. Da sollte eine engere Anlehnung an das Reich einen Ausweg schaffen. Das Generalkapitel wählte erst einen wettinischen Reichsfürsten als Hochmeister, 1511 dann den Hohenzoller Albrecht von Brandenburg. Auf einer Goodwillreise ins Reich lernte er über Andreas Osiander in Nürnberg den Reformator Martin Luther kennen.

Als er zu diesem Zeitpunkt hörte, daß sich seine preußischen Stände der Reformation öffneten, beriet sich Albrecht nicht nur mit Luther und wurde Protestant, er wagte auch die »Säkularisierung« des verbliebenen Ordensstaates und wandelte ihn in ein erbliches Herzogtum um, mit dem er sich vom polnischen König Sigismund I. belehnen ließ. Um den Kniefall vor Polens König 1525 in Krakau – später hielt der polnische Nationalmaler Matejko den Akt der Unterwürfigkeit auf vielen Quadratmetern Leinwand fest – kam er nicht herum. Sigismund war übrigens mütterlicherseits sein Onkel. Papst, Kaiser und Deutschmeister, der 1530 sogar noch gegen »Herzog« Albrecht zum Hochmeister gewählt wurde, verweigerten sich vergeblich der »Umwidmung«. Preußen gehörte nicht zum Reich, und der polnische Schutz ließ einen Krieg allzu gewagt erscheinen.

Nun traten an die Stelle der »Großgebietiger« vier Oberräte: Landhofmeister, Oberburggraf, Kanzler und Obermarschall. Im Dreißigjährigen Krieg wurde Preußen Streitobjekt zwischen Polen und Schweden. 1640 belehnte der polnische König, diesmal Wladislaw IV., seinen Vetter Friedrich Wilhelm in Berlin mit »Ost-Preußen«, das so mit Brandenburg vereint wurde. Ein zweites Mal trug Polen also dazu bei, daß die Hohenzollern im Besitz Preußens bleiben konnten. 1657 verzichteten sie schließlich im Vertrag von Wehlau auf die Lehnshoheit, um Brandenburg in einer preußisch-polnischen Koalition gegen Schweden zu binden. Preußen wurde mithin souverän. War das Verhältnis zu den auf Freiheit sinnenden Ständen auch noch über einige Zeit belastet, so huldigten diese 1663 im Schloßhof von Königsberg dem Kurfürsten aus Brandenburg. Noch einmal mußte sich der Kurfürst 1679 beim dritten Schwedeneinfall des nördlichen Nachbarn erwehren. Diesmal konnte er auf die Hilfe der Stände bauen. 1701 wurde der Sohn Friedrich Wilhelms als Friedrich I. in Königsberg zum König in Preußen gekrönt. 1772 erst wurde Friedrich Wilhelms Urenkel, Friedrich II., König von Preußen, hatte er doch das umstrittene Culmer Land (Westpreußen) zurückerworben und mit dem Osten vereint. Dieser Osten begann gleich hinter der Nogat; folgt man der Eins, so erreichte man in weniger als einem Tagesritt Elbing, das heutige Elblag.

Die überflüssige Autobahn durch das alte Ostpreußen

Von Elbing (Elblag) bis zur russischen Grenze

Wie sehr enttäuscht heute diese Stadt Elbing, die einmal ähnlich schön gewesen sein muß wie Danzig. Immerhin erkennt man schon von fern die Nikolai-Kirche mit ihrem fast 100 Meter hohen Turm. Er ist hoch genug, um bis heute den Anspruch Elbings deutlich zu machen, Danzig in nichts nachzustehen. Nikolai thronte einst im Herzen der Altstadt. Heute erheben sich ringsum Neubauten. In der Kirche sind ein Taufkessel des Meisters Bernhuser zu besichtigen und spätgotische Schreinaltäre. Nikolai ist die Hauptkirche des katholischen Elblag, das mit seinen gut hunderttausend Einwohnern kaum größer ist als gegen Kriegsende. Früher war St. Marien die Pfarrkirche des protestantischen Elbing. Sie entstand nach 1246 als Klosterkirche der Dominikaner. 1542 übergaben die letzten zwei Mönche den strahlenden Bau an den Magistrat der Stadt. Nach dem Zweiten Weltkrieg wurde die Kirche in eine Galerie für moderne Kunst verwandelt. Ein Bezirksmuseum zog in das 1535 gegründete Gymnasium ein, in dem ab 1644 der Pädagoge und Humanist Johann Amos Comenius (Komenský) unterrichtet hatte. Reiche Bürger- und hohe Speicherhäuser sind nicht mehr. Außer dem Markttor und einigen Mauern der Stadtbefestigung überstand nichts die Nacht vom 9. zum 10. Februar 1945, in der die Rote Armee Elbing einnahm. 90 Prozent der Gebäude gingen in Rauch und Asche auf.

Für die Eins war Elbing von besonderer Bedeutung. Es bildete auf dem Weg von Brandenburg nach Ostpreußen – militärisch gesehen – den Brückenkopf auf der östlichen Seite der Weichsel-Nogat-Niederung. So geht die Gründung der Stadt auch auf die militärische

Sicherung des Geländes gegen die Pruzzen zurück. Vom Culmer Land aus war der Orden weichselabwärts zur See vorgestoßen und 1237 im späteren Elbing auf die alliierte Seemacht lübischer Kaufleute gestoßen. Freilich hatte die Lage an See- und Flußwegen schon früh aus dem bereits im 9. Jahrhundert nachweisbaren Truso einen wichtigen Handelsplatz gemacht. Nun baute der Orden hier eine Burg, und die Kaufleute legten eine Stadt nach lübischem Recht an. 1242 eröffnete man gemeinsam das Heilig-Geist-Hospital, das nach dem Fall von Akkon im Heiligen Land und dem Verlust des dortigen Hauses zum ersten Spital des Ordens wurde. Zunächst residierte der Stellvertreter des Hochmeisters in Elbing. Als 1309 der Hochmeister von Venedig in die Marienburg umzog, wurde Elbing zur Residenz des obersten Spittlers, der einer der fünf Großgebietiger und Direktor des Hospitals war.

Das lübische Stadtrecht brachte besondere Freiheiten, so nach 1339 niedere und hohe Gerichtsbarkeit. Der Orden übergab Elbing einen besonders ausgedehnten Landstrich: Etwa 200 Quadratkilometer gehörten dazu. So wurde Elbing zu einem der großen und freien Stadtstaaten im Reich. Mehr als ein Jahrhundert lang war der Ort Preußens wichtigster Hafen und einer der ersten Handelsplätze der Hanse. Eine Wende nahm die Stadthistorie erst mit der Revolte der Landstände und Hansebürger gegen die autokratische Struktur des Ordens. Auch Elbing engagierte sich im Preußischen Bund. 1457 ließ es sich durch Polens König die alten Rechte bestätigen. Zudem vergrößerte Krakau die Herrschaft um Teile der Komturei auf etwa 500 Quadratkilometer. Statt des Ordenskomturs hielt ein Burggraf des Königs die Oberherrschaft inne. Seine Aufgabe beschränkte sich allerdings im wesentlichen auf »Ordnung und Sicherheit«. Der Präsidierende Bürgermeister blieb wichtigster Mann. So schickte Elbing wie eine Reichsstadt eine Delegation nach Westfalen zu den Friedensverhandlungen nach dem Dreißigjährigen Krieg. Erst mit der Vereinigung des westlichen Preußens mit Brandenburg unter Friedrich II. endete 1772 diese Selbständigkeit.

In den Jahren der Hanse hatten die Handelsfirmen das Bild der Stadt geprägt, zumal englische Gesellschaften wie die Eastland

Elbing. Wohn- und Geschäftshäuser am Elbing, dahinter der Turm der Nikolaikirche.

Company. Diese Blüte ging mit dem Dreißigjährigen Krieg zu Ende. Nach einem kurzen Aufschwung unter den Preußen verschuldete der napoleonische Krieg den Stadtstaat. So konnte erst wieder die Industrialisierung der alten Stadt zu neuen, aber völlig anderen Erfolgen verhelfen. Preußens erster eiserner Seedampfer, die »Borussia«, lief 1854 in Elbing vom Stapel. Aus der Schichau'schen Maschinenfabrik von 1837 wurden eine Werft und eine weltbekannte Lokomotiv-Fabrik. Die Tabak-Firma Loeser & Wolff, eine der größten im Deutschen Reich, ist jedem Leser von Kempowskis Familiengeschichte »Tadellöser & Wolff« in bester Erinnerung. Doch dann trug 1920 die Grenzziehung durch den Versailler Vertrag wesentlich dazu bei, Elbings Wachstum zu beenden. Der Polnische Korridor behinderte den Handel, schnitt Absatzwege ab. In kaum einer Stadt des Reiches war 1933 die Zahl der Arbeitslosen so hoch wie in Elbing. Arbeitsbeschaffung war deshalb auch hier ein wichtiger Programmpunkt des Nationalsozialismus: Man löste das Problem mit dem Bau von Autobahnen.

Im Sommer 1937 meldete die Zeitschrift »Die Straße« einen »Triumph«. Seit Eröffnung der Gesamtstrecke Königsberg–Elbing auf einer Länge von 92 Kilometern am 12. Juni dieses Jahres sei das Ziel erreicht: »Der durchgehende Kraftverkehr zwischen der Provinzialhauptstadt und der ersten Industriestadt Ostpreußens wird sich jetzt auf der Autobahn abwickeln.« Straßen und Eisenbahnen sollten das gegenüber dem Ruhrgebiet und Oberschlesien strukturschwache Gebiet im Nordosten des Reiches beleben. Schon gab es Pläne, das Teilstück der Autobahn über Elbing und Danzig hinaus quer durch Pommern bis nach Stettin zu führen, von wo schon eine Trasse bis Berlin dem Verkehr übergeben worden war. Doch zunächst blieb die Betonpiste einspurig, – und dann kam der Krieg.

Elf Anschlußstellen wurden auf der Teilstrecke gebaut. »Die Straße« zählte 1937 diese Ausfahrten von Königsberg nach Westen auf: Königsberg; etwa dort, wo die Strecke zwischen Autobahn und der südlichen Festungsring-Straße am kürzesten war. Dann Kreuzburg, Zinten, Heiligenbeil-Ost, Heiligenbeil-West, Braunsberg, Schalmey, Tiedmannsdorf, Frauenburg, Pomehrendorf und schließlich Elbing-Ost. Hier zog sich der Bau der Anschlußstelle hin, – und ist bis heute nicht fertig geworden. Man richtete Parkplätze am Grünwehrer Mühlenfließ ein, in der Nähe des Flüßchens Bahnau, dem Lastbach und der Passarge, die »vorzugsweise dazu dienen [könnten], daß Autos seitlich der Fahrbahn kleine Reparaturen ausführen«. Zunächst sollte es nur an Ziel und Ausgangspunkt »Großtankstellen« geben. Notzapfsäulen waren an den sechs Wärterhäuschen vorgesehen. Ein Straßenmeistergehöft zur Unterhaltung der Autobahn war 1937 südlich von Königsberg bei Altenberg im Bau. Heute finden sich an dieser Strecke weder Tankstellen noch Wärterhäuschen.

Im Dezember 1938 notierte die Zeitschrift die »Fertigstellung« eines Anschlußstückes zwischen Elbing-Ost und Elbing-West. Dies sei baulich bemerkenswert, hieß es, habe man hier doch erstmals das Moorsprengverfahren angewandt. Der Untergrund in dieser Senke

Elbing. Speichergebäude und Schrotmühle am Elbing.

zwischen Frischem Haff und Drausensee habe dies nötig gemacht. Der neue Autobahnanschluß stellte die direkte Verbindung zur Reichsstraße 1 her, die sich von Elbing aus zum Haff nach Norden wandte. Beide Strecken zwischen Elbing und Königsberg betrugen etwa hundert Kilometer; doch die Landstraße verband nur kleinere Orte an der See. Die Autobahn war für diejenigen attraktiv, die schnell von Königsberg nach Elbing wollten. Da Königsberg heute jenseits der erst allmählich sich öffnenden Grenze liegt, ist auch heute die Schnellstraße wie ungenutzt. Und damals? Statt des schnellen »Kraftverkehrs« wälzten sich kaum acht Jahre später in den Wintermonaten 1944 und 1945 ungezählte Flüchtlingstrecks auf der Straße nach Westen, immer wieder an den Rand gescheucht durch Militärkolonnen.

Überall sonst längs der Reichsstraße Eins konnten neue Straßen den Verkehr an sich ziehen, und die historische Eins verlor an

Bedeutung. So geschah es gleich hinter Aachen, im Ruhrgebiet durch den Ruhrschnellweg oder in Berlin, wo Stadtautobahnen die Eins entlasten. Doch in der Woiwodschaft Elblag blieb die herkömmliche Verbindung die Nummer Eins. Die polnischen Anwohner werden die Autobahn erst wieder brauchen, wenn sich irgendwo zwischen den alten Ausfahrten Heiligenbeil-West und -Ost die Grenze zwischen Polen und der weißrussischen Republik öffnet. Aber ob dann Kaliningrad oder Kantgrad je wieder ein Zentrum von Handel und Kultur für den gesamten Raum werden wird, wie die frühere »Provinzialhauptstadt« Königsberg? Heute gehört die graue Betonpiste zum Reich der Störche. Einmal im Jahr sensen Bauern das Gras rechts und links der Trasse. Aber auch sonst bietet offenbar der brach liegende Randstreifen leckere Nahrung. Von Autoverkehr ungestört kann man auch getrost Kühe anpflocken und Gänse über die Piste treiben. Wer allerdings als Anhalter auf die Weiterreise wartet, wird lange Zeit vergeblich stehen. So bleibt die überflüssige Autobahn ein Paradies für Fahrradfahrer und Skate-board-Artisten.

Der Mann steht unter dem schützenden Dach der Bushaltestelle von Pogrodzie, einem Dorf, das früher einmal Neukirch a. d. Höhe hieß. Es regnet in Strömen. Mit ihm fanden auch zwei Radfahrer Schutz. Von Pogrodzie nach Frombork (Frauenburg) am Frischen Haff sind es über die alte Reichsstraße noch zehn Kilometer durch welliges und offenes Gelände mit einer Mischung aus Feld- und Viehwirtschaft. Doppelt so lang ist der Weg nach Westen zurück über Milejewo (Trunz) nach Elbing. Fast viertelstündlich fährt hier am Tag ein Überlandbus. Der Mann trägt eine Aktentasche unter dem Arm und wartet wohl auf den nächsten Bus. Die meisten Gefährte sind von der polnischen Marke »Jelen«. Das heißt »Hirsch«. Die Wagen erinnern allerdings meist an altersschwache Abschußhirsche. Der Regen bannt den Staub, und der Duft von Linden breitet sich aus. Irgendwo bellt ein Hund. Wieder segelt ein Storch über die Straße. Die Tropfen perlen von den Fahrradsätteln ab. Die drei Personen stehen da, etwas fröstelnd; denn mit dem Regen kam auch ein kühler Wind. Sie unterhalten sich nicht.

Dann versucht der Mann, sich eine Zigarette anzuzünden. Das

Zündholz taugt nichts. Er bittet um Hilfe. Doch die beiden sind ohne Feuerzeug. »Ob der Bus nicht bald kommt?« Noch zwei Minuten. Er sei gewiß pünktlich, entgegnet der Mann. »Wollen Sie Ihre Fahrräder auf den Bus laden?« Nur wenn es weiter so regne. Der Mann fährt täglich zweimal diese Strecke. Er wohnt in diesem Dorf und arbeitet in Frauenburg. Er zeigt auf ein unscheinbares Häuschen ein paar hundert Meter weiter. Dort sei er geboren; dort lebe er noch immer bei seinen Eltern. Der Mann sieht aus wie dreißig. Doch er zählt erst zwanzig Jahre.

Nach der Elektrikerlehre war er bei der Armee, »weit weg, irgendwo zwischen Wrocław und Jelenia Góra in Slask«, sagt er. Dort war er allein; denn er sei ohne Verwandte und Bekannte in Schlesien, weder in Breslau, noch in Hirschberg. »Für jeden Brief, den ich in der ersten Zeit von meiner Freundin erhielt, mußte ich zwanzig Liegestütze zur Strafe pumpen. Zwei Monate lang durften wir nicht aus den Kasernen heraus: später nur in Begleitung eines Unteroffiziers. Wir hatten nichts anderes als den ›Zolnierz Wolnosci‹ zu lesen«, berichtet er weiter: den »Soldat der Freiheit«, die Militär-Tageszeitung, eine nationalistisch-kommunistische Hetzlektüre der »vorrevolutionären« Zeit. »Wir hielten aus Prinzip nur das Gegenteil des dort Gedruckten für die Wahrheit.«

Der Mann berichtet von karger Unterbringung in den kaum renovierten Vorkriegskasernen der Deutschen. Von überbelegten Stuben. Von schlechten Stiefeln. Es habe nur zweimal im Monat die Gelegenheit gegeben, die Uniform zu wechseln. »Nur das Essen war leidlich. Und wenn es Manöver gab mit den Deutschen oder Russen, dann sahen wir, wieviel besser es uns erging als denen.« Dort hätten die Vorgesetzten einen herrischen Ton gepflegt, ohne jede Kameraderie zwischen den Dienstgraden. »Bei uns gab es doch noch eine gewisse Ritterlichkeit«, sagt er. Er sagt »szlachetnosc«, das ließe sich mit »Würde«, »edler Gesinnung« übersetzen. »Szlachetnosc« ist ein altes Wort, stammt aus der polnischen Adelsrepublik. Die Schlachta waren Polens Kleinadelige, stolze Leute, selbst wenn sie wenig mehr als freie Bauern waren. Sie hatten das Recht, ihren König zu wählen. Oft waren sie so arm, daß sie ihre Stimme an Größere verkauften. Doch erschienen sie auf dem Sejm, dem Reichstag, dann hatte jeder einzelne von ihnen das Einspruchsrecht – das liberum veto –, mit dem jeder Beschluß ungültig gemacht werden konnte. Parlamentarische Entscheidungen mußten in Polen einstimmig fallen.

Anfangs wurde von diesem Recht selten Gebrauch gemacht. Später wurde bald jede Sejmsession damit tyrannisiert. Bis schließlich 1672 die Konföderation von Golab jeden als Verräter bestrafte, der seine Hand zum Veto hob. Doch erst die Verfassungsreform vom Mai 1791, – durch sie wurde Polen noch kurz vor der Teilung der erste moderne Staat überhaupt mit einer geschriebenen Verfassung über die Gewaltenteilung, – beseitigte das liberum veto. Aber es blieb ein Symbol des polnischen Stolzes, des einzelnen und seiner Nation. Gut 120 Jahre der Teilung brachten es mit sich, daß der individuelle Stolz zuweilen für wichtiger gehalten wurde als das Beugen vor der Staatsräson; denn der Staat fehlte. Die wenigen Jahre der Republik nach 1918 konnten diesen Gegensatz nicht überbrücken. Die »kommunistische Okkupation« bis 1989 verstärkte diese Spannung eher noch. Seitdem ist es Hauptaufgabe der frei gewählten Regierungen, den Stolz des einzelnen, aber auch den Nationalstolz, mit dem Bekenntnis zum neuen polnischen Staat zu verbinden. Der Begriff »szlachetnosc« allerdings dürfte überdauern, auch im allgemeinen Sprachgebrauch.

Der Bus kommt. Der Mann steigt ein. Die Radfahrer bleiben draußen. Weil es kaum mehr regnet, ziehen sie die Weiterfahrt auf ihren Stahlrossen vor. Wer die Reichsstraße noch einmal verlassen will, kann noch im Ort nach Tolkmicko (Tolkemit) – mit der Marmeladenfabrik aus Vorkriegsjahren – abbiegen, um von dort nach Kadyny (Cadinen) zu gelangen. Dorf und Gut gehörten den Hohenzollern. Von hier floh Prinz Louis Ferdinand Ende Januar 1945 über das Eis. Heute werden in dem mustergültig erhaltenen Betrieb Hengste gezüchtet. Auch die vor dem Krieg weitbekannte Majolikafabrik arbeitet. Nur mit dem Fahrrad kann man auf dem Bahndamm direkt am Wasser nach Frauenburg fahren. Im Schmutz der Abwässer, die ungeklärt in das sich müde bewegende Wasser des Haffs fließen, haben sich kleine Algen so stark vermehrt, daß die Fische daran ersticken. Sie liegen hundertfach am Strand.

Die Reichsstraße führt von Neukirch (Pogrodzie) nach Frauenburg (Frombork), ein Stück am Wald vorbei, der sich hier von der Höhe hinunter bis zum Wasser streckt. Alter Mischwald, gut gepflegt. Dann erreicht die frühere Eins das erste Mal die Ostsee. Seit Aachen bewegte sie sich tausend Kilometer nach Nordosten, doch erst hier erreicht sie das Meer, – das brackige Wasser im Haff. Bei klarem Wetter läßt sich die Nehrung erkennen. Womöglich steuert gerade ein Passagierschiff nach Kahlberg (Krynica Morska) aus dem Hafen und bringt die Landratten an den Nehrungs-Strand. Wer allerdings nur einen Tag lang Zeit zum Baden hat, muß schon gegen vier Uhr nachmittags mit dem letzten Schiff die Rückfahrt antreten.

Rechts: Friedeberg, altes Stadttor.

Seiten 290/291: Marienburg. Blick auf die ehemalige Burg des Deutschen Ordens an der Nogat.

Seite 292: Teilansicht der Marienburg; der Hof der Mittelburg.

Seite 293: Elbing. Parkanlage mit moderner Skulptur und historischem Markttor.

Seite 294: Die Kathedrale in Frauenburg.

Seite 295: Königsberg. Die Ruine des Domes.

Seite 296: Königsberg. Denkmal für Walther von der Vogelweide.

Der Ort Frauenburg war stets arm, als Gründung des ermländischen Domkapitels war er auch von ihm abhängig. Das Haff verhinderte es, aus Frauenburg einen wichtigeren Hafen zu machen. Das Hinterland erschloß sich nicht durch einen befahrbaren Fluß. Nur weil das ermländische Domkapitel, offenbar wegen feindlicher Bedrohung, seinen Sitz im nachbarlichen Braunsberg (Braniewo) aufgeben mußte und sich 1260 die Frauenburg errichtete, erhielt der Ort historische Bedeutung. Bis 1772 bestimmten die geistlichen Herren den Bürgermeister. In jenem Jahr fielen Stadt und geistliche Herrschaft an Preußen. Bei Bedrohung zogen sich die Handwerker, Fischer und Ackerbürger in die Burg zurück, so daß es der Ort nicht einmal zu einer Stadtbefestigung brachte. Er blieb dem Gutsbetrieb am Dom zinspflichtig und wuchs erst 1927 mit der Domburg zu einer verwaltungsmäßigen Einheit zusammen.

Im Jahr 1900 lebten in Frauenburg 2500 Bewohner; jetzt sind es sogar unter 2000. Orte an der Eins haben nicht das Privileg besonderer Bedeutung. Die Namensgebung der Straße erweist sich aber gerade hier einmal wieder als besonders fragwürdig. Nie wohlhabend, eher ärmlich, gab es für die kleinen Ortschaften nie einen Grund, die durch sie führende Straße zur Ersten im Reich zu machen. Nach dem Bau der Autobahn kamen nur noch jene Menschen nach Frauenburg, die dort lebten, die am Haff oder auf der Nehrung Urlaub machen wollten oder diejenigen, die aus historischem Interesse hierher strebten. Das hat sich bis heute nicht geändert. Der fast bedeutungslose Hafen, die Eisenbahnstation – ein friedliches kleines Fischerstädtchen. Für Touristen gibt es gerade einmal ein kleines Motel und ein »Wanderheim«. Aus einem Fenster im Zentrum des Örtchens wird an diesem Sonntag Eis verkauft. Die einheimische Bevölkerung steht Schlange. Sonst rührt sich nichts.

Seine Bedeutung schöpft der Ort allein aus der Domburg, der Residenz des ermländischen Domkapitels. Bald nach 1270 begann der Bau, mutmaßlich auf der Ruine einer pruzzischen Burg. Innerhalb der Wehranlagen wuchs der gotische Dom. Daneben entstand im 14. und 15. Jahrhundert eine Domschule für »stammpreußische«

Knaben. In dem barocken Schloß residierte das Kapitel. In dem ausgebauten Turm an der nordwestlichen Ecke wohnte und arbeitete von 1510 bis zum Tod 1543 der Astronom und Domherr Nikolaus Kopernikus. Hier schrieb er das umwälzende Werk »De revolutionibus orbium coelestium«, in dem er die jährliche Bewegung der Erde um die Sonne erklärte. Das Buch geriet 1616 auf den Index. Gemäß der Sitte jener Zeit wurde er wie die anderen Domherren unter dem Boden des Doms beigesetzt. Doch bis heute ließ sich das Grab nicht sicher identifizieren. Denkmale erinnern an ihn. Seine rekonstruierten Instrumente zur Sternenmessung kann man besichtigen.

Kopernikus war ein sehr vielseitiger Mensch, der neben der Astronomie auch Kirchenrecht und Medizin studiert hatte. Seine technischen Leistungen, die seinerzeit vielleicht nur als »Abfallprodukte« eines genialen Gelehrten angesehen wurden, sind im Laufe der Zeit weitgehend in Vergessenheit geraten. Bereits 1798 klagt der Heidelberger Theologieprofessor Johann Friedrich Abegg, der sich auf einer Reise zu seinem Bruder nach Königsberg befindet und dabei Frauenburg besucht:

»Nachholen muß ich noch, was ich von Braunsberg bis Elbing interessantes gesehen habe, nehmlich Frauenburg, wo der unsterbliche Copernicus lebte u. würkte. Aber nur seines Geistes zertrümmerte Werke sieht man hier. Auf der Höhe, in dem äußeren Bezirke des Domes ist noch die Umfassung des Brunnens, in den er aus dem frischen Haff das Wasser viele 100 Schuhe hoch heraufgebracht hatte. Unten am Ufer des Haffs, das sich in herrlicher Pracht dem Auge unmittelbar darstellt, steht noch der Thurm, in welchem die verschiedenen Räder durch Schaufeln das Wasser immer höher hoben. Es ist wahrscheinlich zuerst die Verschwendung der indolenten Domherren schuld gewesen, daß dieses merkwürdige Kunststück des großen Mannes nicht unterhalten wurde, und nun ist ihre ökonomische Beschränktheit und die Unbedeutsamkeit des Orts wieder schuld, daß man keinen Versuch macht es herzustellen. Aber sollte es, insofern es die bewunderungswürdigste Wasserleitung ist, die man selbst zu Marly in Frankreich nachgeahmt hat, nicht der

Mühe werth seyn, sie herzustellen, um ein Muster zum Studium vor Augen zu haben?«

Bereits zwanzig Jahre vorher war der Astronom Johann Bernoulli, ein Mitglied der berühmten Schweizer Gelehrtenfamilie, auf den Spuren des Kopernikus gewesen. Er schrieb in seinen Reiseberichten aus den Jahren 1777/78 über den Besuch am Frischen Haff:

>*»Zu Frauenburg besahen wir die Domkirche. Sie liegt, so wie der große von derselben abgesonderte Glockenthurm und die Wohnungen der Domherren und übrigen zum Dom gehörenden Personen, gleich vor der Stadt auf einem Berge, und ist, wie leicht zu erachten, ein ansehnliches gothisches Gebäude. Es bestehet aus einem Schiffe, zwo Seitennavaten und dem Chore. Zu Anfange des Chores stehet ein grosser Altar in Form eines Tabernakels von gegypstem und nach Marmorart übermaltem Holze; hinten im Chor aber ist ein schöner großer Altar von weißem und schwarzem Marmor. Die übrigen Altäre sind auch zum Theil von Marmor, und an den Pfeilern befestiget. An einigen wenigen sind die Gemälde gut; insonderheit aber sind noch eine Menge großer Gemälde, welche die Mauren oberwärts bedecken, wohl zu bemerken; denn unter diesen wird man etwa ein Dutzend finden, die alle der Manier nach von dem nämlichen Meister herrühren, und sich zwar nicht durch eine ganz richtige Zeichnung, aber doch durch das Kolorit, eine nicht üble Zusammensetzung, und zum Theil einen ziemlich guten Ausdruck hervorthun. Es wurde mir, nachdem ich schon die Kirche verlassen hatte, gesagt, sie wären von einem römischen Maler, und in Italien selbst verfertigt worden; glaublich ist es, daß sie einen italienischen Meister zum Urheber haben; und wenn es schon nicht einer der Berühmtesten seyn kann, so machen sie doch alle Mal einer baltischen Kirche Ehre.*
>*Es war mir aber, da ich diese Kirche besuchte, vorzüglich darum zu thun gewesen, von dem Grabsteine des Copernicus [...] nähere Nachricht einzuziehen: deshalb wandte ich mich an einen aus der Vesper, die eben gesungen worden war, kommenden Domherren,*

dessen freundliche Miene mir ein willfähriges Gehör versprach: ich fand mich auch in meiner Erwartung nicht betrogen, und ob ich schon nichts ganz Genugthuendes in Ansehung des Leichensteins erfuhr, so bekam ich doch mehr zu sehen, als ich gehofft hatte.
Denn es traf sich von ohngefähr, daß eben dieser Domherr die nämlichen Zimmer bewohnte, welche Copernicus vormals inne gehabt hatte. Er nahm uns sogleich mit sich, und nachdem wir des Copernicus gewöhnliche Wohnzimmer besehen hatten, führte er uns eine kleine Treppe höher in ein artiges sauberes Zimmer, welches eine vortrefliche Aussicht gewähret, und mit einem gut erhaltenen aber vielleicht in neuern Zeiten gemalten Bildniß des Copernicus pranget. Hier soll dieser grosse Kosmologe und Astronom seine mehresten Beobachtungen angestellt haben; es gehet aber auch ein kleiner Altan von diesem Zimmer nach dem nahe liegenden großen Glockenthurm, welcher Altan unter freyem Himmel, nach den Umständen zum nämlichen Behuf dienete. Es war mir in diesem hoch erhabenen schon der reinen Luft wegen erquickenden Revier eine doppelte Wonne, das Andenken des Coperniks noch in Ehren gehalten zu sehen; denn der liebenswürdige Domherr, Borowsky, zeigte, daß er einen wahren, edeln Gefallen an seiner Wohnung und an dem erwähnten Portrait hätte. Das einsame, leicht bemalte, reinliche Zimmer, in welchem dieses Bild hängt, flößte mir ungewöhnliche Ehrfurcht ein.
Was den gedachten Grabstein betrifft, so konnte ich nur so viel erfahren, daß es ein kleines Denkmal sey, nach der Art, wie andern Domherren mehr zum Andenken errichtet werden, nämlich ein Marmor mit der kurzen Inschrift: NIC. COPERNICVS THOR. Dieser Stein habe einige Zeit verborgen gelegen, und nun werde er in der Kapitelstube verwahret, bis man ihn einst an einer schicklichen Stelle wieder aufrichten werde. Es sey übrigens zuverläßig wahr, daß Copernicus in der hiesigen Domkirche begraben liege, allein an welcher Stelle seine Gebeine eigentlich ruhen, wisse man nicht anzugeben, weil die Särge der Domherren einer nach dem andern in das Gewölbe gebracht würden, ohne daß man sie in der Folge der Zeit von einander unterscheiden könne.«

Übrigens taucht auch in Bernoullis Reisebericht das bereits von Abegg erwähnte »Wasserwerk« auf. Solche technischen Anlagen fanden offensichtlich großes Interesse in einer Zeit, in der ungezählte Brunnen, Fontänen und Wasserspiele in den Parks feudaler Residenzen in Betrieb gehalten werden mußten. So notiert Bernoulli:

> *»Nahe bey der Domkirche auf der andern Seite des Stadtthors ist ein hoher Thurm, welchen eine merkwürdige hydraulische Maschine, von des Coperniks Erfindung, einschloß, vermittelst welcher das Wasser auf den Berg des Kapitels in einen großen Wasserbehälter gebracht, und von da in die verschiedene Wohnungen der Domherren geleitet wurde. Dieses Wasserwerk ist aber nicht mehr im Gange, und da einige tausend Thaler erfordert würden, dasselbe auszubessern, so muß dieses unterbleiben, und die Domherren müssen das Wasser aus der Stadt herauf tragen lassen. Das gedachte Brunnengefäße sahen wir; es ist seines Umfanges und Inhaltes wegen sehenswerth; das Wasser füllte dasselbe unter der Gestalt eines Springbrunnens.«*

In Frauenburg hat die Eins das Ermland erreicht. Hinter Braunsberg wird sie dies historisch besondere Bistum wieder verlassen. Dreihundert Jahre lang stand es unter polnischer Oberherrschaft und blieb, anders als das übrige Ostpreußen, auch nach der Reformation katholisch. Ursprünglich war das Ermland eines der vier Bistümer, in die Papst Innozenz IV. das Land der Ordensritter teilte. Der Bischof des Ermlandes unterstand zunächst dem Erzbischof von Riga, dann unmittelbar dem Papst. Der Sieg des polnischen Königs über den Orden, im 2. Thorner Frieden 1466 besiegelt, brachte auch das Ermland in politische Abhängigkeit von Polen. Fast zwanzig Jahre lang stritten Bischof und Domkapitel um die Selbständigkeit ihrer Herrschaft. Dann legte der Petrikauer Vertrag von 1479 fest, jeder Bischof habe dem König von Polen den persönlichen Treueid ohne Lehnshuldigung zu leisten. Im Ausgleich dazu wurden zunehmend Polen ins Bischofsamt gerufen, so der in Krakau geborene Stanislaus Hosius, der 1568 in Braunsberg ein Jesuitenseminar grün-

Frauenburg; Stadtansicht mit Dom.

dete und als Polemiker, Gegenreformator und päpstlicher Diplomat großen Einfluß besaß. Seit 1972 ist das Bistum kirchenrechtlich Warschau unterstellt.

Diese polnische Prägung änderte gleichwohl wenig an der durchweg deutschen Besiedlung des Ermlandes. In Frauenburg und Braunsberg siedelten sich viele Menschen aus der Lübecker Region an. Das übrige Ermland mit seiner Schmalseite am Haff und dem breiteren Teil von Allenstein bis zu den Masurischen Seen kolonisierten vornehmlich süddeutsche, schlesische und niedersächsische Siedler. Um die Jahrhundertwende lebten nur im Süden, vor allem in den Kreisen Allenstein (Olsztyn) und Rössel (Reszel), deutlich mehr als zehn Prozent Bürger mit polnischer Muttersprache. Nach der Vertreibung der Deutschen wurden auch in diese Region vornehmlich Polen aus der Wilnaer Gegend umgesiedelt.

Vom hohen Aussichtsturm der Frauenburger Domburg läßt sich

nicht nur die Nehrung sehen, bei gutem Wetter kann man auch das frühere Balga im sowjetischen Ostpreußen erkennen. Direkt vor den Augen aber wendet sich die Eins, hier auf dem festgetretenen Fundament der alten Handelsstraße parallel zum Haff, neuerlich landeinwärts. Zehn Kilometer lang ist die Allee bis Braunsberg (Braniewo), der letzten Stadt in Polen. Mitten im Zentrum des 14 000 Einwohner zählenden Städtchens, schon jenseits der Passarge, gibt es eine einprägsame Kreuzung. Ein Straßenschild weist nach Pieniezno (Mehlsack), eines den Weg zurück nach Frauenburg oder Mlynary (Mühlhausen); eine unscheinbare Straße führt zum Haff. Doch weiter geradeaus fehlt jede Ortsbezeichnung. Wo früher einmal das 13 Kilometer entfernte Heiligenbeil (Mamonowo) und das weitere 58 Kilometer entfernte Königsberg (Kaliningrad) ausgezeichnet waren, fehlt jeder Hinweis. Doch noch ist die Weiterfahrt erlaubt. Am Ortsrand überrascht die für Braunsberg viel zu groß erscheinende Gleisanlage der Eisenbahn. Während nach sieben Kilometern die Grenze jahrzehntelang die weitere Welt völlig versperrte, dürfen heute die Züge in die Sowjetunion fahren. Früher gab der Hafen an der Haff-Mündung diesem Punkt etwas Bedeutung. Doch dann wurde Braunsberg 1852 an die Hauptstrecke Dirschau–Elbing–Königsberg angeschlossen. Zwar endete hier noch die Nebenstrecke von Mehlsack, doch damit war Braunsberg nur noch Umschlagplatz der Waren für die größeren Nachbarstädte. Heute muß hier der Bahnverkehr auf die breiteren Gleise in der Sowjetunion umgerüstet werden.

Nachdem die Pruzzen geschlagen waren und die Feste genauso gesichert erschien wie Jahre zuvor schon Frauenburg, wuchs Braunsberg rasch und übertrumpfte als Mitglied der Hanse das nahe Frauenburg. Die Altstadt am linken Passarge-Ufer hatte einen viereckigen Grundriß, das Straßennetz eine Leiterform. Zwischen den beiden Hauptstraßen lag am Marktplatz das Rathaus der Altstadt. Dort stand auch das durch Mauern abgetrennte bischöfliche Schloß des Burggrafen. In den Resten dieses Gebäudes zog 1811 das königlich-katholische Schullehrerseminar ein, daß sich aus dem Lyceum Hosianum von 1568 entwickelt hatte. 1818 wurde daraus eine katholische Fakultät für Theologie und Philosophie, dotiert aus den Gütern des kurz zuvor säkularisierten Klosters Neuzelle bei Frankfurt an der Oder. Hier lehrten Ende vergangenen Jahrhunderts neun Professoren knapp 50 Studenten. Daneben bestanden das ermländische Priesterseminar, auch eine Hosius-Gründung, und ein königlich katholisches Gymnasium, in dem Ende des Jahrhunderts 13 Lehrer in neun Klassen 285 Schüler unterrichteten. Braunsberg war so das geistige Zentrum des Ermlandes, freilich seit 1638 der wertvollen Bibliothek des Jesuitenkollegs beraubt, die nach zehn Jahren Besetzung von den Truppen König Gustav Adolfs nach Schweden mitgenommen wurde und sich heute größtenteils in der Universität von Uppsala befindet.

Die Entwicklung von Danzig, Elbing und Königsberg war Braunsberg freilich nicht gewachsen. Einige Gerbereien blieben hier, die Brauerei Bergschlößchen und eine Zigarrenfabrik. Braunsberg war auch Garnison des Füsilierbataillons im 2. ostpreußischen Grenadierregiment König Friedrich Wilhelm I. Eine Garnisonstadt ist Braniewo heute noch. Nun liegen polnische Soldaten statt der reichsdeutschen in den Kasematten. Auch das Landgericht »arbeitet« noch. Das Gerbereihandwerk blieb der Stadt treu. Doch fast 80 Prozent der Bauwerke wurden im Krieg zerstört. Während 1939 noch gut 21 000 Einwohner in dem ermländischen Städtchen lebten, sind es jetzt nur noch 14 000. Die alte gotische Pfarrkirche ist Ruine. Der gotische Turm der Bischofsburg steht noch. Das Lyceum Hosianum wurde wieder aufgebaut; Teile der Stadtmauer sind erhalten; ebenfalls die barocke, erst evangelische, heute katholische Heilig-Kreuz-Kirche im Stil der Schinkel-Schule. Auch ein Krankenhaus neben den Kasernen erinnert noch an die Vorkriegszeit. Doch vor allem prägen neue Wohnhäuser das Bild der Stadt; das gesichtslose Grau der Vorstadtsiedlungen umgürtet das Zentrum.

Hinter den Gleisanlagen führt die alte Eins noch sieben Kilometer durch polnisches Staatsgebiet. Das Dorf Gronow (Grunau) darf man gerade noch passieren. Dann warnt ein Verkehrsverbotsschild. »Grenze« steht darunter. Eine Bäuerin kommt den Besuchern entgegen und warnt: »Nur mit Passierschein dürfen Sie weiter. Manchmal patrouillieren sowjetische Soldaten auf polnischem Gebiet und nehmen ›Grenzverletzer‹ fest«. Und die polnischen Grenzer? »Die nehmen gelegentlich auch fest, damit die Russen nicht festnehmen. Das ist für die Betroffenen angenehmer«. Kurz nach der Verhängung des Kriegsrechts mußten ein paar deutsche und amerikanische Jugendliche für Tage in U-Haft, und die deutsche Botschaft in Warschau hatte zu intervenieren. Jahre früher haben aber auch schon Touristen zwischen den Schlagbäumen auf der roten Grenzlinie gesessen und einen Schluck aus der Flasche genommen.

Die Grenze verläuft am Waldrand. Die bestellten Felder ziehen sich bis dort hin. Nirgends ist eine Grenzstreife zu sehen. Die Vögel kümmern sich nicht. Die Straße zieht weiter und lockt. »Es lohnt sich nicht. Dahinter beginnt Asien«, sagt die polnische Bäuerin und lacht durch ihre Silberzähne.

Die Stadt, die sich ihrer Geschichte wieder erinnern darf
Königsberg (Kaliningrad)

Man kann auch auf der aufgemalten Grenzlinie zwischen dem polnischen und dem sowjetischen Ostpreußen mitten auf der Straße sitzen. Wenn man Mut hat – und Wodka zum Feiern. Wenn man sich über die Hinweisschilder hinwegsetzt und auf das »neue Denken« der sowjetischen Soldaten hofft. Polen warnen davor. Doch locken tut es schon; zumal die Grenze an der alten Eins hinter Braniewo (Braunsberg) durchlässig erscheint: Grenzhäuser, Schlagbaum, ein einfaches Maschengitter. Nicht nur das Wild, Elche und Wölfe, wechseln hinüber. Die polnischen Landarbeiter arbeiten friedlich im Schatten der Grenze. Sie haben einen Passierschein für den Grenzstreifen. Den einfachen Polen gilt das Land hinter dem Zaun als »Europas Asien«. Kontakte nach »drüben« gibt es nicht. Für den Verkehr ist die Grenze auch im Sommer 1990 (noch) weitgehend gesperrt. Doch sie besteht nicht aus hohem Gitter- und Stacheldraht und einem etwa fünf Meter breiten Streifen unbewachsenen Sandes dahinter, in dem alle hundert Meter Grenzpfähle stecken; nach Osten in den weißrussischen, nach Westen in den polnischen Farben. So nämlich sieht die Grenze im Süden aus, wo das im August 1939 zwischen Hitler und Stalin geteilte Land bis heute trennt.

Bleiben wird auch die Grenze quer durch das frühere Ostpreußen, auch wenn sie, in ihrem Erscheinungsbild dem Potsdamer Vertrag getreu, lediglich zwei Verwaltungsbezirke in einem völkerrechtlich deutschen Territorium trennt und bis zu einem Friedensvertrag vorläufigen Charakter haben sollte. Wegen dieser Rechtslage nahmen es sich bis vor kurzem sowjetische Grenzsoldaten heraus, auch auf polnischer Seite zu patrouillieren, wiewohl es zwischen Polen und der Sowjetunion längst einen Vertrag über die Endgültigkeit dieser Grenze gab. So erscheint den Polen die gesamte Grenze zur Sowjetunion als Symbol sowjetischer Vormacht. Das Gefühl, »nicht Herr im eigenen Land« sein zu dürfen, prägt nach drei Teilungen, dem Hitler-Stalin-Pakt und den bis zur Wiedervereinigung Deutschlands 1990 staatsrechtlich nicht von der Hand zu weisenden deutschen Ansprüchen das politische Denken der polnischen Nation. Das Umlernen hat erst begonnen.

Das im Sommer 1990 im Sejm revidierte Verbot, Grundstücke an Ausländer zu verkaufen ist nur eine schmerzliche Folge der alten Denkstrukturen. Es behindert Investitionen, schadet der Wirtschaft und den Bürgern. Zudem vermissen die Polen, die aus Polens Osten vertrieben wurden und die sich im südlichen Ostpreußen eine neue Heimat schufen, ihre mittlerweile von Russen besiedelte Heimat genauso wie die Polen im Süden, die aus Galizien stammen, aus Lemberg oder Stryi und vornehmlich nach Schlesien umgesiedelt wurden. Schließlich mausern sich auf heute sowjetischem Territorium Minderheitsgruppen, die zwar zunächst nur in Vereinen und privaten Zirkeln ihr Polentum feiern, die aber zu einer politischen Kraft werden können, so wie es die Deutschen in Schlesien und anderswo in Polen schon sind. Dem steht allerdings entgegen, daß diese ehemals polnischen Ostgebiete nicht gleichermaßen zu fast hundert Prozent polnisch besiedelt gewesen sind, wie Ostpreußen, Pommern oder Schlesien von Deutschen bewohnt waren.

Die Grenze im früheren Ostpreußen wurde willkürlich gezogen. Das Potsdamer Abkommen vom 2. August 1945 teilte Ostpreußen in zwei Bezirke. Der südliche Teil kam unter polnische Verwaltung. Der nördliche wurde sowjetisch, das Memelgebiet Teil der litauischen Sowjetrepublik. Vom Haff, westlich von Heiligenbeil (Mamonovo), über Preußisch Eylau (Bagrationowsk) und Gerdauen (Železnodorožnyi), nördlich des heute polnischen Goldap durch die Rominter Heide und weiter bis nach Gromadtschisna durchschneidet der Grenzverlauf Höfe und Felder. Er hält sich nicht an Flüsse oder Straßen. Gleichwohl reichten die bald fünfzig Jahre, die nach dem Krieg vergangen sind, aus, um jahrhundertealte Verbin-

Die Reichsbrücke in Königsberg.

dungen zu kappen. Die Ost-West-Achsen gewannen an Bedeutung: in Polen die Strecke nach Osterode (Ostróda) über Allenstein (Olsztyn), Sensburg (Mrágowo) nach Augustów. Auch in der Sowjetunion bewahrte, trotz der Grenze, die Fortsetzung der Reichsstraße Eins ihren Rang: von Königsberg über Tapiau (Gvardejsk), Insterburg (Zernjachowsk), Gumbinnen (Gusev) zur ehemaligen litauischen Grenze.

Für die Eins von Elbing nach Königsberg gilt das nicht. Sie scheint hinter der Grenze auf eine Vorstufe unserer Zivilisation zurückzufallen. Sie wirkt ungepflegt und noch einsamer als andere Straßen, dient wohl nur noch dem Militär und einigen landwirtschaftlichen Fahrzeugen. Die Natur holt sich das Geraubte rechts und links mit kraftvollem Grün zurück. Waren in Polen die Orte noch umgürtet durch Neubausiedlungen aus Beton und Glas, so bewahren die Dörfer drüben ihr traditionelles Gesicht. Es wurde nur älter und verwahrloster, wenn sich nicht Buschwerk, Efeu oder Birke der Gebäude bemächtigten. Häuser, in denen der Krieg nie gewütet hatte, die nie durchschossen wurden oder in Brand gerieten, die aber nach dem Wegzug der Eigentümer unbewohnt blieben, hat die Natur verschluckt. Wilde Astern und Dahlien.

Das Land ist dünn besiedelt. Statt der 1,2 Millionen vor dem Krieg leben im heutigen Nordostpreußen wohl nur noch 800 000 Menschen und die Hälfte davon in Kaliningrad. Wer sich noch des Ortskerns von Heiligenbeil (Mamonovo) aus Kinderzeiten erinnert, wird sich jetzt kaum mehr orientieren können. Nur ein paar Außenbezirke verschonte der Krieg. Bis Heiligenbeil im März 1945 in sowjetische Hände fiel, ähnelte der Ort wohl Frauenburg oder Braunsberg. Die Historie hat ihre Parallelen. Nach 1249 wurde in Heiligenbeil anstelle einer pruzzischen Burg und Kultstätte eine Kirche gebaut. 1301 gründete der Orden eine Stadt nach Culmer Recht. Weil der ermländische Bischof Anselm die heilige Eiche der Pruzzen mit einem Beil gefällt haben soll, hieß der Ort Heiligenbeil. Andere meinen allerdings, die Endung »beil« lasse sich auf das pruzzische »Bil« (Burg) zurückführen. Freilich hieß die Stadt zunächst, nach einer Urkunde von 1330, Heylgenstat, und auf dem ersten Siegel findet sich »sancta civitas«.

Im 14. Jahrhundert stiftete der rührige Hochmeister Winrich von Kniprode ein Kloster der Augustiner-Eremiten. 1520 fiel die Stadt für einige Jahre an Polen. Sie wahrte ihre Rechte, die später Herzog Albrecht wieder bestätigte. Der Hohenzoller gründete 1563 das St. Georgs-Hospital und gab ihm die Klosterländereien der vorreformatorischen Stadt. 1677 zerstörte ein Feuer Heiligenbeil. Doch schon Anfang 1679 zog der Große Kurfürst ein, um von hier seinen Überraschungsschlag gegen die Schweden zu führen, über die geschlossene Eisdecke des Frischen Haffs. Die Drechsler der Stadt machten die Heiligenbeiler Spielzeugbüchse für Kinder, die Brauer das örtliche Bier für die Erwachsenen bekannt. Die Marktstadt wurde 1819 Kreisstadt.

In den dreißiger Jahren wurde die spätere Eins als »Berliner Chaussee« befestigt. Seither entwickelte sich diese Trasse als beste

Verbindung zwischen Elbing und Königsberg. Weiter südlich führende Strecken über das alte Kreuzburg, Zinten, Mehlsack, Wormditt und Preußisch Holland nach Elbing erwiesen sich als weniger praktisch. Schon 1853 erhielt Heiligenbeil seinen Anschluß an die »Ostbahn«. 1938 wurde noch die Strecke nach Zinten (Kornewo) in Betrieb genommen. Vor dem Krieg gab es 12 100 Einwohner in der Stadt. Gegen Ende durchzogen Hunderttausende mit Pferd und Wagen frierend und hungernd Heiligenbeil auf der Flucht nach Südwesten oder zum eingemeindeten Fischerdorf Rosenberg, um über die Nehrung zu entkommen. Im März drängte schließlich die Rote Armee die Wehrmacht zurück, nahm die Stadt ein und blieb.

Wie aus der Geschichte herausgefallen wirken heute Orte, die einst Bladiau – mit seinem gotischen Kirchlein – oder Ludwigsort hießen. Etwas mehr Historie konnte die Brandenburg (Uszakovo) am Haff wahren. 1266 hatte der brandenburgische Markgraf Otto III. den Sitz gegründet. Stolz erhoben sich Schloß und Vorburg über dem Haff. Der Bau für den Konvent war der größte aller Ordensburgen in Preußen. Selbst während des Pruzzenaufstandes mußte die Anlage nicht aufgegeben werden. Bis 1499 residierte hier ein Ritterkonvent des Deutschen Ordens, und der Komtur war seit 1467 zugleich Oberster Spittler. Von hier aus gründete Komtur Günter von Hohenstein, 1380 gestorben, die heute polnischen Städte Hohenstein (Olsztynek) und Osterode (Ostróda). Nachdem Kaiser Karl IV. 1379 den Brandenburger Rittern eine Reliquie der hl. Katharina geschenkt hatte, zog ihre Kirche Pilger an. Hier hielt der Orden auch zwischen 1415 und 1422 den abgesetzten Hochmeister von Plauen gefangen. Nach 1525 herrschte über Brandenburg nicht mehr der Komtur sondern ein weltlicher Amtshauptmann. Weil das Schloß gut erhalten war, verlegte Kurfürst Georg Wilhelm im Pestjahr 1629 sein Hoflager hierher. Doch nach 1750 verfiel die Anlage. Ihre Steine wurden anderswo verbaut. Häuser und Wirtschaftsgebäude der Vorburg nutzte man bis 1945. Die Burg lag zwar tagelang im Kampfgebiet, doch vollends zerstört ist sie nicht. Wer hier Geschichte sucht, der findet sie bis heute.

Erst im August 1990 öffnete sich das nördliche Ostpreußen für

Königsberg. Blick über den Neuen Pregel auf Altstadt und Schloß.

Touristen. Einige wenige Reiseveranstalter bieten seitdem Fahrten nach Königsberg an. Freilich sind dies meist Tagestouren von Riga – etwa 450 Kilometer – oder Tilsit aus. Bisweilen läßt sich aber ein Taxifahrer gewinnen, der das umliegende Land zu zeigen vermag. Mehr als vierzig Jahre lang war das sowjetische Ostpreußen militärischer Sperrbezirk. Dann hieß es, der Landstrich und vor allem die Hauptstadt seien für Touristen gesperrt, weil sich Moskau schäme, den schlechten Zustand des deutschen Erbes zu zeigen. Tatsächlich gibt es solche Schuldgefühle. Sie äußern sich in Initiativen, die Kaliningrad wieder Königsberg oder Kantgrad nennen wollen; die aus der Ruine des Domes wieder eine prächtige Kirche machen oder zumindest einen deutschen Friedhof in einen würdigen Zustand zurückversetzen wollen. Diese Initiativen, denen sich die Stadtverwaltung kaum verschließt, möchten nicht deutsche Sehnsüchte befriedigen. Sie denken an sich. Ihre provinzielle, besonders schlecht versorgte Heimat soll attraktiv werden, soll ihr Gesicht, Individualität und Geschichte zurückerhalten. Natürlich will man auch Touristen heranziehen; vor allem aber die Wirtschaft, weshalb noch immer die Idee gehandelt wird, den Stadtkreis Königsberg in eine Freihandelszone zu verwandeln.

Im Frühjahr 1988 hieß es zu Kaliningrad in den »Moskauer Nachrichten« (Moskowskije Nowosti), wenn man in Moskau vom neuen Denken und vom europäischen Haus spreche, dann habe das auch direkt etwas mit der Stadt am Pregel zu tun. Das gemeinsame Haus habe auch eine gemeinsame Geschichte. Vorsichtig erinnerte man sich der Geschichte: »Königsberg gibt es nicht mehr. Es gibt nicht nur diesen geographischen Namen nicht mehr. Vergangen ist auch jenes bauliche Ensemble, das während 700 Jahren am Ufer des Pregel wuchs.« Mit Scham und Bedauern erinnert der Autor des Artikels an die Bilderstürmer nach 1945. »Schüler mit Vorschlaghämmern zerhieben die Büsten der herausragenden deutschen Philosophen Kant, Hegel, Fichte und des Astronomen Bessel am Eingang der früheren Burgschule am Landgraben.« Erleichtert schließt der Journalist: »Endlich trennen wir uns von zwei alten Klischees: Daß die Geschichte des Gebietes Kaliningrad erst 1945 beginnt und Ostpreußen nur Aufmarschraum des deutschen Militarismus und Expansionismus gewesen ist.« Mehr als einmal habe man zwar Rußland von hier aus überfallen, doch das gäbe noch lange nicht das Recht, so heißt es, Ostpreußens Beitrag zur europäischen Geschichte zu vergessen.

Wie sah das Königsberg aus, das es nicht mehr gibt, das weiten öden Plätzen und farblosen Wohnsilos weichen mußte? Johann Friedrich Abegg, der Heidelberger Theologe, schreibt 1798:

> »So fuhren wir mit 3 Chaisen in Königsberg ein, und G. Ph. [Abeggs Bruder Georg Philipp] führte mich in sein Haus, in das ich mit Rührung meinen Fuß setzte [...]
> Des Nachmittags zeigte mir G. Ph. sein neues Gebäude. Es ist fast in der Form der Kirchenraths-Canzley, aber ein Stockwerk höher und

etwas weniger solid in Steinen, stärker im Holzwerk. Die beiden Nebenbauten sind theils für Pferdeställe, Kutschenremise, theils für Wohnung des Kutschers. Der Innenhof ist mit Federvieh angefüllt. Der Pferdestall ist prächtig eingerichtet, 7 Rappen, die zusammen 1500 Preuß. Thaler kosten, und in der That so schön sind, als man sie irgend sehen mag, zieren den Stall. Zwei Knechte sind über diese Pferde, die jedoch alle ihr Futter wohl verdienen, um Waren zu holen und fortzufahren. Das Hauptgebäude ist jetzo für Getreide eingerichtet, und Weinmagazine. Es ist auch eine vortreffliche Darre daselbst, hierauf wird das Getreide getrocknet, das in die mittelländische See und anderwärtshin verhandelt wird, indem es sich sonst nicht hält. Diese Darre rentirt so viel, daß die Jetée der ganzen Anlage für das Gebäude dabei herauskommt. Eben so leicht kann aber auch die ganze Anlage eine große Gerberei werden und wiederum kann ein noch vollständigerer Weinspeicher daraus gemacht werden. Das ganze stößt an den Pregel, und die Schiffe können alles, Getreide u.s.w. unmittelbar aus dem Hause aufnehmen. Gerade gegenüber, auf der anderen Seite des Pregels, ist das Wohnhaus G. Ph.'s, das zwar nicht sehr groß, aber vortrefflich gelegen ist. Aus den Zimmern im zweiten Stock sieht man in eine lange lebhafte Straße und zugleich vorwärts auf die Brücke über den Pregel und eine andere Straße. Dicht vor dem Hause steht eine schöne Linde, um welche eine hölzerne Bank geht, und die ganz eingefaßt ist. Unter dem Hause geht der Thorweg von der Brücke in die Straße, daher ist es stets lebhaft hier, freilich auch etwas unruhig.«

Und Abegg, ein gelehrter Mann, der Goethe, Schlegel, Jean Paul, Herder und Fichte kennt, erfüllt sich einen Traum: den Besuch bei Kant. Er überreicht ihm eine Grußadresse Fichtes, auf die Kant, keineswegs geschmeichelt, sofort gereizt reagiert. Abegg berichtet:

»*Den 1. Juni. Heute früh um 10 Uhr führte mich der Ober-Stadt-Inspector Brahl, ein vertrauter Gesellschafter Kant's, zu demselben, nachdem er vorher ihn von meiner Absicht, ihn zu besuchen, unterrichtet hatte, denn er läßt nicht mehr jeden vor sich kom-*

men. Es trat mir ein Mann mittlerer Größe, sehr vorwärts gebückt, mit freundlich-lebhaftem Angesichte entgegen. Als ich ihm einfach meine Freude, ihn persönlich verehren zu können, ausgedrückt hatte, überreichte ich ihm die Addr. von Fichte. Er las sie: ›Dies ist nun so ein Compliment, auch schreibt er mir immer höflich, aber eine Bitterkeit läuft mit unter, daß ich mich nicht über ihn oder gar für ihn erkläre, und es wird nichts ausgerichtet, daß er alles so fein aussinnet. Ich lese seine Schriften nicht alle, aber neulich las ich die Recension seiner Schriften in der Jen. Lit. Zeit. Ich wußte beim ersten Male nicht recht, was er wollte. Ich las zum zweiten Mal, und jetzt glaubte ich, nun werde ich etwas brauchen können, aber es war nichts. Den Apfel vor dem Munde hält er, nur gibt's keinen Genuß. Es kommt auf die Frage am Ende hinaus: mundus ex aqua? Er bleibt immer im allgemeinen, gibt nie ein Beispiel, und was noch schlimmer ist, kann keines geben: weil dasjenige nicht existirt, was zu diesen allgemeinen Begriffen paßte‹ [...]

Ich stand auf, weil ich mich schämte, ihn ohne ausdrückliche Erlaubnis länger aufzuhalten, um so mehr als er fast in einem fort redete. Ich dankte ihm für die Erlaubnis, so lange in seiner Gegenwart bleiben zu dürfen, und empfahl mich. ›Wie lange bleiben Sie noch hier?‹ – ›Noch etwa drei Wochen.‹ – ›Nun das ist recht.‹ – So trat ich aus dem einfachen Hause des Mannes, der viele tausend der vorzüglichsten Menschen in Bewegung gesetzt, auf sie vortrefflich gewürkt und in alle Ewigkeit würken wird.

Brahl erzählte mir nachher noch allerlei höchst auffallendes merkwürdiges von ihm, daß er mit ganzer Seele die Sache der Franzosen liebe, durch alle die Ausbrüche der Immoralität pp. nicht irre gemacht werde zu glauben; das Repräsentativsystem sey das beste – wußte ich schon. Aber Brahl sagte mir auch: ungeachtet er nun Gott postulirt, so glaubt er selbst nicht dran, und auch die Zukunft achtet er nicht, insofern sie Fortdauer gewähren kann. ›Mein Gott‹, sagte ich, ›an was knüpft er denn alles in der Moral, als an Gott?‹ – ›Es ist wahr‹, sagte Brahl, ›in der Metaphysik läßt er's unentschieden, reagiert nicht und begehrt nicht. In der Moral ist er der Meinung, eigentlich komme es auf das individuelle Bedürfnis an, und er bestreitet in dieser Hinsicht den Schlosser nicht, der ohne eine göttliche Regierung nicht leben kann. Kant ist aber völlig unabhängig. Ungeachtet er das Leben für nichts kostbares und sehr beglückendes hält, ist er doch immer heiter und vergnügt. Ganz in seiner Gewalt hat er sich. Er fürchtet den Todt durchaus nicht. Einer seiner jüngeren Freunde war neulich kränklich, und sah sehr traurig aus. ›O, fürchten Sie sich etwa vor dem Todte? Wie unrecht! Sehen Sie, ich fürchte ihn nicht, ungeachtet der Postwagen vor der Thüre steht.‹

[...] Er hat einen Schwaben zum Bedienten, ein drolliger, aber sehr guter Mensch. Dieser muß ihn jeden Tag 4 3/4 Uhr wecken. ›Und wenn ich auch‹, sagte Kant, ›manche Nacht gestört werde und gerne länger schlafen möchte, laße ich mich doch jedesmal zu dieser Zeit wecken: denn sonst würde der Mensch gewiß nachlässig werden‹. Die glücklichste Stunde in jedem Tage heißt Kant diejenige, in welcher er sich seinen Thee ansetzt, die Pfeife zurecht macht, stopfet, anstecket, raucht und trinkt. Dies ist die Zeit der Visionen, wo er in einer wohlthuenden Abspannung von ernsten Geschäften und leicht bewegt lebt. Aber länger als eine Stunde ist ihm dieser Genuß nicht möglich. Er muß thätig seyn [...]

Er hat auch die vielseitigste Bildung. Über alles spricht er, und Er allein spricht oft während seiner Mahlzeit, an welcher immer einige ihm angenehme Menschen theil nehmen. Er ißt mit großem Appetit und liebt besonders Göttinger Würste. Auch trinkt er täglich einige Gläser Wein, zuerst weißen, dann rothen. Wenn er, was er aber jetzo nicht mehr thut, bei Motherby, außer seinem Hause speisete, so trank er auch wohl ein Gläschen zu viel, spielte mit dem Weinglase, ist aber immer die Seele der Gesellschaft [...]

›Übrigens‹, sagte Brahl, ›ist er so neugierig auf politische Neuigkeiten, daß Nicolovius ihm den Probebogen der Berliner Zeitung, den er auf der Post abends früher bekommt, zusenden muß, und wenn er nicht selbst lesen kann, so fragt er mich oft hintennach durch ein Billet, ich sollte ihm melden, ob nichts merkwürdiges vorgefallen sey? – Er ist hier allgemein geschätzt und geliebt, nur weiß der wenigste Theil seine literarischen Verdienste zu erkennen, und man ehrt und liebt also nur den Menschen in ihm.‹«

Im Sommer 1990 erreichten widersprüchliche Meldungen die sich gerade vereinigende Bundesrepublik. Der Präsident von Kaliningrad habe eigenmächtig Verträge mit Reiseveranstaltern geschlossen. Die Militärs aber blockierten deren Umsetzung. Der stellvertretende Bürgermeister Juri Schaternikow sagte im Juli: »Unsere führenden Militärs meinen, daß die Verwirklichung unserer Entscheidung zu einem Aufflammen revanchistischer Leidenschaften in bestimmten Kreisen der Bundesrepublik und der DDR führen kann.« Doch die Militärs setzten sich nicht durch. Königsberg wurde für Gäste geöffnet. Sie erreichen die Stadt aber nicht mehr über die Eins. Einige legen mit dem Schiff im Königsberger Hafen an, nachdem sie bei Pillau (Baltijsk) ins Haff eingefahren und über den Königsberger Seekanal zum Pregel vorgedrungen sind. Die meisten kommen aus Norden, von Riga und Tilsit (Sowjetsk) und bleiben nicht einmal für eine Nacht.

22 Denkmale erinnern in der Königsstadt am Ende der Eins an die Siege der Roten Armee; wenige Bauwerke an die gut 700 Jahre deutscher Geschichte: die Domruine mit der 1924 errichteten Säulenfront an der Gruft des Philosophen Immanuel Kant; die heute wieder für Gottesdienste freigegebene Kreuzkirche; die Wallfahrtskirche von 1300 im Villenvorort Juditten; das Königstor, über dem die drei Häupter der Könige nach 1945 abgeschlagen wurden; der frühere Bierkeller »König«; der alte Hauptbahnhof und die Börse sowie das restaurierte Neue Theater; einige Speicherhäuser im Hafen; mehrere Straßenzüge mit Villen in den Vororten – und ein paar Grabsteine von 30 eingeebneten Friedhöfen gehören zu den kargen steinernen Erinnerungen. Wo früher das Schloß stand, prangt jetzt das moderne Parteigebäude. Am früheren Reichsplatz weist der Namensgeber Michael Kalinin auf fünfgeschossige Betonbauten der sechziger Jahre.

Die preußische Krönungsstadt Königsberg war nie dem urehrwürdigen Aachen, der Stadt mittelalterlicher Reichskrönungen am anderen Ende der Eins, ebenbürtig. Doch heute gibt sich nicht einmal die Grundlage für einen Vergleich. Was die Briten mit ihren beiden Luftangriffen in den Nächten zum 27. und zum 30. August 1944

Königsberg. Blick auf den Steindamm.

nicht zerstörten, was nicht in der von Haus zu Haus tobenden Abwehrschlacht vom 28. Januar bis zur Kapitulation am 10. April zerstört wurde, walzten später sowjetische Planer nieder, um eine moderne proletarische Stadt zu errichten. Doch noch fünfzig Jahre später scheint die Geschichte stärker zu sein als das Heimatgefühl in den kargen neuen Mauern. Gerade junge Sowjetbürger vertiefen sich in Königsbergs Historie, um Versunkenes wiederaufleben zu lassen. Die Alten der Stadt neigen dazu, die Aufbauleistung nach dem Krieg zu würdigen. Den Jungen gilt sie nicht viel. Sie werfen den Eltern vor, Königsberg mutwillig vergraben zu haben und machen sich jetzt auf Goldsuche. Die »Stiftung Königsberg«, die ihren Sitz an der Eins in Essen hat, will aus der Bundesrepublik dazu beitragen, daß die Sowjetbürger wieder in einer Stadt mit Geschichte leben können. Die Behörden Kaliningrads tun nicht viel dafür; doch sie sperren sich auch nicht. Der Antrag der russisch-orthodoxen und der evangelischen Kirchen Deutschlands, gemeinsam den Dom aus dem 14. Jahrhundert als ökumenisches Gotteshaus wieder herzustellen, hat der Gebietssowjet schon Ende 1989 gutgeheißen. Zudem ließen die Behörden eine evangelisch-lutherische Gemeinde für in Königsberg lebende Deutsche zu, von denen es freilich bisher nur wenige gibt.

Es mag auch der Randlage außerhalb des Deutschen Reichs zu danken gewesen sein, daß Königsberg die längste Zeit seiner Historie eine halbwegs ungestörte Entwicklung nahm. Im Ordensstaat, unter den Hohenzollern und in der Republik war Königsberg Hauptstadt. Anders als die meisten anderen Orte blieb die Stadt vom Dreißigjährigen Krieg verschont. In den preußisch-russischen Konflikt des Siebenjährigen Krieges freilich wurde Königsberg hineingezogen und mehr als drei Jahre lang (bis 1762) von Preußen getrennt. Auch unter Napoleon mußten die Königsberger leiden. Die Stadt fiel nach der Schlacht bei Friedland im Juni 1807 in französische Hände und mußte eine Kontribution von 1,7 Millionen Talern aufbringen. Erst im Frühjahr 1900 war diese Schuld getilgt. Hindenburgs Sieg bei Tannenberg bewahrte die Stadt im Ersten Weltkrieg vor russischer Belagerung. Bis August 1944 bot Königsberg Schutz vor den Schrecken des Zweiten Weltkrieges. Dann aber traf die Stadt eine Zerstörung unvergleichlichen Ausmaßes.

An einer Stelle früher Besiedlung wuchs Königsberg zwischen zwei Pregel-Armen auf mehreren Inseln heran. Es gab das Fischernest Lipnik, eine pruzzische Fliehburg und einen Handelsplatz, da sich hier von alters her zwei Straßen aus dem Süden trafen; die eine kam aus Brandenburg über die Weichsel, die spätere Eins; die andere erreichte von Natangen aus am späteren Friedländer Tor den Pregel. Schon seit 1242 planten die Lübecker Kaufleute der Hanse die Gründung einer Stadt; dann kam ihnen der Orden zuvor. 1255 wurde auf einer Samland-»Reise« – so wurden die Kreuzzüge genannt – eine Burg gegründet und zu Ehren des Kreuzfahrers und Böhmenkönigs Ottokar II. Königsberg genannt. Noch 1852 wurde durch ein Standbild am Königstor dieses Herrschers gedacht.

Allein die Burg überstand den Pruzzenaufstand von 1262 und

Königsberg. Blick über den Pregel auf den Dom.

blieb Kern der drei späteren Stadtgründungen nach Culmer Recht: Die Altstadt zwischen Burg und Fluß (1286) wurde der politisch wichtigste Stadtteil. Die Neustadt oder Löbenicht (1300) östlich davon war Sitz der Handwerker und Ackerbürger. Auf der Insel des Kneiphofs siedelten seit 1327 reiche Kaufleute. Hier residierte seit 1322 schon das Domkapitel des samländischen Bistums. Nach 1330 entstand hier der Dom, zugleich Bistumskirche und Pfarrkirche des Kneiphofs. Erst 1724 wurden die drei Städte vereint.

Nach dem Verlust der Marienburg an den polnischen König 1457 saß der Hochmeister am Pregel, zwischen 1525 und 1618 residierten hier die Hohenzollern als Herzöge von Preußen. Herzog Albrecht schuf dem Protestantismus 1544 mit der Albertus-Universität, der Albertina, einen wichtigen Stützpunkt. Nach dem Ende der polnischen Oberhoheit durch die Verträge von Labiau (1656), Wehlau (1657) und den Frieden von Oliva (Mai 1660), bei dem auch Schweden die preußische Souveränität anerkannte, hatte es der Große Kurfürst schwer, die drei Städte zu unterwerfen. Es dauerte drei Jahre, – und der trotzige Bürgermeister von Kneiphof, Rohde, verschwand für den Rest seines Lebens auf einer Festung, – bis 1663 die Huldigung von Rat und Adel im Stadtschloß von Königsberg erzwungen werden konnte. Die Bürger verloren einige ihrer von Polen gewährten Fernhandels-Freiheiten; es gab auch Streit um Heeressteuern für das neue stehende Heer.

Erst seit der Krönung Kurfürst Friedrichs III. zum König »in« Preußen am 18. Januar 1701 wurde Königsberg so etwas wie das »Aachen des Ostens«; auch hier wurde nur gekrönt und gefeiert. Schon seit dem Großen Kurfürsten war allein Berlin Residenz. Ein Teil der preußischen Reformbewegung, mit der das von Napoleons Truppen besetzte Land seine Fesseln abschütteln wollte, ging von Königsberg aus. Hier wurde die Städteordnung des Freiherrn vom Stein am 19. November 1808 erlassen. Nur Tage nach der von Napoleon erzwungenen Entlassung Steins folgte am 19. Dezember das Gesetz zur Neuorganisation der obersten Staatsbehörden. Am 30. Dezember 1812 unterzeichnete Feldmarschall Johann Ludwig Yorck von Wartenburg eigenmächtig die »Konvention von Tauroggen«, durch die das preußische Hilfskorps für Napoleon neutralisiert wurde. Yorck besetzte das Gebiet zwischen Kurischem Haff, Memel und Tilsit und zog schon Anfang Januar 1813 in Königsberg ein, befreite wenig später Elbing und die Marienburg von den Franzosen. Der Freiheitskampf hatte begonnen. Der König schickte seine Zustimmung für Yorcks einsame Entscheidung hinterher.

Die Universität und die Industrie machten Königsberg im 19. Jahrhundert zum unangefochtenen Zentrum der Bildung und Wirtschaft in Ostpreußen. Der Hafen bewahrte seine Bedeutung. Straßen und Eisenbahn liefen hier zusammen. 1920 wurde Königsberg Schauplatz der einträglichen »Ostmesse«. Ein Flughafen wurde gebaut. Die Eins erreichte über die Berliner Straße auf der Höhe des Hauptbahnhofs den Stadtkern und das Brandenburger Tor. Sie durchlief die Vorstadt, passierte die Dominsel und wandte sich dann nach Osten: über Luther-Straße, Katholische Kirch-

Straße durch Sackheim zur Tapiauer Chaussee und weiter in Richtung Lapsau, Tapiau und Insterburg. Nicht nur die Namen haben sich geändert. Auch die Straßenläufe. So sehr sich die Menschen hier der städtischen Geschichte vergewissern wollen, die Historie der erfundenen Eins interessiert sie wohl nicht. Für sie wäre die lange Reise von Ost nach West eine Fahrt in fremde Vergangenheit, die ihnen wenig zur eigenen Herkunft sagen kann.

Wie anders ergeht es dem Reisenden aus dem Rheinland! Er kann die Sachsenkriege und Heidenzüge bis gegen die Pruzzen nachvollziehen, die Siedlung seiner Väter, vom wilden Sachsenland in das slawisch besiedelte Askanierland, von der Altmark in die Neumark, vom Warthelauf bis zum Pregel und zur Memel. Der Alltagskampf vieler tausend Bauern, Bürger und Arbeiter: keineswegs eine ungebrochene Geschichte – doch nicht so kriegerisch, wie das letzte Jahrhundert es erscheinen lassen will. Und auch dies Bild verblaßt allmählich. Die Deutschen verheerten im letzten Krieg ein Gutteil ihrer Heimat und verloren sie dann. Die heutigen Polen haben ihren Staat wieder bis zu den Grenzen ihres slawischen Urvaters Mieszko nach Westen verschoben. Gleichwohl ist die Odergrenze nach Jahren des Kalten Krieges wieder passierbar. Die Offenheit, mit der Herzog Mieszko dem deutschen Kaiser Otto I. begegnete, kehrt zurück. Die Vertriebenen sind in ihrer Heimat willkommen, im Baltikum und seit kurzem auch in dem am längsten verschlossenen sowjetischen Nordostpreußen. Die Landschaft mögen sie dabei wiedererkennen, ein paar Steine vielleicht auch. Doch die Heimat ist es wohl nicht mehr. So kann das Wiedersehen zu einem zweiten Abschied werden, – wenn es nicht Menschen gäbe, die es kennenzulernen lohnt; allein schon, weil sie sich jetzt offen mit einem Erbe auseinandersetzen können, das in vielleicht 21 Generationen wuchs. Die paar Jahre zwischen 1945 und 1985, als ein anderes, neues Denken Einzug hielt, haben alles verändert und mögen dennoch überwindbar sein, – im Hinblick auf eine offene Straße für ein gemeinsames 21. Jahrhundert.

Ausgewählte Literatur

Walter Achilles u. a., Der Marktplatz zu Hildesheim, Dokumentation des Wiederaufbaus. Bernward-Verlag, Hildesheim 1989

Johann Friedrich Abegg, Reisetagebuch von 1798, hrg. v. Walter und Jolanda Abegg. Insel Verlag 1976

Adam Bajcar, Reiseführer durch Polen, Verlag Interpress, Warszawa 1980

Heinrich Bechtel, Wirtschaftsstil des deutschen Mittelalters, der Ausdruck der Lebensform in Wirtschaft, Gesellschaftsaufbau und Kunst von 1350 bis um 1500. Duncker & Humblot, München/Leipzig 1930

Ivan Bentchev u. a., Polen – Geschichte, Kunst und Landschaft einer alten europäischen Kulturnation. DuMont, Köln 1989

Johann Bernoulli, Reisen durch Brandenburg, Pommern, Preußen, Curland i. d. Jahren 1777/1778. Leipzig 1779

Wilhelm Bornstedt, Die alten Heer- und Handelsstraßen im Großraume um Braunschweig, Denkmalpflege und Kreisgeschichte, Heft 12, 1969

James Boswell, Boswells Große Reise, Deutschland und die Schweiz 1764. Diana Verlag 1955

Michael Brandt (Hrsg.), Der Schatz von Sankt Godehard, Ausstellung des Diözesan-Museums Hildesheim. Bernward Verlag, Hildesheim 1988

Jörg Bremer, Polen – Alltag, Stolz und Hoffnung. Georg Westermann Verlag, Braunschweig 1987

Richard Breyer u. a., Nachbarn seit tausend Jahren – Deutsche und Polen. v. Hase & Köhler Verlag, Mainz o. J.

Friedrich Bruns, Hansische Handelsstraßen, bearb. v. H. Weczerka. In: Quellen und Darstellungen zur Hansischen Geschichte, hrg. v. Hansischen Geschichtsverein. Böhlau-Verlag, Köln/Graz 1967

Jürgen Eyssen, Dietmar Storch, Niedersächsisches Lesebuch. Gerstenberg Verlag, Hildesheim 1983

Cay Friemuth, Die geraubte Kunst – Der dramatische Wettlauf um die Rettung der Kulturschätze nach dem Zweiten Weltkrieg. Georg Westermann Verlag, Braunschweig 1989

Johannes Falke, Die Geschichte des deutschen Handels. Verlag Gustav Mayer, Leipzig 1859

Johannes Falke, Zur Geschichte der hohen Landstraße in Sachsen. In: Archiv f. sächs. Geschichte VII, 1869

Johann Wolfgang von Goethe, Tag- und Jahreshefte. Werke, Hamburger Ausgabe. Beck, München 1981

Martin Gosebruch, Thomas Gädeke; Königslutter – Die Abtei Kaiser Lothars. K. R. Langewiesche, Nachfolger Hans Köster, Königstein/Taunus 1985

Gerd Heinrich, Handelsstraßen des Mittelalters 1300 – 1375 – 1600. Walter de Gruyter, Berlin/New York 1980

Fritz Klein, Mit Hermann Löns durch Niedersachsen. Schlütersche Verlagsanstalt, Hannover 1987

Karl Emerich Krämer, Die große Straße – von Aachen bis Helmstedt. Mercator Verlag, Duisburg 1972

Karl-Joachim Krause, Nacht der Schande in Braunschweig. Das geschah vor 40 Jahren. In: Braunschweiger Ztg., 9. November 1978

Konrad Kretschmer, Historische Geographie von Mitteleuropa. In: Handbuch der Mittelalterlichen und Neueren Geschichte, hrg. v. G. v. Below u. F. Meinecke. Oldenbourg Verlag, München/Berlin 1904.

Herbert Krüger u. a., Katalog zur Ausstellung: Die Straße 1934. München 1934

Georg Landau, Beiträge zur Geschichte der alten Heer- und Handelsstraßen. In: Hessische Forschungen zur Geschichtlichen Landes- und Volkskunde, Heft 1, Bärenreiter-Verlag, Kassel/Basel 1958

Fritz Meyers, Die schönsten Sagen vom Niederrhein. Pomp u. Sobkowiak, Essen 1987

Ostdeutsches Lesebuch II, Deutsche Dichtung der Jahrhundertmitte vom Baltikum bis zum Banat. Ausgewählt von

Ernst-Edmund Keil, Kulturstiftung der deutschen Vertriebenen, Bonn. [Paul Fechter: Marienburg]

Hedwig Pieper, Der westfälische Hellweg, seine Landesnatur, Verkehrsstellung und Kleinstädte. Diss., Münster 1928

Ludwig Pietsch, Wie ich Schriftsteller geworden bin. Erinnerungen aus den fünfziger Jahren. Berlin 1893

Hans-Claus Poeschel, Alte Fernstraßen in der mittleren Westfälischen Bucht, Geographische Kommission. Münster 1968

Friedrich Rauers, Zur Geschichte der alten Handelsstraßen in Deutschland. Versuch einer quellenmäßigen Übersichtskarte. Hrg. v. Verein f. Hansische Geschichte, Justus Perthes Verlag, Gotha 1907

Gutmann Rülf u. a., Brunsvicensia Judaica, Gedenkbuch für die jüdischen Mitbürger 1933–1945. Braunschweig 1966

Werner Sombart, Die deutsche Volkswirtschaft im 19. Jahrhundert. Georg Bondi-Verlag, Berlin 1903

Heinrich Stephan, Geschichte der Preußischen Post von ihrem Ursprunge bis auf die Gegenwart, nach amtlichen Quellen. Ober-Hofdruckerei, Berlin 1859

Thangmar, Leben des hl. Bernward, Bischofs von Hildesheim. Aus: Ausgew. Quellen zur Deutschen Geschichte des Mittelalters, Bd. XXII. Wissenschaftliche Buchgesellschaft, Darmstadt 1973

Handbücher und Atlanten

Handbuch der historischen Stätten Deutschlands, A. Kröner-Verlag, Stuttgart (Kröners Taschenbuchausgabe)
Bd. 272, Niedersachsen und Bremen, hrg. von Kurt Brüning u. Heinrich Schmidt, 5. Aufl. 1986
Bd. 273, Nordrhein-Westfalen hrg. v. Franz Petri, Fr. v. Klocke, 2. Aufl. 1970
Bd. 311, Berlin und Brandenburg, hrg. v. Gerd Heinrich, 2. Aufl., 1985

Bd. 314, Provinz Sachsen-Anhalt, hrg. v. Berent Schwineköper, 2. Aufl. 1987

Bd. 317, Ost- und Westpreußen, hrg. v. Erich Weise, 1. Aufl. Neudruck, 1981

Georg Dehio, Handbuch der Deutschen Kunstdenkmäler, Deutscher Kunstverlag, München

Bremen – Niedersachsen, bearb. v. Gottfried Kiesow u. a., 1977

Der Bezirk Magdeburg, bearb. v. d. Abt. Forschung des Instituts f. Denkmalpflege, 1974

Rheinland, bearb. v. R. Schmitz-Ehmke, 1967

Westfalen, bearb. v. D. Kluge u. W. Hansmann, 1969

Georg Dehio, Deutscher Verein f. Kunstwissenschaft, E. Wasmuth-Verlag. Berlin

1. Bd. Mitteldeutschland, 1914

2. Bd. Nordostdeutschland, 1926

Ploetz, Deutsche Geschichte, Epochen und Daten. Hrg. v. W. Conze, Ploetz Verlag, Freiburg/Würzburg 1979

F. W. Putzger, Historischer Weltatlas, 58. Auflage, 1940 und 93. Ausgabe, Velhagen & Klasing, Bielefeld, 1970

Verzeichnis der Postcourse, wie solche im Julius 1838 vorhanden sind. Aus: Berliner Kalender auf das Gemein-Jahr 1838, hrg. v. d. Königl. Preuß. Kalender-Deputation

Register

Die kursiven Seitenzahlen beziehen sich auf Abbildungen.

Aachen 9, 10, 12, 16, 20–24, 33, 245, 285; *22, 65*
Aerzen 102 f.
Aldenhoven 24, 25
Allenstein (Olsztyn) 308
Alsdorf 25
Ampen 45
Ampleben 150
Anröchte 74
Arnsberg 74
Arnswalde (Choszczno) 17, 259
Aschersleben 163
Asseln 45
Augustów 19, 308

Bad Driburg 88
Bad Lippspringe 88, 89, 90
Bad Meinberg 94 f.
Bad Sassendorf 73
Balz (Bielcz) 246
Barby 259
Bardowieck 169
Barntrup 101 f.; *103*
Beendorf 161
Belzig 195
Berlin 10, 12, 16, 18, 120, 189, 200, 206–218, 258, 259, 285; *230, 231, 232*
Bernsteinstraße(n) 11
Bettmar 121
Bielefeld 259
Bladiau 310
Blomberg 96–101; *97, 98*
Bochum 51 f.; *52*
Böckenförde 45
Bollensdorf 218
Bornstedt 164
Bornum 145, 162
Brandenburg/Havel 15 f., 27, 120, 166, 168, 189–195, 199, 200; *191, 193, 227*
Brandenburg (Uszakowo) 18, 310
Braunsberg (Braniewo) 9, 18, 276, 301, 302, 303 f., 306, 309
Braunschweig 14, 15, 16, 107, 122–128, 137–144, 259; *123, 127, 132, 133, 143*
Bredeney 47
Breitscheid 40
Bremen 11, 125
Breslau 11
Briest 187 f.
Broichsdorf 223
Broichweiden 24, 25
Bromberg (Bydgoszcz) 275
Brullsen 110
Brumby 164
Brünnighausen 109
Burg 180–182; *181, 183*

Cadinen (Kadyny) 287
Celle 125
Cölln (Berlin) 16, 18, 189, 200, 209, 210
Coppenbrügge 107, 108–111
Corvey 45, 148, 167
Crossen 17
Czersk 265

Dahlwitz 218
Danzig (Gdańsk) 11, 16, 18, 28, 259, 280, 283, 304
Derwitz 195, 196, 197
Dessau 172
Destedt 145
Detmold 88
Deutsch Krone (Wałcz) 17, 254, 255 ff., 260
Diedersdorf 221
Dirschau (Tczew) 16, 17, 265
Dortmund 13, 53–54; *53*
Drage 243, 254
Dreilinden 208
Drewitz 208
Duisburg 14, 33, 46; *47*
Düsseldorf 33–39, 64; *35, 37, 39, 67*

Ebenrode 19
Eikeloh 77
Eimersleben 162
Einbeck 112
Elbe 9, 15, 179 f.
Elbing (Elblag) 18, 257, 277, 279, 280–283, 284, 304, 309, 320; *282, 284, 293*
Elfgen s. Grevenbroich
Elsen s. Grevenbroich
Elze 112
Emmerstedt 149
Erft 29, 30
Erfurt 172
Erwitte 45, 73–77
Erxleben 162, 163
Essen 13, 40, 45, 47, 49 f., 91; *49, 50*
Externsteine 92; *129*
Eydtkuhnen (Eydtkau, Tschernyszkewskoje) 19

Filehne (Wieleń) 254, 255
Frankfurt/Main 11, 74
Frankfurt/Oder 16, 212, 221, 234, 243, 304
Frauenburg (Fromborg) 285, 287, 288, 297–302, 303, 309; *294, 302*
Friedeberg (Strzelce Krajeńskie) 17, 252 f.; *289*
Friedersdorf 222
Friedrichsaue 223
Fulda 167
Fürstenwalde 221

Gandersheim 148
Garzweiler 27
Genthin 16, 184 f.
Gerdauen (Železnodorožnyi) 307
Gerwisch 180
Geseke 45, 77 f.
Gierath 27 f.
Glindow 195, 197
Gnesen (Gniezno) 17, 106, 248, 273
Goldap 307
Goldene Steige 11

326

Gollwitz 195
Goslar 14, 125
Göttingen 112, 125
Götz 195
Grasleben 140
Grevenbroich 24, 27 ff.
Grodno 19
Gromadtschisna 307
Groß Dahlum 150
Groß-Kreutz 195
Groß-Wusterwitz 186 f.
Grubenhagen 125
Grunau (Gronow) 304
Guben 17
Gumbinnen (Gusev) 19, 308

Haaren 24 f.
Hachmühlen 110
Halberstadt 167, 168, 194, 259
Haldensleben 149, 162
Halle 172, 178, 199
Hameln 14, 90, 102, 103–107; *107, 130*
Hamm 259
Hannover 112, 259
Harbke 161
Havel 9, 16
Havelberg 166, 168
Heerdt 33
Heiligenbeil (Mamonowo) 283, 285, 303, 307, 308 ff.
Hellweg 11, 12, 13, 33, 40, 41–48, 54, 56, 57, 73, 74, 75, 77, 78, 80, 87 f., 89, 90
Helmstedt 149, 150–159, 160, 167; *136, 152*
Hemmerden 24, 29
Herkensen 110
Hersfeld 167
Herzfelde 220
Hildesheim 13, 14, 16, 27, 107, 113–118, 140, 148, 167; *114, 119, 131*
Hilinkiweg 39, 47
Hochstüblau (Zbiewo) 265
Hoheneggelsen 119 f.
Hohenfinow 223
Hohensaaten 223
Hohenseeden 182
Hohenstein (Olsztynek) 310
Hoher Weg 13
Hohe Straße 11
Höngen 24, 25

Hoppegarten 220
Hoppegarten (Berlin) 218
Horn 91, 92; *93*
Höxter 13, 45

Insterburg (Zernjachowsk) 19, 308, 321
Irxleben 164
Iwiec 262

Jackerath 24, 27
Jahrsfelde 221
Jastrow (Jastrowie) 257 f., 260
Jeserig 195
Jülich 20, 24, 26 f.

Kahlberg (Krynica Morska) 288
Kaiserswerth 33, 39, 47
Kettwig 40, 47
Kietz 223, 234
Kirchharpen 53
Klein-Cammin (Kamień-Mł.) 245
Klein-Schöppenstedt 145
Kletzke 191
Kleve 258, 259
Kohlstädt 89, 90 f.
Kolberg (Kołobrzeg) 254, 255, 257
Köln 11, 34, 47, 91, 169
Königsberg (Kaliningrad) 9, 11, 16, 17, 18, 24, 28, 86, 120, 201, 210, 258, 259, 276, 278, 279, 283, 284, 303, 304, 308, 311–321; *295, 296, 308, 311, 317, 319*
Königsborn 182
Königslutter 15, 145 f., 148 ff., 189; *134*
Königsstraße(n) 11, 14, 43
Konitz (Chojnice) 17, 261, 262
Köslin (Koszalin) 17, 18
Köthen 172
Kowno (Kaunas) 18
Kreuzburg 310
Küstrin (Kostrzyn) 9, 16, 17, 19, 206, 221, 224, 233–243, 259; *237, 239*

Lahstedt-Groß-Lafferde 121
Landeck (Ledyczek) 17, 260
Landsberg (Gorzów Wielkopolski) 17, 246–252; *247, 249*
Lapsau 321
Lebus 221
Lehnin 190, 197
Lemberg (Lwow) 307
Lemgo 91
Lichtenow 220
Lippe 88
Lipperweg 73, 74, 77
Lippstadt 74, 259
Lörick 33
Lübbensteine 149 f.; *135*
Lübeck 11, 16, 60, 74, 124
Lucklum 150
Ludwigsort (Laduschkin) 310
Lyck (Ełk) 19

Magdeburg 11, 12, 13, 15, 16, 27, 88, 120, 164, 165–179, 199, 260; *169, 173, 225, 226*
Mainz 11, 169
Manschnow 223
Mansfeld 167
Marienborn 9, 159
Marienburg (Malbork) 16, 17, 18, 265, 266–273, 275, 278, 281, 319, 320; *268, 274, 290/291, 292*
Marienwerder (Kwidzyn) 259
Markgrafenstraße 17, 18, 260, 262
Marxwalde (Neu-Hardenberg) 221
Mauspfad, Mausweg 39, 47
Mehlsack (Pieniewo) 303, 310
Meißen 168, 194, 209
Memel (Fluß) 18, 321
Memel (Klaipeda) 54, 258, 259, 276, 320
Mersch 24, 27
Merseburg 168, 172, 178
Minden 74, 259
Morsleben 162
Möser 180
Mühlhausen (Mlynary) 303
Mülheim 40, 46, 48
Mülheim-Saarn 40, 47
Müncheberg 16, 220 f.

Naumburg 168, 172, 178
Neiße 17

327

Neu-Drewitz 223
Neukirch (Pogrodzie) 288
Neu-Langsow 223
Neulewin 223
Neuss 12, 14, 16, 24, 29–33, 34; *30, 31, 66*
Neustettin (Szczecinek) 17, 260
Nogat 9, 18, 265, 266, 267, 273, 279, 280
Nordstemmen 107, 113
Nürnberg 11

Oberkassel 34
Oberrath 39
Oder 9, 15, 221 ff., 233 ff., 242, 249
Ohrum 150
Oker 14
Ostenhellweg 53, 60
Osterode (Ostróda) 308, 310
Ostönnen 60

Paderborn 13, 45, 61, 79–87, 89, 90, 117; *71, 72, 79, 84*
Parey 186
Passarge 9, 283, 303
Pietzpuhl 180
Pillau (Baltijsk) 316
Plaue 186, 187; *188*
Plessow 195
Polnischer Korridor 255, 261, 262, 266
Poppenburg 113
Posen (Poznań) 16, 17, 248, 254
Postcourse 14 f., 45, 61, 74, 109, 110, 113, 244, 257–260
Potsdam 10, 120, 195, 197, 198–208; *202, 203, 206, 229*
Pregel 9, 11, 312, 318, 321
Preußisch Eylau (Bagrationowsk) 307
Preußisch Holland (Pasłek) 310
Preußisch Stargard (Starogard Gdański) 265

Quedlinburg 167

Ragnit (Neman) 18
Rath 33
Rathenow 187
Ratingen 34, 39 f.

Reelkirchen 95
Reesen 182
Rhein 9, 14
Riga 60, 311, 316
Roßdorf 186
Rostock 16
Rüdersdorf 219 f., 220
Ruhr 9, 12, 14
Ruhrschnellweg 11, 33, 40, 46, 49, 51 f., 285; *68*
Rur 9
Rytel 262

Sachsendorf 223
Salzgitter 120
Salzhemmendorf 111 f.
Salzkotten 74, 78, 79
Sambleben 150
Schellerten 120
Schermen 180
Schlangen 90
Schlochau (Człuchow) 17, 254, 260
Schloppe (Człopa) 254, 255
Schloß Neuhaus 85, 89
Schneidemühl (Piła) 257
Schönebeck 186
Schöningen 150
Schwerin 124
Seelow 221 f.
Sensburg (Mrągowo) 308
Soest 13, 16, 45, 46, 56, 60–64, 73, 86, 91, 96; *62, 63, 70*
Soldin (Myślibórz) 17, 259
Spandau 259
Spree 9, 16
Steele 45
Steinbrück 121
Stettin (Szczecin) 16, 18, 209, 257, 283
Stolp (Słupsk) 18
Stralsund 194
Stranz (Straczno) 255
Strausberg 219
Stryi 307
Süpplingen 149, 162
Süpplingenburg 146, 149

Tamsel (Dabrosyzn) 244 f.
Tangermünde 16, 190
Tannenberg 276, 277, 318
Tapiau (Gvardejsk) 308, 321
Tasdorf 219, 220
Thorn (Toruń) 17, 54, 248

Tiel 169
Tilsit (Sowetsk) 18, 311, 316, 320
Titz 24, 27
Tolkemit (Tolmicko) 287
Trunz (Milejewo) 285
Tuchel (Tuchola) 259, 262
Tundersleben 164

Unna 45, 54 f., 56

Vechelde 121, 122
Velbert 39, 47
Verden 125
via marchonis s. Markgrafenstraße
Vietz (Witnica) 245 f.
Vogelsdorf 218

Walsleben 163
Wanzleben 163
Warschau 16
Warstein 74
Wehlau (Znamensk) 19
Weichsel 9, 18, 260, 262, 265, 276, 280
Weimar 194
Werden 12, 40, 46, 48, 49, 91, 150, 167
Werder 196, 197; *228*
Werl 44, 45, 56–59, 74, 91; *58, 59*
Wesel 259
Weser 9
Westenhellweg 53, 60
Westernkotten 74
Westönnen 57 f.
Wickede 45
Wisby 60
Wittenberg 195
Woldenberg (Dobiegniew) 253 f.
Wolfenbüttel 14
Worin 221
Wormditt (Orneta) 310
Wurm 9
Wust 195
Wysoka 262–265

Zantoch (Santok) 246
Zechin 223
Zeitz 172
Zerbst 172
Ziesar 16
Zinten (Kornewo) 310
Zons 12, 32, 34
Zorndorf 221, 244